Advertising & Society

核心广告学系列教程

上海市卓越新闻传播人才教育基地建设项目

Advertising and Society: An Introduction

(Second Edition)

广告与社会导论

（第二版）

卡罗尔·J.帕敦 主编
许正林 等 译

上海交通大学出版社
SHANGHAI JIAO TONG UNIVERSITY PRESS

内容提要

广告无处不在，也引起社会对其广泛持久的质疑和争论，诸如广告对经济有何作用，负面性广告应否允许，政治性广告应否受法律规制，烟草、酒类及垃圾食品等应否禁止做广告，广告中应否禁止色情元素，直销药物广告和植入式广告、游戏广告利弊如何等，本书关涉的所有话题均由正方观点和反方观点展开交锋、论战，是耶，非耶，还是两者兼而存之？本书不在于提供正确答案，在于启发思考。

上海市版权局著作权合同登记号：图字：09－2015－1171

This second edition first published 2014

图书在版编目(CIP)数据

广告与社会导论／(美) 卡罗尔·J.帕敦主编;许正林等译. —上海：上海交通大学出版社，2018
ISBN 978－7－313－17133－7

Ⅰ.①广… Ⅱ.①卡… ②许… Ⅲ.①广告学—教材 Ⅳ.①F713.80

中国版本图书馆 CIP 数据核字(2017)第 273234 号

广告与社会导论

主　　编：[美] 卡罗尔·J. 帕敦　　译　　者：许正林 等
出版发行：上海交通大学出版社　　地　　址：上海市番禺路 951 号
邮政编码：200030　　电　　话：021－64071208
出 版 人：谈　毅
印　　制：江苏凤凰数码印务有限公司　　经　　销：全国新华书店
开　　本：710 mm×1000 mm　1/16　　印　　张：22
字　　数：344 千字
版　　次：2018 年 8 月第 1 版　　印　　次：2018 年 8 月第 1 次印刷
书　　号：ISBN 978－7－313－17133－7/F
定　　价：88.00 元

主要作者简介

佩妮·阿伯内西（Penny Abernethy） 美国北卡罗莱纳大学教堂山分校新闻与数字媒体经济骑士协会会长。早年曾担任过多家新闻媒体的主管，如《华尔街日报》《纽约时报》《哈佛商业评论》；主要研究新闻媒体的新型商业模式。

萨利姆·奥哈巴斯（Saleem Alhabash） 密歇根州立大学助理教授，并在远程通信信息研究与媒体系、广告与公共关系系担任职务；主要研究新媒体与社会媒体的发展和影响。

贝丝·巴尔内斯（Beth E. Barnes） 美国肯塔基大学新闻与通信学院研究生院主任，并指导新闻与通信学院的整合策略传媒课程。曾多次参与欧洲和非洲的新闻与大众传播项目；主要研究策略性传播活动发展和媒介受众。

查尔斯·比尔鲍尔（Charles Bierbauer） 自2002年始担任南卡罗莱纳州大众传播与信息研究学院的院长、

教授。曾在CNN和ABC担任驻华盛顿记者和驻外通信记者。1992年3月担任美国白宫记者协会主席，主要教学和写作方向是媒介制度和政府的互动。

迈克尔·L. 卡佩拉（Michael L. Capella） 维拉诺瓦大学商学院研究生与执行项目主任、市场营销专业的副教授；研究重心在营销与公共制度问题上，包括广告效能、药品营销以及零售定价策略；在投入学术研究之前曾在食品生产商担任将近十年的资深销售主管。

安吉莉·G. 克洛斯（Angeline G Close） 奥斯汀得克萨斯大学广告与公共关系专业助理教授；主要研究事件营销，即通过独家赞助品牌对消费者观点与消费习惯的影响，达到与发布商业广告同等的效果。

蒂莫西·德韦斯特（Timothy Dewhirst） 加拿大圭尔夫大学营销与消费者研究专业副教授；主要研究烟草销售与公共制度。曾在美加两国的烟草诉讼案中提供权威证词；也担任《英国药物期刊》（*British Medical Journal*）《烟草控制》（*Tobacco Control*）的副编辑；作为世界卫生组织的专家顾问，致力于拟定国际广告、营销以及赞助事宜的协议。

凯西·罗伯茨·弗德（Kathy Robert Forde） 担任南卡罗莱纳大学新闻与大众传播学院副教授；热爱媒介历史研究，对印刷文化对民主的推动有着浓烈兴趣；担任《美国新闻界》（*American Journalism*）副编辑，以及媒体与公民权利历史研讨会（Media and Civil Rights History Symposium）的负责人。

玛丽·哈丁（Marie Hardin） 担任宾州州立大学传播学院副院长、新闻学专业教授。担任约翰科里体育新闻中心（John Curley Center for Sports Journalism）的副主管、亚瑟佩奇公共传播公信力研究中心（Arthur W. Page Center for integrity in Public Communication）的负责人，致力研究体育媒体报道的道德及多样化问题。

乔·鲍勃·海斯特（Joe Bob Hester） 北卡罗莱纳大学教堂山分校新闻与大众传播学院副教授，研究兴趣集中在社会媒体、研究方法论以及媒体议程设置；推特：@joebobhester。

R. 迈克尔·霍奇斯（R. Michael Hofges） 担任北卡罗莱纳大学教堂山分校广告与媒体法副教授，并执教媒体法律的课程；曾在大众传播以及法律相关期刊上发表多篇文章，也是全国广告审评委员会（National Advertising Review Board）的公共成员之一；曾在佛罗里达大学取得法学博士及哲学博士学位，并有过 8 年的私人律师工作经验。

C. 安·霍利菲尔德（C. Ann Hollifield） 佐治亚大学格雷迪新闻与大众传播学院托马斯·C. 道登教授的媒介研究特聘教授，曾任新闻与大众传播教育协会常务会会长，现任职于佐治亚教科院执行委员会；目前研究重点是传媒经济学、传媒管理以及信息产业对经济的影响。

艾德丽安·霍尔兹·艾沃里（Adrienne Holz Ivory） 弗吉尼亚理工学院传播学专业的助理教授；研究兴趣主要包括卫生传播、媒介效果、社会性别种族的媒体形象，以及新式传播技术的社会影响。

詹姆斯·D. 艾沃里（James D. Ivory） 弗吉尼亚理工学院传播学专业的副教授；早期研究兴趣为新媒体传播技术的社会、心理学维度研究，特别集中在交互传播技术（如电子游戏、虚拟环境以及仿真技术）的内容和效果；现为国际传播协会游戏兴趣小组的负责人。

安妮·约翰斯顿（Anne Johnston） 北卡罗莱纳大学教堂山分校新闻与大众传播学院研究院教授，研究领域包括政治传播、媒介中的多样化问题以及媒体对卖淫活动的报道；现执教研究方法、社会性别和传播学相关课程。

全燮正（Wan Seop Jung） 美国迪拜大学营销传播专业助理教授，擅长营销传播课程的设计和教学工作；研究兴趣包括广告效果、中介建模，以及药物直销广告。

佩吉·克里谢尔（Peggy Kreshel） 佐治亚大学格雷迪新闻与大众传播学院广告系副教授，并且是佐治亚大学女性研究院教职成员，以及美国广告学会（American Academy of Advertising）、新闻与大众传播教育协会（Association for Educators in Journalism and Mass Communication）的成员；主要研究媒体文化和多样性、专业文化、民族问题、广告史，以及媒体中的种族性别问题。

简·马萨勒斯（Jane Marcellus） 中田纳西州立大学教授；重点研究20世纪初期的性别新闻叙述和女性；曾为新闻与传播教育协会（AEJMC）文化与批判研究的领军人物，曾在《新闻与大众传播季刊》（*Journalism & Mass Communication Quarterly*）、《美国新闻界》（*American Journalism*）、《女性媒介研究》（*Feminist Media Studies*）等著名期刊发表文章，并著有《生意女郎与双职太太：职业女性的媒体刻板印象》（*Business Girls and Two-Job Wives: Emerging Media Stereotypes of Employed Women*）（Hampton Press，2011）。

黛布拉·摩尔斯基（Debra Merskin） 俄勒冈大学新闻传播学院副教授，代表著作：《关于少数派与媒体的批判性导读》（*Media, Minorities, and Meaning: A Critical Introduction*）；研究重点是媒介对女性、有色人种表述的道德问题。

玛格丽特·莫里森（Margaret Morrison） 诺克斯韦尔田纳西大学广告与公共关系学院院长、教授；曾为美国广告学会的副主席、财务主管。重点研究品牌策划的相关问题；教授质化研究、广告活动、客户策划，以及广告与社会关系的课程。

琼恩·P. 尼尔森（Jon P. Nelson） 宾州州立大学、帕克大学经济学荣誉教授，曾撰写三本著作以及百余篇文章；曾担任国家酗酒协会（National Institute on Alcohol Abuse and Alcoholism）、罗伯特·伍德·约翰逊基金会（Robert Wood Johnson Foundation）、美国公民自由联会（American Civil Liberties Union），以及国际酒精制度研究中心

(International Center for Alcohol Policies)的评论员、顾问；目前研究重点是经济学的综合分析，特别是酒类产品的广告和定价方面。

丹·帕尼西(Dan Panici) 南缅因大学传播与媒介研究专业的副教授，任职于新闻传播作家协会(Journalism and Communication Monographs)编辑部，并为《广播与电子传媒期刊》(*Journal of Broadcasting & Electronic Media*)撰写评论；研究兴趣包括儿童与媒介问题、媒介生态学、媒体框架与体育。

卡罗尔·J. 帕敦(Carol J. Pardun) 南卡罗莱纳大学新闻与大众传播学院教授，2009—2010年任新闻与大众传播学会(AEJMC)会长，现为新闻传播教育认证机构的成员；目前研究重点为媒体对青少年早期性健康的影响。

查理斯·皮尔斯(Charles Pearce) 堪萨斯州立大学广告系荣誉教授，曾为新闻与传播学院的副院长；早期曾执教于南伊利诺斯卡本代尔大学、内布拉斯加-林肯大学、中田纳西州立大学。

杰安·普莱斯格鲁夫(Geah Pressgrove) 西弗吉尼亚大学珀利·艾萨克·里德新闻学院的助理教授；主要研究领域包括公共关系、新技术以及非营利组织，并讲授有关策略性传播的课程。

汤姆·莱科特(Tom Reichert) 佐治亚大学格雷迪学院新闻与传播广告与公共关系专业教授，讲授广告与大众传播学相关课程；先前研究领域曾涉及流行现象、人类本质以及含情色元素的信息的劝服效果。

凯西·布里顿·理查德逊(Kathy Brittain Richardson) 佐治亚州贝里学院教授及教务主任；现任新闻与传播作家协会编辑，撰写、合著专著《应用公共关系》(*Applied Public Relations*)、《论媒介伦理：道德理性的案例分析》(*Media Ethics: Cases in Moral Reasoning*)；主要研究植入式广告、媒介伦理以及音乐录像的意象。

J. 沃克·史密斯（J. Walker Smith） 期货公司（Futures Company）董事长，曾被《财富》评为“美国消费趋势的领袖分析师”；曾与他人合著4部作品：《营销管理》（*Marketing Management*）的专栏文章，博客文章《品牌策略内幕》（*Branding Strategy Insider*），公共广播评论文章，以及包括2012年TED×Peachtree大会发言稿；数字广告名人堂（N. C. Advertising Hall of Fame）成员。

查尔斯·R. 泰勒（Charles R. Taylor） 营销专业约翰墨菲特邀教授；曾担任美国广告学会主席，并获得Ivan L. Preston“研究卓越贡献奖”；最近担任《国际广告期刊》（*International Journal of Advertising*）的主编；研究兴趣包括广告中的公共制度问题、国际广告问题，以及消费行为。

埃斯特·索尔森（Esther Thorson） 密苏里-哥伦比亚大学新闻学院、雷诺兹新闻研究所负责人，研究生院副院长、教授；其研究成果广泛涉及新闻产业、广告业、新闻效力，以及卫生传播；凭借学术成果曾多次获得研究与写作大奖，成果被40余篇博士论文引用；目前在美国与海外都有她和同事们研究所用的新闻编辑室和广告代理。

艾伯特·R. 蒂姆斯（Albert R. Tims） 明尼苏达大学新闻与传播学院院长，全国学术出版协会（National Scholastic Press Association）、学院出版联合会（Associated Collegiate Press）董事会主席；研究领域涉及舆论建构、社会认知以及政治广告；其成果曾发表于《传播学研究》（*Communication Research*）、《广告期刊》（*Journal of Advertising*）、《国际舆论研究期刊》（*International Journal of Public Opinion Research*）、《人类传播学研究》（*Human Communication Research*）、《新闻学季刊》（*Journalism Quarterly*）。

黛比·特莱斯（Debbie Treise） 佛罗里达大学新闻传播学院研究生院副院长，广告系教授；2012年曾担任美国广告学会会长；目前主要研究科学与健康传播。

汤姆·威尔（Tom Weir） 南卡罗莱纳大学新闻与传播学院副教授，研究领域为媒体效果、媒介评量以及信息收集；优异的科研成绩曾两次获得“金火炬奖”，并被评为美国广告联盟第十赛区的“年度最佳广告教育者”。

伊尔琳·怀特塞德（Erin Whiteside） 田纳西大学新闻与电子媒体专业助理教授；重点研究社会问题与体育媒体之间的关系，近年成果多见于《传播学》（*Communication*）、《文化与批评》（*Culture & Critique*）、《体育媒体期刊》（*Journal of Sports Media*）、《国际体育社会学评论》（*International Review for the Sociology of Sport*）；新闻与传播教育协会成员，2013—2014 年曾任体育传播兴趣小组（Sports Communication Interest Group）负责人。

凯文·怀斯（Kevin Wise） 密苏里大学新闻学院信息和媒介效果心理研究所（PRIME）副所长，策略性传播专业副教授；重点研究网络媒体影响人们认知与情感的要素。

目 录

Contents

引　言

为何人们都想对广告指点一二

卡罗尔·J. 帕敦
美国 南卡罗莱纳大学

威尔·罗杰斯（Will Rogers）曾说过这么一句话：“所谓广告，就是一种让人们甘心购买那些非需品的劝服艺术。”另一方面，在1931年7月，富兰克林·德拉诺·罗斯福（美国第32任总统）从纽约的宾夕法尼亚酒店写信寄给美国广告联合会（Advertising Federation of America），在信的开端，他便对广告如是描述道：“如果人生能够重来，我更希望自己成为广告业的一员，而不是其他行业。如果没有广告将更高层次的文明意识传播出去，那么就不会有近半个世纪的现代文明升华。”

那么，广告到底是推动现代文明建设的良性手段，还是成为一种夺取着人们血汗钱的社会问题呢？事实上，广告亦敌亦友，这也是本书主要探讨的关于广告两面性的问题。

从广告最初作为大众传媒时代的消费方式的一个载体，人们关于它的争论就不绝于耳。几年前，我独自一人在意大利阿玛尔菲海岸航行，中途参观了庞贝古城，当我还是个年幼的孩子时，看到了图片上人们被厚厚火山灰掩盖，我就对这座城池一直充满着浓烈的兴趣。而这次参观庞贝古城的经历带给我非常震撼的感受。比起看到古城居民永远定格在惊恐的面容，更令我惊异的是，这些留在遗址中的壁画。壁画是用颜料绘制的（由于火山爆发的时间是公元前79年，因此，时隔久远颜料自然会剥落），然而我们还是能清楚地看到，作为一种早期形式的户外广告，这些壁画所呈现的正是顾客们期望在店铺中买到的商品。

很显然，现代文明社会的商人们很早就意识到，向目标人群传递自己的商品信息是十分重要的。之后的数百年也印证，广告变得越来越重要。

在美国工业革命期间，广告业和其他行业一同发展壮大，这绝非巧合。在技术并不支持商业化的批量生产时，消费者获得的产品只能依赖于家庭作坊。此时他们最盼望的，就是能够去城市中的商铺，那里的货物琳琅满目、应有尽有。就拿买一磅面粉来说，顾客也面临金牌（Gold Medal）、亚瑟王（King Arthur）等品牌的多重选择。然而，自从大规模生产的技术普及，无数的商品涌入市场，广告就为人们对品牌的选择、激发人们需求起到一定的作用。

即使如今品牌口号日新月异，但是其前提都是一致的。广告始终都在帮助人们去了解产品之间的差异性——哪怕只是人们感知上的细微差异。（说实话，我个人并不觉得可口可乐与百事可乐有什么不同，但或许两家的资深粉丝不这么想）

如果要谈及广告在社会中应尽的职责，或许可以先想到广告为诸多企业发展作出的贡献。我喜欢听到关于通用电气公司（General Electric）的信息。我的父亲就是这家公司的一名主管，并且几乎做了一辈子。于是在童年时期，跟随父亲去经营遍布各地的电器园（appliance parks），我家就几乎住遍了美国各地，这可以说是一种优势，更是一种挑战！作为通用电气的家眷，好处就是能够优先使用公司新推出的各种电器产品。犹记第一次使用插电卷发夹的经历是有趣并惨痛的；而早期的电动土豆削皮机也令人头痛。（我想说的是，它看上去就是个很寻常的削皮器，你还必须动手操作，事实上，它只是装了一个小型马达罢了）

发明家托马斯·爱迪生（Thomas Edison）就是通用公司背后的灵感大师。自 19 世纪末以来，通用公司无论是在电器产品还是广告创意上，都是行业的翘楚。它近年的口号是“梦想启动未来”（Imagination at Work），正承载着通用公司的信念、使命。多年以来，它的广告多是向潜在消费者介绍新的电器产品，从电灯泡到电熨斗，再到电冰箱。每当通用公司开始宣传这些新上市的产品时，消费者根本没有需求的意识，但是当下谁能说买个电灯泡过于奢侈？

因而，广告最起码可以为人们提供关于产品的重要信息。但之所以广告引起了社会争议，是因为它开始不满足于传递商业信息。正如史学家迈克尔·舒德逊（Michael Schudson，1984）所言，广告能让人们认识到事物的真相。当然，他表达出的是当对广告的争议愈演愈烈中广告商的立场。

社会的反光镜还是促变因素

二十多年前，理查德·波莱（Richard Pollay，1986）写了一篇学术文章，文中探讨了关于广告的角色定位。这篇论文含金量大且影响深远，经过这些年，它已经被很多广告学者所引用。每当我在进行广告课，在每次上课的第一节课上，我都会向我的学生提出两个问题：广告是反照社会的一面镜子，还是一种促成变动的因素？问题的基本前提是：如果广告是社会的一面镜子，那么广告业就不该为那些失德的广告引发的问题而受到谴责，而受到谴责的该是我们自己。假定我们不喜欢商业广告，我们会停止观看正在播放的广告片，或者停止购买广告中的产品，或者直接告诉广告公司你讨厌他们的广告。但如果我们被广告打动（例如“有性”广告），那么广告片会在继续朝着那个趋势发展，因为它体现的是我们的需求所在。它所反射出来的是我们的文化。我们照这面镜子，我们能看到（能问责的）只有我们自己。

另一方面，假定广告是促变因素，这就意味着广告能够改变我们对某个商品的认识、看法，并且最终能极大地影响我们消费的选择。所以，倘若这个假定是正确的，那么我们的行为方式便可归咎于广告的失误。

我爱看各种电视真人秀：各类烹饪类节目（厨艺大师节目是我最爱的），也喜欢“房产兄弟”（*Property Brothers*，电视装修节目）、“购房人”（*House Hunters International*）、“创智赢家”（*Shark Tank*，发明真人秀节目）、“美国偶像”（*American Idol*），“清唱团”（*The Sing-Off*，唱歌比赛节目），以及“好声音”（*The Voice*），以上这些都是我能不假思索、脱口而出的。我不爱看“甜心宝贝一家亲”（*Here Comes Honey Boo Boo*），但是250万的观众都喜欢（对于一档有线电视节目来说，这样庞大的观众群可谓惊人）。这档节目并没有推动社会进步，但是它稳固的观众群体却吸引着大批的广告商。毫无疑问，这档节目正在开拓观众市场、剥削老百姓。就算是节目中的那些广告一样透着低俗，也是意料之中。“甜心宝贝一家亲”就是广告作为社会镜子的典型例子。

关于广告是否为促变因素，上述提及的通用公司广告就是很好的范例。人们起初对电灯泡并没有需求意识，但广告让他们产生了欲望，因而人们还是接纳越来越多的家用电器。这不正说明广告就是人们想法的促变因素吗？人们有了电器，待在室内的时间就越来越多，以前的长廊小憩、邻里往来的时间也越来越少。当然，这不全都是广告造成的后果——但是它确实起到了一定的作用。

1984 年，超级碗的苹果公司麦金托什（Macintosh，苹果公司生产的一种型号的计算机）广告，激发了人们对计算机的全新认识。这样的广告自然也是促变因素。（好吧，你可能会说，这也反映了人们的变革预见性，因此也是社会的镜子，问题开始变得复杂了）

上述例子反映出这些年人们逐渐意识到广告已经开始改变了他们的购买行为，进而最终改变他们的生活方式。许多人称他们有的朋友现在喝伏特加特酒，仅仅是因为看到了那些时髦、充满艺术灵感的广告。当然，他们并不认为广告已经影响到了每个人，仅仅影响了他朋友而已（这种影响被称为第三人效果，整本书的理论基础正是这种非常有趣的媒介理论）。许多人争论觉得广告应该受到谴责，因为广告致使很多未成年人学会抽烟。你将会在本书第五章读到更多关于这方面的内容。确实，广告是一种促使人们行为发生改变的因素。

如今，在这一点上，你也许正在想：这答案很明确啊。它两者都包括！广告既是社会的一面镜子，也是人们行为的促变因素。说得不错。但单一地针对一方观点的话就会变得更有意思、更具有启发性。当我在第一节课上向学生们问到这个问题时，通常他们开始就给出了这个经典的答案：“两者都有”。我让他们阐释这个结论却没有得到有意思的观点；如果让学生们试图解释“其中的一个方面”，几分钟后他们却放弃了，耸了耸肩并说道：“那好吧，我知道就是如此，但解释不出来。”

接下来，我会告诉他们只能选择一方观点，每个学生必须只能给其中一方投票。我让选择“广告是社会的一面镜子”的同学站在教室的一边，而投票给“促变因素”的学生站在教室另外一边。然后我让他们来告诉我为什么他们选择站在教室的左边（或者右边）。终于，他们的答案开始变得有趣起来。我的学生们真的开始去思考问题了。他们在这个问题上的争论开始变得激烈起来，开始形成自己的观点，他们正在学习并成长。

那些将是这本书中所包含的内容。这是关于争论的考察，基于不同视角，然后选择一个方面。我们直觉地知道两方面都各有所长，但如果我们愿意主张只坚持一方，我们从两者中将会学会更多。尽管我们主张坚持我们本不相信的一方，但我们乐于从与另一方争论中学习更多知识。

市面上已经有许多关于广告对社会影响的好书。这本书与之不同的是，一直沿着“争议和影响”这样的脉络组织文章。我曾经邀请一些广告专家们去写关于这些有争论话题的文章——但是他们所写出的文章都从一个视角出发。我发现当我读这些文章时，我将会被第一个争论所劝说——接着被第二争论所劝说。一遍又一遍地看这些文章，就会使这些话题纷繁复杂，难理头绪。

写这本书的想法就诞生于我在教堂山的北卡罗莱纳大学执教广告课的过程中。我让我的学生们进行调查研究，然后让他们就针对这些话题进行辩论。我让他们组成团队，暂且搁置他们对特定话题的个人看法。事实上，如果我知道他们开始对一方观点有了深刻认识，我就会把这些学生放在对立的战队里。在进行话题研究和试图去开展不同的争论后，他们也将会明白另一方也有可取之处。在本学期课程结束后，他们开始理解，从事广告需要有多重视角去看待，以及面向社会科学很多其他学科亦是如此。

我在美国北卡罗莱纳大学 2005 年所教的最后一个班级——学生们对于有争议的问题都全神贯注地接受，并深刻思考观点。这是我执教该大学中最喜爱的一个班级。在他们探索、寻找答案的同时，他们也帮助我再次变成一个学生。这 40 个学生的每一个人都帮助我对广告有了更多批判性的思考。我真心地感谢他们每一个人。

关于第二版对第一版的调整

本书的第一版《广告与社会——争论与结果》(*Advertising and Society: Controversies and Consequences*) 已于 2009 年出版。在第二版中，可以看到有些内容已经作出了调整，而有些内容还是保留了下来。我将内容部分分为“持续性问题”和“新问题”两个方面进行探讨。“持续性问题”已经困扰社会许久，而且极有可能在今后还需深入研究下去。比如广告中的情色元素、香烟广告以及广告中的刻板印象等，都是长期以来一直存在的问题。

在第二版，诸多新问题将被拿来进行探讨。第十二章提到的新闻环境下的广告就是新出现的社会问题。前几年才刚刚严令禁止广告的领域如今却出现了越来越多的广告。这反映了当今媒介环境下的商业现状，但这就是合理的吗？

在第十章提到了社交媒体中的广告问题，这也是新问题的一种。当广告开始渗入 Facebook 这样的社交媒体中，反思我们接触到的广告渠道，是不是应该注意个人隐私问题呢？

我将一些原版的文章做了修改，又增加了全新的文章（即使它还是个"持续性问题"）。我也将每章末尾处的思考题做了调整，为读者对于相关问题的研究提供了更多的灵感。

然而，从多个视角看待这些争议性问题，是两个版本共同的特点。第二版的文章是否更打动你，由你说了算。

思考题

1. 回想你最近或是从前看过的那些不错的广告，这些广告有什么共同之处？你觉得是什么要素让你记忆犹新呢？

2. 如果你能够将广告作些调整，你认为都包含哪些方面？请列出一个清单来。倘若你有能力使得你写下来的每一处改进都被实现，这个世界会不会变得更加美好？请说出你的理由。

3. 如果你只能为广告制定一条法律条文，这个法律条文内容将会是什么？请说明你的原因。

4. 尝试列举某个广告曾改变了你的习惯或是对商品的看法。如果它未曾动摇你，那么你的朋友如何？广告是如何有效做到这点的呢？

5. 你和你的朋友有没有特别偏爱哪款可乐？如果是这样，不妨做一次"盲选"实验（比如可以比较一下无糖可口可乐和百事无糖可乐），看看是否存在什么差异，从中你发现了什么？

拓展阅读

Berger, A. (2007). *Ads, fads, and consumer culture: Advertising's impact on American character and society.* Lanham, MD: Rowman & Littlefield.

Bronstein, C. (2012). Advertising and the corporate conscience. *Journal of Mass Media Ethics* 27 (2): 152 - 154. doi: 10.1080/08900523.2012.684597.

Burt, E. V. (2012). From "true woman" to "new woman." *Journalism History* 37 (4), 207 - 217.

Cushman, D. P. and Sanderson, S. (2003). Communication best practices at Dell, *General Electric, Microsoft, and Monsanto.* Albany: SUNY Press.

Gandy, O. H., Jr. (2012). Advertising society, and consumer culture. *Journalism & Mass Communication Quarterly* 89 (2): 322 - 324. doi: 10.1177/1077699012442837

Reich, L. S. (1992). Lightening the path to profit: GE's control of the electric lamp industry, 1892 - 1941. *Business History Review* 66 (2): 305 - 334.

Rotzoll, K. B. and Haefner, J. E. (1996). *Advertising in contemporary society: Perspectives toward understanding.* Urbana: University of Illinois Press.

Schneider, T. and Woolgar, S. (2012). Technologies of ironic revelation: Enacting consumers in neuromarkets. *Consumption Markets & Culture* 15 (2): 169 - 189. doi: 10.1080/10253866.2012.654959.

Sheehan, K. B. (2003). *Controversies in contemporary advertising.* Thousand Oaks, CA: Sage Publications.

Zlatevska, N. and Spence, M. T. (2012). Do violent social cause advertisements promote social change? An examination of implicit associations. *Psychology & Marketing* 29 (5): 322 - 333. doi: 10.1002/mar.20524.

参考文献

Pollay, R. W. (1986). The distorted mirror: Reflections on the unintended consequences of advertising. *Journal of Marketing* 50 (April), 18 - 36.

Schudson, M. (1984). *Advertising, the uneasy persuasion: Its dubious impact on American society*. New York: Basic Books.

第一章
广告的经济影响

大众需求的衍生几乎完全依靠了广告的发展。

——卡尔文·柯立芝（Calvin Coolidge）

广告界的话题似乎比其他行业的话题更有趣，比如香烟广告应该被管制吗？我们该用什么标准来管理儿童广告？我们能把广告里的真实性内容做多大程度上的延展？但是谈及广告中的经济元素，我们不禁要问：是谁更不避讳讨论广告中的金钱呢？金钱与广告之间的争论到底是什么呢？

事实上，关于经济对广告影响已经成为一个重要议题，而且更具现实意义。你是否想象过如果这个世界没有广告会是什么样子呢？当然，如果高速公路没有了广告牌可能更自然一点，但是当我们饿了寻找下一个拜瑞尔村落食堂（Cracker Barrel）时，比起用我们的手机，广告牌会更方便并且更加安全。没有了广告，我们会在杂货店拥有这么多食物的选择吗？或许最终我们只能以选择商店品牌为依据。如果我走在货架通道里，然后看到了 10 种不同的洗涤剂，但是我却想不到任何广告形象，我可以按需求挑选到我想要的品牌吗？

如果我们看着最爱的电视节目，其间一个广告都没有，那会是怎样的场景呢？没有了广告，还能够有什么杂志报纸发行得了吗？我们通常没有意识到广告在我们消费过程中在各种媒体所扮演的重要角色，而这些媒体又是我们一直依赖的。我们免费获得的——或者说几乎免费获得的——像报纸、杂志、电台、黄金时间的电视，它们都获得了广告的赞助。那些从事广告工作的人，他们创造广告，他们买卖广告。到底广告为我们的经济作出了什么样的贡献？它是什么样的盈利方式呢？

你可能听到过一个 30 秒的超级碗宣传片的巨大花费（2012 年平均花了 350 万美元，这可是成千上万的花销啊）。无论通过何种途径，你能看到的广告都已经投入了很多的钱！

为什么广告的经济影响是一个道德问题？争论焦点到底是什么

这一章节将尝试探究广告究竟是增加了产品的价格还是降低了价格，那么我们为什么要关注这个问题？可以试想一下：如果广告实际上使产品价格变得更低，那就意味着人们本可以买得起的商品却在没有广告的情况下承担不起。这可跟我们是否购买奢侈品没有太大关系，但是如果一个母亲能够承受她孩子的健康食品的价格，她就会为此感谢广告的存在。在这样的情况下，深究潜在的道德问题或者有争议的问题并没有什么意义了。但是如果上述都是事实，那么怎么看待广告为买不起特殊食物的妈妈制作了虚假需求这一事实呢？就像一些昂贵的石榴汁一样。虽然一些研究显示石榴汁有抗氧化的功能，但是相较于其他果汁来说石榴汁实在是很奢侈。

还有另一种情况：如果母亲确实希望产品的价格能够更低一点，而且使用同样材料的平价品牌（比如零售商自营品牌）也是能够买的（比如纯果乐百分百橙汁和克罗格百分百橙汁）。相比无广告的条件下，刊登广告的纯果乐橙汁标价可能会变得更低，但是事实上妈妈们大多还是会在应该选择克罗格的时候选择了纯果乐，是因为广告让妈妈们认为纯果乐对她的孩子更加健康。这样的消费决策也是值得探讨的。

有人说：这些牌子的东西我们都需要啊。不是吗？当我在购物的时候，挑一瓶真正合心意花生酱就很谨慎。到底是有蜂蜜的这个，还是纯天然的这个或者是“妈妈之选”。

当然我也喜欢有项可选。我讨厌去购物，但货架只有“超值套装”（Value Packs）可以选。我喜欢仔细考虑两种咖啡的不同。除此之外，我确信，这就是一个自由的市场经济，人们有自由选择购买的权利。

下面的文章作者 C. 安 · 霍利菲尔德（C. Ann Hollifield）以及佩妮 · 阿伯内西（Penny Abernethy）都撰写过多篇关于广告的商业性文章。这里她们拿极为相似的方法为她们的不同点大做文章。霍利菲尔德指出，通常来说，广告使产品的价格变得更低。当然，持相反意见的阿伯内西认为广告包含附加成本（例如税款），但事实上比起我们的战利品，我们实际支付的钱根本不算多——就像言论自由、信息和强制民主。到底广告会使产品价格更高（广告成本强加给消费者）还是更低（通过加强同行竞争），由你来决定。

思考题

1. 在某一天记下你今天看到的所有广告。除了电视，注意观察你在工作或者上学途中看到的广告牌、广播里听到的广告、没有告知的情况突然跳出来的网页广告等。把你想象中可能与广告有关的各种各样的人列举出来。试试透过深度分析。你列举了多少，是不是很惊讶？

2. 你愿意花费多少钱免除媒体广告？这是否能平衡媒介的成本？做一些调查，看看你是否能够找出产品的价格是多少。如果媒体没有广告会变成什么样子？

3. 试想一下你使用的社交媒体，你是否观察到在社交媒体网站上广告越来越多了？对此你怎么看？试比较一些没有广告赞助和有广告赞助的社交媒体，它们的优缺点有哪些？举个例子，打开你的手机，看看那些免费的应用。它们是否有内置广告的选项？如果想去使用更加高端的应用软件，付费才是唯一的方法吗？你更倾向于哪一个？

其他热议话题

1. 广告成本已经变得难以掌控。政府需要限制一下超级碗在网络平台上的广告费用。

2. 对产品功效的宣传广告需要有更加有力的限制，这样消费者们才能分清一个贵的产品是否值得这个价格。

3. 消费者们有权知道他们在购买产品时花在广告上有多少钱。因此，这信息需要对所有人公开透明。

拓展阅读

Ekelund，R. B. and Saurman，D. S. （1988）. *Advertising and the market process: A modern economic view.* San Francisco：Pacific Research Institute.

Goldfarb，A. （2006）. State dependence at internet portals. *Journal of Economics & Management Strategy* 15 （2）：317－352.

Kirkpartrick，J. （2007）. *In defense of advertising: Arguments from reason，ethical egoism，and laissez-faire capitalism.* Claremont，CA：TLJ Books.

Liu，Y.，Yang，Y. K.，and Hsieh，C. （2012）. Regulation and competition in the Taiwanese pharmaceutical market under national health insurance. *Journal of Health Economics* 31 （3）：471－383. doi：http：//dx. doi. org/10. 1016/j. jhealeco. 2012. 03. 003.

〔正方观点〕

广告为消费者省钱

C. 安 · 霍利菲尔德
美国 佐治亚大学

2008 年一场影响着美国以及全世界大多数国家的严重经济萧条拖慢了经济发展的脚步，专家们试图寻找能够快速复苏经济的方法。广告可以促进产品的销量，所以人们会在困难时期对广告业有更多的期待。事实常常事与愿违。经济困难时期，销售额持续下滑，这时广告常常是第一个被裁减掉预算的项目。

专家们想知道广告究竟能否增加销量，如果可以，为什么？广告具有哪些效力导致了销售额突飞猛进？研究显示，在同等生产力条件下，广告确实为大多数产品今后提升销售额作贡献（Graham and Frankenberger，2011）。此外，对于消费者和工业产品而言，经济衰退的时候广告在销售上的积极作用会比平常强很多，虽然服务行业并不都是如此。最后，对商品销量的促进作用在广告活动之后依然能保持 3 年之久。但是尚未解决的问题却是：为什么广告能够增加销量，特别是在经济不景气的时期？

这里有几个比较合理的解释：一是即使消费者不能立即购买这个产品，广告也能促使消费者记住某款产品，并加强了人们对产品价值的肯定。

另一个解释是：广告降低产品价格，刺激了消费者需求和同类产品间的竞争，从而促进销售。

然而这第二种解释直接引发了一场争议。在较长的一段时间里，专家们都在讨论广告促使产品降低了价格，还是说反而增加了商品的成本和营销成本。这是一个很重要又很值得探讨的问题。

一、广告激发了人们需求的增长

毋庸置疑，广告和价格之间的关系是复杂的。无论侧重广告角度，还是商品角度，都有各自合理的解释。研究显示，广告对价格产生的影响力取决于两个要素：① 你更看重制造和分销过程中的哪一个环节；② 待售产品的类型特征。

所以广告是如何使价格降低的呢？有以下几个途径。

广告能够降低商品价格的第一种方式，即广告刺激需求的增长（Steiner，1973；Leach and Reekie，1996；Erdem et al.，2008）。一项对玩具产业的调查中，施泰纳（Steiner）表示，自 1955 年美泰公司（Mattel Company）为《米老鼠俱乐部》（*The Mickey Mouse Club*）投放广告，顾客对玩具的需求，通常对大力宣传玩具的需求在美国急剧飙升。而且在同一时期，在那些玩具没有被大力宣传的国家，消费者的需求则没有什么变化。

随着消费者的需求不断增长，制造业也迅速成长为“规模经济”。这意味着，制造商在单一生产环节的成本降低了，那么在生产出整套的产品时，这就使得产量可以增加。成本之所以能够节约，是因为制造商能够将原材料资金、劳力成本、生产设备成本等间接费用平摊在了各个环节，从而降低了每一个独立环节的成本。当每一个环节的产品成本降低了，制造商就可以缩减每个单元的开支，并且还能维持相当水平的利润。这样的产业有很多制造商，也导致了激烈的竞争，制造商们就可能通过“规模经济”生产降低价格，从而迅速谋取利润。

但是那些主张广告抬高商品价格的观点指出，制造商们并不总会通过节约成本，相反他们为了确保利润而不降价。然而广告激发的需求量能够降低商品价格，随着消费者的需求增长，零售商卖了更多的产品，商品能够更快地从商店的货架上被买走。斯泰纳（1973）表示，随着销售产品的数量攀升，零售商会通过减少产品零售利润而降低商品价格。零售商们是愿意薄利多销的，因为随着消费数量的累积，他们还是能赚到更多的钱。这个销售的方法是打折销售的基本商业模式，但是它需要极高的消费诉求。

反对者指出，当一个特定品牌针对消费者需求做广告时，制造商和零售商会试图利用消费者对该品牌的忠诚度获得最大利益，这样会导致这个品牌的价格上涨。然而，即使大多数知名品牌的商品价格都提高了，一旦广告提升了整个产品类别的顾客需求，同类商品的制造商数量就会增多。零售商经常会供应著名品牌（brand-name）和自有品牌（private-labels）这两类商品。为了争夺市场份额的品牌数量越来越多，消费者也就会有更多产品选择。通常来说，即使特定品牌的价格持续增高，同类产品的平均价格也会下降（Steiner，1973；Albion and Farris，1981）。

平板高清电视价格的暴跌足以说明这个问题。2006—2011 年，高清平板电视的平均价格出现了戏剧性地下滑——其中某些机型超过 60%。然而为这种产品做广告不太可能直接导致降价，很明显，当这些产品的需求增加的时候，价格就下滑了。

二、广告即信息

利用广告降低商品价格的另一个方式就是通过广告提供给消费者产品的信息。广告告知消费者产品的适用范围，以及商品的售价。当消费者更加谨小慎微地做出抉择时，制造商间和零售商间的竞争水平都上升了。这就导致了产品的价格降低。研究表明当一个制造商和零售商已在广告中为商品定出价位，竞争者们常常利用降价来反击。

相较于非便利品，广告在帮助便利品降低价格有着奇效（Reekie，

1977；Albion and Farris，1981）。便利品包括速食汤、软饮料、牙膏等。这些商品价格低廉，并且总是能够迅速卖出，又及时地补货，如果消费者做出“不理智”的决定，也几乎不会存在什么风险。

广告使便利品的价格下降有以下几个方式：首先，便利品的价格实在低廉，即使买错了产品也不会有什么严重后果。这样消费者就不会花太多时间来研究便利品，所以广告就能提供产品基本信息。进而广告就极大地影响着消费者的购买选择。其次，广告可以让某些便利品的品牌被大众熟知，这样零售商就会不断囤货（Steiner，1973）；然后零售商就会降低产品的价格，用这些商品作为“亏本商品”去吸引消费者，打败竞争同行。

最后，对于不加宣传的产品，广告的信息价值依旧会使其也降低价格。在同类产品中，一旦一些品牌的产品开始做广告，消费者们就会产生“同类别的产品应该也差不多一个价钱”的意识。这就等同于为同类产品都设了个价格上限。制造商们和零售商们对抬升价格不再轻举妄动，因为他们担心消费者会认为这些制造商们和零售商们卖的所有东西都是不实的高价（Steiner，1973）。

研究表明，广告对价格较高的产品影响力会削弱，诸如车、昂贵的服饰，或者高档电子产品等“非日用品”。非日用品更为贵重，因此顾客更希望能够长期使用。此外，对于消费者而言，非日用品的购买决定更要谨慎。广告让消费者意识到某个非日用品产品可供挑选，但是没有做足够的时间咨询商场的销售员，消费者们是不太可能立马购买的（Reekie，1977）。

三、广告提升运营效率

广告能够降低商品价格的第三种方式，就是利用广告提升零售商的营运效率。广告告知了消费者可选择的产品以及各个品牌鲜明的特点。消费者依靠它们从广告中获得的信息来决定买什么，而不需要听从零售商的导购意见。这能够让零售商用可搜索式电脑和自主服务终端来代替销售员和顾客服务代表，从而缩减顾客服务成本，最终更趋向于自助服务经济，一旦成本节约了就能为消费者提供更实惠的价格。

广告为消费者省钱的最后一个方式，就是帮助新生的竞争者在市场里增加份额。新成立的制造商和零售商面临的一大挑战就是让潜在消费者意识到他们的存在。广告让消费者注意到了它们。一旦市场里的竞争加强，竞争者为了争夺市场份额就会选择降低价格。

四、小　结

尽管相关研究证实了广告能为消费者降低商品的价格，但这个争议短期内都不可能得到解决。这是因为，广告对价格的影响都不太可能通过直观的实验反映出来。要用一些方法找出没有被广告宣传的产品，不是不可能，但是操作起来实在困难。这就使得研究广告和价格之间的关系变得艰辛（Albion and Farris，1981）。同样，产品间的细微差别也很难判断出到底出于广告的差异还是产品的质量、含量甚至是包装的差异，究竟哪个因素造成了价格的波动（Telser，1964；Reekie，1974）；另外一个复杂的因素是调查显示高品质以及高价格的产品，相较低品质和低价格的产品来说，投入了更多的宣传广告（Telser，1964；Reekie，1974；Albion and Farris，1981），但是并不清楚原因是什么。高价格产品更愿意做广告是为了增加它们售卖的可能性吗？还是说增长的广告为高价产品提供了需求？

基于上述种种问题，我们希望对广告作用于价格的讨论可以继续下去。真相往往在辩论中的某个角落等待着被发现：广告和价格之间的关系可能很大程度上依赖于被广告的产品类型以及厂商和零售商之间的竞争强度。

有一点肯定的是，广告使价格上升的长期观点受到了人们的质疑，开始动摇。广告在打折零售的发展和降低自有品牌价格中扮演了重要的角色。从中我们可以总结，消费者至少在一些方面是从广告中获益的，因为广告使一些日常用品的价格降低了。因此我们可以说，在经济萧条期间，广告为买卖双方都带来了好处。

参考文献

Albion，M. S. and Farris，P. W.（1981）. *The advertising controversy: Evidence on the economic effects of advertising.* Boston：Auburn House.

Erdem, T. Keane, M. P. and Sun, B. (2008). The impact of advertising on consumer price sensitivity in experience goods markets. *Quantitative Marketing and Economics* 6: 139 - 176.

Graham, R. C. and Frankenberger, K. D. (2011). The earnings effects of marketing communication expenditures during recessions. *Journal of Advertising* 40 (2): 5 - 24.

Leach, D. F. and Reekie, W. D. (1996). A natural experiment on the effect of advertising on sales: The SASOL case. *Applied Economics* 28: 1081 - 1091.

Reekie, W. D. (1974). Advertising: *Its place in political and managerial economics*. London: Macmillan.

Reekie, W. D. (1977). The market in advertising. In I. R. C. Hiest and W. D. Reekie (eds.), *The consumer society*. London: Tavistock Publications, pp. 65 - 89.

Steiner, R. L. (1973). Does advertising lower consumer prices? *Journal of Marketing* 37 (Oct.): 19 - 26.

Telser, L. G. (1964). Advertising and competition. *Journal of Political Economy* 72: 537 - 562.

〔反方观点〕

广告抬高了商品价格

佩妮·阿伯内西

美国 北卡罗莱纳大学

作为消费者，我们见证了诸多新科技诞生之初的高调姿态——就像苹果手机。所谓“第一个吃螃蟹”的这批人，支付着高昂的费用，争先恐后地抢购苹果手机，还对外宣称这是必备产品。其他生产商瞄准时机，凭借高涨的用户需求顺势推出了自家的智能手机。随后，这类产品的价格开始回落。

按照经济学课程的基本常识，我们知道一类商品或服务的价格是由市场供应量和消费者需求决定的。对商品的需求越多，就越发促使生产者——包括原创生产商和跟风者，增加商品的供应量，并很有可能导致产品价格下滑。

21 世纪的广告和营销，无论是在鱼龙混杂的全球市场推出新产品，提供给消费者试用商品，还是强化消费者对品牌的忠诚度，其目的都是重在激发消费者的需求。然而，当商家制定价位的时候，广告成本就不得不考虑在内。

我们的经济学常识告诉我们：为了盈利，生产商必须收回自己的成本，这里的成本包含了最初的生产成本和营销包装成本、直接成本和间接成本。

营销成本可以是很直观的，正如生产商为了促销在电视或者杂志上投放大量的广告；或者它也可以是隐秘的，比如出钱让员工在社交网站上发布宣传信息，或用公司账号添加用户好友。

作为消费者，我们应当了解一些经济常识和实用会计学知识，也就会知道生产商会为了抵消成本支出来设定标价。也就是说，随着广告需求和市场诉求的增长，我们所购买的商品价格可能会在一段时间后回落。就算是生产商不顾及商品的营销成本，这些商品的价格依旧不会跌落。

一、广告是附加的商品税还是一项公益性的事业

如果，我们沿着“广告和营销活动最终会使商品价格攀升”这样的逻辑思路，我们将会面临一个严峻的经济制度问题：广告是否就是强加在消费者身上的不公正赋税？抑或，广告能否被当作“公益事业”来看待？（我们交付的税款用于保障美国全体公民的安全，那么国防部就可以归为一类“公共事业”）

传统的经济学者往往会看重工业革命中生产商与广告商的共生依存关系。在这样的关系中，商品能够进行规模化生产，广告业得到长足发展，不用依靠中介，生产商就能直接为大众推销自己的商品（可以将商品信息扩散到 3 000 英里之外的地方）。

然而，广告也带动了经济发展，而牢固的经济基础又为美国大众媒体发展添砖加瓦，无论19世纪的纸媒、20世纪的广播事业，还是21世纪的电子媒介，都因广告而受益。从刊登在报刊上的纸质广告，到出现在广播电视中的广告，再到如今网页上的广告，学会在新媒体的平台宣传商品信息，已然成为广告商吸引消费者的新途径。

在19世纪早期，所有报纸、画册和期刊，无不依赖读者的消费——不管是订阅还是街边零售，这样才能填补出版发行的人力物力成本。这样的商业模式对媒体机构的规模和财力有着硬性的要求，因为他们的收入完全取决于读者的消费意愿。大众市场广告的到来，将这原有的一切打破了。

如今，一家常规的商业媒体机构80%—90%的收益，以及全部的利润，都来自广告。在你居住的城市可能散落着谷歌公司、著名电视网络公司，或一家社区报社。不妨试想一下，一家著名月刊仅仅依靠订阅收入，是难以将自己的杂志发售给各个地区，更不用说承担杂志制作成本了。

在美国，广告业迅速成长为一类强劲的经济产业，在美国每年国内生产总值（GDP）中都能够占到将近2%的比重，而这样的比例已经维持了百年。北卡罗莱纳大学的近期研究表明，在电子媒介环境下，广告已经突破了原先传统的范畴，发展了新式的营销手段，如向消费者发放电子代金券、在网页植入广告，这样算来，广告在GDP的比重实际上应提升至5%。

换言之，广告业作为美国重要产业养活着一大批人，这也为国家经济建设贡献了力量。就广告开支这方面来说，美国是目前世界上第一大广告市场，比起排行第二的日本国内广告市场，几乎是后者的三倍。

除了养活了相当一部分人以外（也包括生产部门的员工，通过消费者对产品需求的增长，他们也间接地赚取了利益），广告业还作了更多的贡献。它增加了美国大众传媒产业的数量，提升了传媒产业的运营效率。由此，我们可以坚定地说广告在美国可谓是一项“公益性”事业，一笔造福民众的隐形个人所得税。

不管是《纽约时报》或是当地小报，广告都在源源不断地为报社带来收益。正是因为如此，我们才有可能从报纸中看到可靠的时事新闻，因此人们就能够明智地选出自己的领导人，反过来这些国家领导人（市长、总统）也能够为现存问题提供更合理的解决方案，有利于生活质量的提升和民主的建设。

同样，诸如《华尔街日报》这样的地区性商业报刊也得益于广告的支撑。由此，我们能够尝试反思雇员利益和企业业绩、公共和个人之间的关系。广告为资本主义经济运作提供了必要的透明度，也为潜在投资者提供了一些关键的财政策略和商业经验。反过来，这些举措都可以促进国家经济的增长。

对于国家的奠基者，广告行业和连带的商业模式已经走过百年之久，我们实在应该向这个行业致敬。新闻业也发展成为公众的守门人，监督着政府和企业的行为。新闻业因广告业的协助才能成为第四等级（the Fourth Estate）、第四权力。

广告带来的意义还不止这些。正如 1950 年 CBS 的《*Playhouse*》电视连续剧到如今 PBS 的公共电视频道，广告费提升了新闻产品和娱乐性节目的质量。

收听某档广播节目，抑或选出县委委员，面对这些事无巨细的决议，我们已经获得了低价的高质量信息。在美国，获得价廉质优的信息资源和娱乐资源是有可能的，这是通过消费者为购物交纳隐形“附加税”实现的，这些额外的收益收回了生产者的广告成本。

二、创造性破坏、广告发展趋势与大众传媒

正如上文所表述的，大众媒体的活力、财政水平以及依靠广告业对其的支撑，将会对我们的民主建设和资本主义经济发展产生里程碑式的深远影响。

然而，我们当今所处的时代面临着媒体与广告产业经济崩坏的危机。按照金融界的普遍说法，未来的一切并不能仅凭过去的经验来预测，尤其是当今数字时代。

经济学家约瑟夫·熊彼特（Joseph Schumpeter）曾用“创造性破坏”一词来描述一种经济模式的崩溃。在 21 世纪努力维持和进步的媒体机构和广告公司，都最终意识到改变自身才是出路。但是变革起来往往不易，或者时常昙花一现。对此，我们历史最悠久的大众传播媒介——报纸，就深

受其苦。但我们必须还要关注报业的生存状况，原因如下：

首先，报纸在对公众舆论的议程设置（即决定公众需关注哪些公共制度问题）上有着极其丰富的经验。在20世纪60年代末到70年代，北卡罗莱纳大学的一次研究就证实，无论是大报还是小报，它们都完全有能力裁决头版新闻的去留。广播新闻业也是如此，只是在播报时引用了直播的功能。

报纸之所以在20世纪能够成为议程设置的守门人，是因为那个时期的编辑和发行商无不恪守着建立起来的公正公平的报道原则，无形中，在广告与编辑部之间就树立起一道屏障，这样广告商就没有机会插手新闻报道的内容。也正是由于这道屏障，报纸的公信力得到了消费者极大的肯定。当植入广告肆虐，互联网赞助普及，之前在广告与新闻工作者、娱乐产业之间的屏障便开始土崩瓦解，从而带来的后果却是不可知的。

其次，据预测将近80%的政策都将报业作为引导的新闻业“食物链”的领头羊（比如当地电视节目、广播频道，或是在线搜索引擎）。杜克大学（Duke University）曾有研究表明，新闻产品的消费者通常并不会在意。比如，在信息时代消费者将更多的关注点放在体育新闻、攻略或是明星、公众人物的花边新闻上，很少有用户会特别关注关于公共制度问题的客观、全面报道。

报纸是所有信息、事件的整合者，包括上述的花边新闻、体育赛事和攻略，当然也包括客观透彻的重大新闻报道。报社通过广告商支付的日常经费，来支持头版那些重大事件的调查报道。也就是通过浏览这些头版头条，消费者们获得了之前不曾关注的国家政策相关信息。

在这么一个信息碎片化的时代，这些国家政策新闻的经费从何而来呢？如果单靠浏览我们感兴趣的文字，我们又怎么去了解当下时事呢？

20世纪60年代中期，霍华德报系（Scripps Howard Newspaper）的董事长查理斯·斯科里普斯（Charles Scripps）发现，尽管在20世纪上半叶的广播、电视两大媒体问世，广告在媒体上投入的开支依然“相对平稳”，保持在GDP的2%左右；20世纪70年初期，北卡罗莱纳大学麦斯威尔·麦库姆斯（Maxwell McCombs）教授对这一说法表示认同。

这就是所谓的“相对常数原则”（principle of relative constancy），在21世纪将为诸如报纸、杂志以及广播等传统媒体带来极其消极的经济影响。简单地说，随着新媒体步入市场，原有的“旧媒体”占得的广告收入便会逐渐缩水，新媒体也会吸取“旧媒体”的广告收入。经济学家们称之为“零和博弈”（zero sum game）。从客观上推断，在数字时代互联网和移动设备夺取了更多的吸引力，广告商也将花费从纸质媒体转向了网络媒体，而报业及其新闻报道，都将经受严峻的挑战。

然而，近期北卡罗莱纳大学进行了一项研究，对比了广告投入在各个市场领域（不单单是传统型广告）的费用，结果发现，综合指数已经达到了 GDP 总和的 5%，而不再是 2%。这也就为媒体寻求出路提供了可能性，尤其是对于报业。在数字化时代，一些高瞻远瞩的报纸出版商在交互式市场营销和互动广告中寻找自己的发展道路，而这在 20 世纪还无法实现。

对于依靠单向信息来激发消费需求的传统型广告，无论是在宣传新产品还是巩固经典产品的忠诚度方面，也赋予了前所未有的意义。在数字化时代，依靠信息的互动性，为传统媒体提供了大量的全新选择。对此，成熟机敏的媒体运营者便可以为广告商制造提供包含不同价值的投资选择，也能够根据价值的差异来定价。

就是所谓的“价值定价法”（value-based pricing），它不同于以往依靠成本或是消费需求定价的方法。在市场中，依照价值来定价的实例数不胜数，例如，报纸的学生价和成人价的差异；对非高峰时段的长途话费的优惠制度等等。在数字化时代，人们不得不从全新的视角来考察纸质媒体广告、电视广告以及网页广告的价值。依据网页点击量来估价的在线广告只是数字化“价值定价”广告新模式的开端。

耶鲁大学管理学院高级研究员理查德·福斯特（Richard Foster）曾著有《创造性破坏——常青企业为何业绩不佳》（*Creative Destruction: Why companies that are built to last underperform the market*），在他看来，不能找出新出路的企业家，就是因为“因循守旧”。这些企业慢慢走向衰亡，会被其他朝气蓬勃的企业挤压，最终会黯然地走向破产的边缘。这些企业也没有跟上科技的步伐，而今后 10 年间，广告和媒体产业还能维持现状实属不易。

印第安纳大学开办过一次讲座，主题为“美国大众媒体的兴衰历程：谈科技与媒体领导团体的重要性”。在这次讲座中，北卡罗莱纳大学教授唐纳德·肖（Donald Shaw，1991）剖析了美国大众传媒的三大生态圈，即报纸、杂志以及广播。他详细地介绍了杂志曾经是如何来应对广播与电视的挑战，称一家出色的杂志社会努力在市场中开辟自己的定位，以此吸引对特定人群感兴趣的广告商。

虽然肖教授讲座的时代网络尚未盛行，但是讲座的内容却能为当代的局势提供有益的参考："每当媒体产业推陈出新，受众的兴趣就开始游移，但是对新闻报道和广告宣传信息的诉求却从未停断……人们获取信息的方式变了，但是对信息的需求不会变。"那么面对瓦解、变革的危险，什么才是媒体最应该去做的？他认为，就是"媒体运营者灵活运用科技和内容来俘获每一位受众的能力。"（Shaw，1991）

以此来结束这篇文章似乎很完美了，或是对在美国有 200 年历史的广告与媒体企业来说，这似乎也为他们缓解当下的挑战指明了方向。一直以来，消费者都在为购买的商品和服务支付着额外的赋税——其实为了填补推广商品的广告成本。然而，这额外的"广告费"也为美国人民营造出了优质、诚信又低廉的信息环境，因此它也是一项公益性事业。

数字化时代瓦解着原有的商业模式。这种冲击能否使企业建立 21 世纪的盈利新模式，最终发展成为一项长期提供优质、低价信息的公益性事业，是我们尚在研究的课题。

如果上述行得通，那么被抬高的商品价格并不算昂贵。

参考文献

Bergemann，D. and Bonatti，A.（2011）. Targeting in advertising markets：Implications for official versus online media. *RAND* Journal of Economics 42（3）：417－443.

Erdem，T.，Kean，M. B.，and Sun，B.（2008）. The impact of advertising on consumer price sensitivity in experience goods markets. *Quantitative Marketing and Economics* 6：139－176.

Farris，P. W. and Albion，M. S.（1980）. The Impact of advertising on the price of consumer products. *Journal of Marketing* 44：17－35.

Gaerig，A.（2010）. The new economics of advertising：The theory of relative constancy reconsidered. Paper presented at the Association for

Education in Journalism and Mass Communication (AEJMC), Aug.

Hoskins, C., McFadyen, S., and Finn, A. (2004a). Government Intervention. In *Media economics: Applying economics to new and traditional media*. Thousand Oaks: Sage, pp. 287 - 309.

Hoskins, C., McFadyen, S., and Finn, A. (2004a). Government Intervention. In *Media economics: Applying economics to new and traditional media*. Thousand Oaks: Sage, pp. 215 - 246.

McCombs, M. E. (1972). Mass media in the market place. *Journalism Mongraphs* 24: 1 - 105.

McCombs, M. E. and Shaw, D. L. (1993). The evolution of agenda-setting research: Twenty-five years in the marketplace of ideas. *Journal of Communication* 43: 58 - 67.

Olmstead, K., Mitchell, A., and Rosenstile, T. (2011). Online: Key questions facing digital news. *The State of the News Media 2011: An Annual Report on American Journalism.* At http://stateofthemedia.org/2011/online-essay/, accessed Mar. 19, 2013.

Pergelova, A., Prior, D., and Rialp, J. (2010). Assessing advertising efficiency: Does the Internet play a role? *Journal of Advertising* 39 (3): 39 - 54.

Shaw, D. L. (1991). The rise and fall of American mass media: Roles of technology and leadership. The Second Annual Roy W. Howard Lecture, presented at Indiana University, Apr.

Wanta, W. and Ghanem, S. (2007). Effects of agenda setting. In R. W. Priess et al. (eds.), *Mass Media effects research: Advances through meta-analysis.* Mahwah, NJ: Lawrence Erlbaum, pp. 37 - 51.

Wright, M. (2009). A new theorem for optimizing the advertising budget. Journal of Advertising Research 49 (2): 164 - 169.

第二章
儿　童　广　告

我的孩子们一般都不会吃那些未在电视广告中见过的食品。

——厄尔马·邦贝克（Erma Bombeck）

儿童广告是一个能够在人群中引发强烈共鸣的话题。父母总希望能让自己的孩子远离那些问题媒体和广告。在支持者看来，这些儿童根本无法自保，特别要在法律上对他们进行保护。并且，在这个力求花费小、收益多的时代，教育工作者犹豫着是否接受媒体集团资助教育计划的帮助以向全体父母保证学校自始至终都会保障孩子免受其害。

成年人应该做些什么呢？如果我们对媒体（尤其是广告）采取一些“强有力”的手段，更容易令政府对广告商采取更加严格的管制措施。但是正如你在这本书中所见的那样，没有任何一件事物如最初预想的那么简单。

现在的问题是什么呢？首先，人们易于把世界上人际交流障碍归咎于广告——尤其是对于那些易于狂躁的少年儿童。一方面，人们将责任意识与缺失的父母教育割裂开来。没错，在一个二年级学生的午餐盒上印了争议图案确实惹人厌烦，但父母就一定要买这样的饭盒吗？看，争议部分出来了。在没有全面看待媒体的情况下，就将这些过错归咎于广告，这种方式从轻微方面说是目光短浅，说得严重点是会带来危险的。成年人愿意沉浸在《海军调查处》（*NCIS*）和《犯罪心理》（*Cirminal Minds*）讲述的可怕事件中几百个小时，正如一些迪士尼动画中闪现了可口可乐的画面一样，这就足够恐怖到令人不安了。难道不是么？此外，正如沃克·史密斯

(Walker Smith) 在其论文中指出的，儿童也是消费者。在某种意义上，儿童已经有资格被作为一类目标市场来对待。

果真如此吗？正如丹·帕尼西（Dan Panici）在他反面论点的陈述中所说，儿童是易受影响的，并且不理解那些源源流向他们的商业攻略，广告一直试图煽动他们去喜欢某品牌的麦片、某牌子的牛仔裤、某品牌的记事本等等，但这不仅仅是麦片粥、牛仔裤和学习用品的供货量这么简单。美国心理协会（American Psychological Association）已经呼吁完全禁止对8岁以下儿童投放任何广告。近期全国都在关注肥胖儿童群体，广告在儿童增胖这个问题上，无异于火上浇油。美国许多法律的颁布都只有一个目的，就是密切保护儿童的利益，因此没有人对此有争论，但是削减儿童广告的数量实在是说起来容易做起来难。

首先，并非所有人都期望儿童只去观看儿童类的电视节目。那些当下热门的电视节目（如《美国偶像》）吸引着各个家庭。不让《美国偶像》8岁以下的观众看到商业广告，尽管人们十分赞同这种想法，但这却是不可能实现的。

其次，如果电视节目没有针对儿童的商业广告，那么儿童类的电视节目也就不复存在。不管你喜不喜欢，商业电视就是广告的一种投放渠道。按照群体划分的电视节目将重要的群体结构信息传递到了欲投放广告的企业那里。我们很难避免"媒介浪费"的产生，"被浪费"的媒体观众群体并非是广告商的目标人群。

再次，要将儿童娱乐产品和成人娱乐产品划清界限也实属不易。以2012年改编自苏斯博士（Dr. Seuss）原著的电影《老雷斯的故事》（*The Lorax*）为例，我们认为这是部动画片，因此就一定是孩子才看的。但是，据调查显示，超过七成的电影赞助商就是那种面向成人消费群体的公司，包括马自达汽车（Mazda）、全市超市（Whole Food）等。2011年上映的《哈利波特和死亡圣器》第二部（*Harry Potter and the Deathly Hallows*），在首映日就创下了9 000万美元的票房佳绩，很明显，诸如电影等"儿童娱乐"就是一个非常巨大的产业。

最后，这里还存在一个附带的经济问题。基于缺乏足够的教育基金，当家长们讽刺在教室中设置广告的想法的时候，谁又能去责备那些售卖教材、视听设备以及其他经营公共教育学校设备的教育者？正如你所见，这个问题丝毫没有如它表面那样简单。

那么如果是像“西门子数学、科技竞赛”（the Siemens Competition in Math）这样捐赠了数百万的学术资金来促进科学发展的活动呢？企业名称与节目紧密联系在一起。那与儿童看到电视广告能有什么不同？就算是不同的，差别很大吗？

我们如何去了解广告对儿童的影响？一些研究者已经证实，成人广告和儿童广告的广告策略存在着一个本质区别。哈德森（Hudson）和其同事（2008）认为，广告使得成年人更倾向于聚焦品牌忠诚，而会让儿童对商业搭卖更感兴趣。这有一个鲜活例子：广告鼓动孩子去麦当劳买开心乐园餐，这样就能得到一个和热门电影有关的玩具。

近期研究广告和儿童肥胖的关系中，提出了一种关于责任在谁的全新观点，是广告（确实，有很多广告，并且有很多无营养的广告是直接针对儿童的）还是孩子自身的懒散（以及不良的饮食习惯），到底哪一方要为肥胖症负主要责任呢？理查德·伯曼（Richard Berman）在《广告时代》（*Advertising Age*，2005）中写道，25%的当代儿童完全不进行体育锻炼！是广告引发肥胖吗？或是小胖子们更爱看电视？用调查术语来说，我们将其称为因果与联合间的争论。

就算食品生产商想要自清，但结果事与愿违。正如伯曼讲的：“走擦边球的食品广告看上去更像是含蓄的自首。”那么食品广告商该怎么做？关于围绕在广告和儿童自身的争论，两者的战线都出现了很多各自支持的观点。

对儿童投放广告，这个问题关乎如何保护一个无法保护自己的弱小群体，关乎如何维系一个自由的市场社会，关乎如何领悟伴随自由市场而生的责任意识，关乎能否让父母放心去引导教育子女，关乎孩子的观点是否得到重视、尊重。正如你所见，这是个复杂的问题。

这场争论哪个才是正确的一方？由你决定。

思考题

1. 选择一个你印象中的儿童类电视节目，观看一个小时（如果没有印象，迪士尼频道是个不错的选择）。然后尝试描述期间看到的广告。之后，再在黄金时段去看，比较下这些广告。它们有什么相似点与不同点？那么你认为，这些出现在儿童节目中的广告都是不合适的吗？

2. 跟小朋友们讨论他们看到过的广告，通过讨论，你可以得出什么结论？

3. 一些研究人员发现，8 岁及以下的孩子和大些的孩子相比对待广告有着更为主动（也就更可能被广告的宣传所劝服）。可以测试下这个说法的正确性：去和小朋友谈谈广告，再和更大一些的孩子谈谈广告，你有什么发现？

4. 逛逛杂货店、散散步，去“偶遇”带孩子的成年监护人，耐心观察那些孩子是如何购物的，他们有否要指定的某个品牌？这时成年人又是怎么回应的？

其他辨证题

1. 面向 12 岁以下儿童的电视节目中不应该掺杂任何广告。

2. 儿童电影中出现的广告只能是适合儿童的。

3. 那些面向儿童的电视节目中若出现食品广告，就应该只能是健康食品。

拓展阅读

Calvert, S. L. (2008). Children as consumers: Advertising and marketing. *Future of Children* 18 (1), 205 - 234.

Calvert, S. L. and Wilson, B. J. (eds.) (2011). *The handbook of children, media, and development.* Oxford: Wiley-Blackwell.

Clark, E. (2007). *The real toy: inside the ruthless battle for America's youngest consumers.* New York: The Free Press.

Gunter, B. C. Oates, and M. Blades (2005). *Advertising to children on TV: Content, impact and regulation.* Mahwah, NJ: Lawrence Erlbaum.

Thomas, S. G. (2007). *Buy, buy baby: How consumer culture manipulates parents and harms young minds.* Boston: Houghton Mifflin.

参考文献

Berman, R. (2005). Sloth, not ads, is responsible for fat kids; "food police" loath to reorganiza real science linking sedentary lifestyles with rise in obesity. *Advertising Age* (Midwest region edition) 76 (16): 30.

Hudson, S., Hudson, D., and Peloza, J. (2008). Meet the parents: A parents'perspective on product placement in children's films. *Journal of Business Ethics* 80 (2): 289 - 304. doi: 10.1007/s10551 - 007 - 9421 - 5.

〔正方观点〕

孩子们可没那么笨，他们应得到作为消费者本有的尊重

J. 沃克 · 史密斯
美国 期货公司执行主席

商人只关注一类人，那就是他们产品的消费者。诚然，比起单纯的使用者，他们更在意的是购买者。经营者对儿童群体感兴趣的唯一原因是：这样的群体对产品有着相当的需求。不管你喜不喜欢，儿童就是一类消费者。

营销者没有编造事实。在市场运行中这就是事实。也许公众会说，营销人员不应该特意关注某些消费群体。但是如果即便如此，那也是决策者所决定的。与游戏不同，制定规则是另一码事。只要在规则内活动，营销人员几乎可以免于竞争中的责难。

将营销者丑化为专门针对儿童的骗子，只不过是树立了在针对人群的社会经济责任讨论中的一个假想敌罢了。在这些讨论中，大众乐于见到人群各司其职，正如乐于接受以上的推论。儿童即消费者，总体上说，这没什么实质问题。毕竟，家长们对于让孩子去担当在家庭采购大计的中坚力

量也表示并不排斥。

2005 年扬克洛维奇青年监测组织（Yankelovich Youth Monitor）调查了 1 458 名青少年和监护者的陪同下的 6—17 岁的儿童进行了访问。得到的结果真实地提醒了所有人：孩子在塑造消费市场的过程中有着相当有力的发言权。

首先，85％的孩子称他们曾帮他们的父母去挑选运动鞋。90％的父母也表示孩子的喜号在他们买鞋的过程中起到了相当重要的作用。

其次，这些数据可用作孩子们的分类依据。数据分别呈现的是，孩子帮助父母购物的百分比与家长认同孩子选择重要性的百分比，分别为：儿童服饰方面 84/96％；文具方面 83/92％；零食方面 78/88％。

再次，这两方的数据会在家庭聚餐的环境下稍微低一些。例如在快餐店：76/84％；早餐时段 70/88％；晚餐时段 64/86％。

最后，这些关于家庭购物的数据还显示出儿童拥有相当的参与力度，即使有时并不全是大多数情况。例如，关于度假地点的决议 50/79％；关于家用汽车的购置 26/38％；关于旅游住宿的选择 20/37％。

得出这些结论并非意外。长时间以来，（或者说向来），父母就会迁就孩子的喜好，甚至包括住宅方面，从而使他们的孩子成为能够决策者。无论是直接的还是间接的，每年孩子贡献了大概 4 000 亿美元的消费额。这也难怪营销人员会将目标对准儿童群体。营销所要做的就是，去影响那些购买及使用产品的消费者的决定。当然，这也就是营销过程运行中营销人员必然去做的。

但是，父母想要孩子尽可能地通过学习消费的方式来增加消费实践经验，就算是让孩子们完全控制了很多日常的购买家用决策，这样的现象也并不少见。但是，父母可并不希望营销者用广告将孩子们奴役。在扬克洛维奇青年监测组织中，77％的父母认为孩子遭受了太多的广告轰炸。但只要商家不会对自己的权威地位构成威胁，孩子观看广告也没什么不妥；而 68％的父母则认为“只要能够与父母们进行积极的互动，电视还会强化父母曾灌输给孩子的那些价值观”。

家长们似乎已经决心去教会孩子如何应用媒体以及做一个聪明的消费者。从 2001—2005 年，那些与孩子讨论电视广告的家长人数比例从 1/3 上涨到了 1/2。70％—80％的父母不选择与孩子谈论电视真人秀以及新闻事件。

尽管现代生活的节奏及资源压力日益增长，越来越多的父母正在努力扮演着孩子与营销两者间的和事佬。父母变广告为教育手段来实施对其的限制。当然，这也许并不够。人们认为，儿童面对营销的纠缠显得如此弱势，除了父母所能提供的，他们需要更多的保护。

儿童的弱势以及特殊需要并不是问题所在。然而营销者并未与任何权威、普遍的学术研究团体争论过这个问题。事实上，不仅是在工作场所和刑事司法系统中，儿童在各种领域都应当被给予特殊考虑以及对待。而到了营销这个层面时，这种特殊保护却并不明显。

要基于一种消费者的认知能力，来规范营销人员对消费者的行为，是一个相当棘手的难题。然而，为消费而进行特殊的认知对待，这种情况却不曾有过。拥有理性大过感性的思考方式不需要预审广告；有了区分现实与虚幻的能力也不需要预审；对广告做得出整体唯物的反应的同样也不需要。这样我们甚至可以说，其实根本就不需要什么广告预审。不同的消费者思考和处理信息及对待广告的方式各有不同。除了那种明目张胆的欺诈，营销人员可以自由采取任何促销方式来吸引消费者。

谈到广告商的伎俩，成年人的认知能力实则跟孩子相差无几。成年人对文字游戏的困惑和孩子比起来不过是更加广泛明确罢了。（针对成年人投放的广告招致的批评并不比针对儿童的少。广告只是一些社会弊端面前简单随意的替罪羊罢了）普林斯顿大学心理学教授丹尼尔·卡尼曼（Daniel Kahneman）因其终身潜心研究（其中大部分由前合伙人 Amos Tversky 完成）获得了 2002 年的诺贝尔经济学奖，其研究认为那些导致人们经常作出决定并采取行动的先天认知偏差，在技术上，甚至从经济上来说，是不符合逻辑的、不合理的也是不理想的，而且通常也并不符合自己的最佳利益。

对决议失误的学术研究周期性地为畅销书做着孜孜不倦的贡献。美国亚利桑那州立大学校董、心理学教授罗伯特·西亚蒂尼（Robert Cialdini）（2006）所著的说服原则指南广为热销，已经更新到了第 5 个版本。比起学术实验案例，这本书更多地还是引用了广告中的例子。事实上，在许多超市的书架上都能够轻易找到他的书。西亚蒂尼不仅剖析了人们感知被操纵的诸多方式，他还教读者如何免受利用他们的心理习惯和偏见，且说服力极强的诉求的影响。换句话说，西亚蒂尼在告诫成人读者去采取特殊行为让自己远离认知盲区。

哈佛大学社会心理学家丹尼尔·吉尔伯特（Daniel Gilbert）在他的畅销书中阐释了关于“幸福”这一问题。在完成这份如此详尽、关于多种认知过程使人误入歧途的学术研究后，吉尔伯特总结道，人们错误地认为金钱能够带来更大的幸福，只不过因为人们不擅长预测什么会令他们快乐。

戴维·梅耶斯（David Myers）作为一位知名的霍普学院社会心理学家，他写了两本广泛使用的心理学教材，和一些畅销书，从社会心理学研究视角分析一些关键的社会问题。在他的社会心理学著作中（2005），Myers 不仅仅是阐述众所周知的报告，他给学生关于如何控制态度及行为的一些有效的建议。在最新的第 8 版第 7 章，梅耶斯还专门总结出“人们如何抵制劝服”这一专题（其中有一个小节就是在“教孩子们摆脱广告的影响”）。如西亚蒂尼一样，梅耶斯认为，由于他们固有的认知偏见，成人也需要与儿童一样多的特殊训练和保护。

如果孩子的认知盲区令营销人员不得不接受更多的法律限制，那么相同的限制也一定会应用到大多数的成年人身上。成人不会像儿童那样通过决策践行有限的消费观，且没有认识到自己的偏见。由于孩子的思维方式并不按照既定规则，让营销人员远离儿童广告，其实就存在一个假设：那就是只有一种策略可供营销人员选择。如果这是真的，那么对于成人儿童，施加的限制将无二异。一旦认知盲区已构成了滑坡，而市场行销大局将会一蹶不振（消费经济亦是如此），在此基础上考虑，对儿童广告的严格限制实则成为一种申辩。

其中，对儿童广告较常见的一类批评是，它使得孩子太过功利，过于迷恋品牌。不管这是否事实，值得注意的是，这种误导并非来自一则科学评论而是来源一个价值判断。在自由的市场体系中，不能单把政策作为价值判断的标准。在这个自由市场体系中，政策的基础角色保障了不同的人能够选择不同的价值观。如果单纯为了符合规范，要求广告去传输某种价值观或引起一定的社会反响，那这俨然与政府机关没有什么区别。此外，先不看唯物主义的优缺点——一个历史悠久、火药味浓重，而且完全没有定论的争论，在一个极其复杂、以消费为基础的经济体系中（如美国），儿童还是在早期接触并深入了解这类广告比较好。

一个关于规范儿童广告更为极端的提议，竟是营销人员不能对孩子营销进行研究。这种想法是如此极端，听起来似乎太牵强不会发生，但事实上，一旦针对儿童的营销环节环环相扣，那么与其相关的一切就变得理所当然，营销知识正如营销实践一样重要。但是，如果营销研究人员不被允许去研究如何说服儿童，那么学者也将会被禁止研究。此时的知识本身成了一种忌讳，而不是研究的源泉。一旦人们开始不可避免地将雪球越滚越大，并开始抨击这些研究——当然，这些研究曾被批评家们拿来反证限令的必要性，对儿童广告的限制做法也将凸显其不合理性和恶性影响。人们试图通过限制来寻求答案的方式，本来就是一种自相矛盾。在知识和意见的自由交流这方面，显然对研究的明文禁止已经与基本的美国理念背道而驰。

当然，如果没有必要开始去规范儿童广告，那也就没有必要担心执行的难度了。也许孩子们是天真的，但据 2005 年扬克洛维奇青年监管组织的数据，6—17 岁的受访者中有 81%的人都认为应有更多的企业来尊重孩子的选择。儿童同样想在市场中有话语权。超过一半的人认为企业并不了解孩子们喜欢的食品和衣服是什么样。孩子们希望自己是个有发言权的消费者。

事实上，整个消费市场正朝着消费者更强自主控制的方向发展。2006 年《时代周刊》的年度人物，则被扼要地概括为“你自己（YOU）”(2006/2007)。《时代周刊》的选择让人们意识到，市场现在已经跨过一道门槛，那就是营销人员如果没有将消费者纳入合作共利、权利共享的关系中，那他们将无法成功。孩子们通过诸如 YouTube 和 MySpace 的互联网网站，已大大改变了营销格局。未来的世界是由青少年们来掌控的，他们就是希望。因此，今后他们也应当更自信。

对于当今青少年及儿童，参与度是其自由运用一项技术的基本要素。而由他们的参与为市场带来的，便是作为市场动力的创新重塑。从一个非常现实的意义上说，孩子不再受营销人员的摆布，而营销人员要听从孩子的意见。也许营销者过于天真，但这就是营销人员在这样的时期所感受到的。史上最为传奇的消费者营销企业——宝洁公司的 CEO——艾伦·拉夫雷（A. G. Lafley，2006），如今热烈激昂地谈及现代的“纵容的”世界时认为，营销人员只有给予消费者更多控制权，才能保障自身对品牌的控制。

现在互联网不仅将一种新式工具交到消费者的手中——孩子往往是最精通这些的，它也向消费者公开了那些他们从未有可能了解的信息。特别是互联网使人们相互联系起来。对等的交互才是互联网真正的本质（对方是超级天才的情况除外），这样的交互活动给人们带来了前所未有的指尖体验来参与意见、反馈以及商议，从而为市场营销和广告宣传做好了准备。特别是，父母可以使用交互交流的信息，来进一步减少营销活动对孩子的影响。但是正如对于其父母，对孩子们来说，他们作为消费者的控制力与授权许可才是市场的发展主导。

现如今，对于儿童来说流行文化正教授他们新的技能，同时也可能使他们更加明智。纽约大学的杰出科学类作家史蒂文·约翰逊（Steven Johnson，2005）认为，当代流行文化总是被认为是令人头脑麻木的精神鸦片，但事实上它并非如此。Johnson依照他对执法官的研究以及个人经历，认为电子游戏、主时段的电视节目、网络以及电影正教给孩子新的思考方式以及获取信息的方式，这些使得现在的孩子比过去的孩子表现得更加明智聪慧。营销人员面对着日益复杂的青少年以及儿童受众，竞争可能不是同水平的，但它绝不再以营销人员的利益来框定。

儿童不是任营销者摆布的玩偶，但他们也不能阻止营销的阴谋。更有时候，儿童需要帮助；但是通过规范营销行为来帮助儿童，却会打开问题与失范先例的潘多拉之盒。帮助孩子的最好方式不是颁布更多的营销规范条例而是去改变市场需求的特性。无论他们遭遇到何种竞争，这便是市场的规则。

近期著名的哈佛商学院市场营销的权威人物泰德·莱维特（Ted Levitt，1986）曾经写道："消费者购买的不是产品，而是某种解决问题的方法。"这是市场营销解决人们问题的最有创意又可行的方法了。其中一个方法是明白莱维特问题构成需求的观点。营销者所要做的就是回应人们的需求。如果现实问题发生了变化，那么需求也会随之变化；当需求变化之时，营销也要做出改变。

规范很难落实到位，更难的是加强规范。商业游说团体无疑在反对实施更严格的法规，并且对儿童虎视眈眈之时，他们选择无畏地尝试挑战着相应法规的底线。这类情况经常发生。尽管这些法规意图并不错，但在给予儿童他们所需要的帮助方面，法规似乎始终差强人意。正因为如此，人们对孩子远离广告的争论自始至终都没有停歇过。广告规范已经被神话当作灵丹妙药了。

营销人员抵制规范的约束，但这并不代表他们反对需求。相反，他们追逐这些需要，因为毕竟有利可图。若试图列举营销者为改善儿童营销所做的努力，其重点一定是顺应需求的改变，而并非实施更多的监管。

人们的需求能被多种方式改变，对儿童以及家长进行教育就是最显著的一种方式。政府以及非营利机构可以通过教导及其他方式引导孩子们成为不同类型的消费者。那些关于毒品、吸烟和性行为的节目，可以成为值得借鉴的成功案例。梅耶斯引用过一个著名的例子：一个教育类节目就成功地令孩子们“现实地去理解”商业广告。

事实上，直接的激励能够带来更大的影响。如果有食品、玩具或是什么行为能够令孩子开心，那么最终就一定会使孩子及家长去消费这些东西，而销售人员争先为人们去提供更多这样的“好东西”。也许最好的营销方法就是在那些优先供应品上面出资，使其价格降低。尽管这个想法已经实现了，孩子们还是借着各种充足的理由去进行不同的消费。

比起营销对孩子们的诱导，我们更要懂得，是他们的家长激发了营销。通过引进政府采购或是税收政策的方式，种种的诱因改变了需求的特性。这确实是有效的。许多儿童食品被说是不健康的，因为其中含有广泛使用的甜味剂：高果糖的玉米糖浆，它之所以被广泛使用是因为政府农业补贴使它成为最便宜的食物替代品，饮料公司也将其添加进他们生产线的产品当中（Maclean，2002）。政府补贴影响销售商的盈亏底线，改变这样的局面就可以直接地使商家销售不同食品——当然还有不同其他的商品给儿童群体。

简而言之，让孩子们学着正确做事的最好方法是与商家合作，而非与之对抗。更多的法规提供了抗争的依据却并未保障儿童的权益。儿童需要更多的保护，这点人们似乎并不清楚，但是确保孩子得到他们想要的东西的最好方式却是让提供这些东西的商家获利。如果人们有什么需求，销售商会乐意积极地展开营销。销售商并没野心勃勃到要引导需求，但是哪里有需求，他们就会跟到哪里。

我们不要去阻止销售人员追踪来自儿童的消费需求。为什么不明智一些，而是让销售商去探索儿童的不同需求，那么商家就会给孩子们应享有的东西。

参考文献

Cialdini, R. (2006). *Influence: The psychology of persuasion*, rev. edn. New York: Collins Business Essentials.

Creamer, M. (2006). A.G. Lafley tells marketers to cede control to customers to be "In Touch." *Advertising Age* (Oct. 6). At http://adage.com/article/special-report-ana06/p-g-ceo-ana/112311/, accessed Mar. 19, 2013.

Gilbert, D. (2006). *Stumbling on happiness*. New York: Alfred A. Knopf.

Johnson, S. (2005). *Everything bad is good for you: How today's popular culture is actually making us smarter.* New York: Riverhead Books.

Levitt, T. (1986). *The marketing imagination*, expanded edn, =. New York: The Free Press.

Maclean, M. (2002). *When corn is king. Christian Science Monitor* (Oct. 31).

Myers, D. G. (2005). *Social psychology*, 8th edn. New York: McGraw-Hill.

〔反方观点〕

儿童需要从广告中得到更多的保护

丹·帕尼西

美国 南缅因大学

青少年的福祉，是政府不懈的追求。

——美国最高法院，1968 年

儿童被电视、网络以及学校走廊大厅和教室的广告连番轰炸着。在美国各大公司花费在儿童广告上的接近 200 亿美元，其中 40 亿美元是在快餐行业。有充足的证据显示儿童更容易受到广告内容的影响。近年，联邦通信委员会（Federal Communication Commission）和联邦贸易委员会（Federal Trade Commission）针对儿童保护均出台了相关的制度规范。对面向儿童的广告实行更严格的监管制度，这就暗示行业的自律和媒介的积极性已然足够。然而，这些举措显然并没有减轻广告对儿童的危害，儿童更需要的是从广告本身获取的保护。

一、童年时代的商业化

众所周知，美国儿童的生长浸泡在媒介的环境中。美国儿童平均每天使用多媒体的时间达 7 小时，这还不算在学校使用的时间。对于更大一点的孩子来说，平均每天使用的时间更是达到 8 小时。当我们谈及“媒介多任务功能”（指同时使用多种媒体），儿童接触媒体的时间达到了 10 小时，而在 7 个半小时的使用时间中，只有 45 分钟的时间会用在媒体内容上。自 2004 年起，每天的时长又增长了两小时。学生们都表明每天花费在媒体上的时间逐年增加。在所有的媒体使用当中，看电视继续成为大多数美国儿童普遍使用媒体的活动——竟占用了一个孩子一天中将近 4 个半小时的时间：儿童通常自己一个人或者跟他们的同伴一起看电视，家里从饭前到饭后电视都是开着的，并且在儿童自己的卧室中都会有一台电视机。

我们今天能够看到的使用媒体的最终结果就加剧童年时代的商业化。种种因素导致无论从数量还是类型上，越来越多的广告主将目标投放在儿童身上（American Psychological Association，2004；Calvert，2008）。首先，有线电视的扩散和广播卫星技术的普及，使个人家庭都能收到非常多的电视频道。电视频道激增带来的结果就是小众节目的服务以及“窄播”（narrowcasting）的增加，这些节目服务于小群体的受众。因此，对于营销者和广告主来说，儿童作为一类目标受众大有商机。

许多有线电视台就专注于儿童类节目，包括：尼克国际儿童频道（Nickelodeon）、尼克幼儿频道（Nick Jr.）、卡通电视网（Cartoon Network）、迪士尼频道（Disney Channel）、美国电视公司家庭频道（ABC Family）、孩之宝电视频道（The Hub）、迪士尼 XD 频道（Disney XD）、

Noggin（Nick Jr. 的曾用名）。儿童类电视节目数量的攀升为广告商带来了契机，他们将数量惊人的广告对准了儿童。这些广告内容包含了传统的商业部分和电视节目剧情、人物相关的赞助，比如冠名的角色、植入广告和隐性广告。举个例子，费雪玩具（Fisher-Price）就用尼克频道的《爱探险的朵拉》（*Dora the Explorer*），迪士尼的《维尼熊》（*Winnie the Pooh*）、《米老鼠》（*Mickey Mouse*）和《万能阿曼》（*Handy Manny*）中的人物形象来销售儿童玩具、服装和其它相关的儿童产品。儿童市场之所以能够扩张利用的是“比以往任何时期都多的儿童导向性广告”（American Psychological Association，2004：3）。

童年商业化的加剧也与网络的发展密切相关。过去的 20 年里，接入网络端的家庭电脑数量爆炸式增加。在家使用电脑的儿童比重已经从 1984 年的 15％增加到 2009 年的 90％多。而在家访问网络的儿童百分比已经从 1997 年的 22％上升到 2009 年的 93％。排除完成功课的时间，青少年每天电脑的使用时长已经接近 1 个半小时（Rideout et al.，2004）。

数以千计儿童类网站建立了起来，几乎所有的网站均依靠广告维持。这和电视广告的规章制度有所不同。电视广告在节目和商业内容之间有一条明显的界限，但是商业性质内容和非商业性质内容的界限在儿童网站上既模糊又缺乏监管。在这种情况下，广告主们看准时机投放广告，并且发展出了例如“广告游戏”（Advergames）的新媒体广告技术（参看第 12 章）。广告游戏是一种若隐若现地包含有商业内容的在线游戏，是常见的植入式广告（Calvert，2008：209）。例如，一个最受欢迎的儿童网站 MoshiMonsters（www.moshimonsters.com），在全球范围内共计 3 500 万用户。在这款针对青少年儿童的、寓教于乐的社交游戏中，孩子们可以领养并且照顾他们的宠物小怪兽，为它们在怪兽城里建造房子，然后玩游戏。当孩子们在这个虚拟世界继续游戏的时候，他们在出现广告的地方购买 MoshiMonsters 的交易卡和虚拟奖励码、毛绒玩具和迷你雕像。小朋友也可以访问官方的 MoshiMonsters 商店（www.store.moshimonsters.com）购买 Moshi 造型背包、Moshi 纪念画报，或者 Moshi 交易卡。布彻（Buthcer）对广告游戏如是评价道：“广告游戏是儿童类品牌发展的新渠道。在以前的时代玩具可能被用去开发游戏，而现如今游戏创造了现实中的玩具。内容诞生出新品牌，如果使孩子产生了思想共鸣，这个项目的广

告竞赛就开锣了。”（2011：1）

MoshiMonsters 的创始人开发这个游戏的原因就是在美国每年有 220 亿美元花费是用在玩具上的。

最后，美国心理学协会指出：“儿童广告是伴随着有线电视的普及一同发展起来的，网络以及其他新传播形式的发展，过去的几十年里，它极其迅速地覆盖了在教室和其他学校场所。”（2004：1）。在学校里较为普遍的商业广告活动包括：产品销售（签订自动贩卖机的合同，例如可口可乐和百事可乐在学校各个场地设置自动贩卖机）；直接广告（例如《第一频道》，在教室里每天播放 12 分钟的新闻节目再加上两分钟的广告；《星广播》在学校走廊以及饭堂提供音乐和广告）；间接广告（合作赞助教育器材，老师培训，比赛，升职工程，为教学成果提供证书和奖励）。校园广告也很令人担忧，因为孩子一直在被强行关注广告，并且广告潜移默化的效果更强了。

二、为何儿童需要更多的保护

过去 70 年里，许多公共政策规定广告必须要“以明显的手段来说服目标受众”（Strasburger et al.，2009：53）。如果广告的目标受众没有具备或者尚不能意识到广告的说服企图，他们就更容易受到这样言论的伤害。在这种情况下，广告信息可以被认为是不真实和具有欺骗性的。为了让儿童对广告信息有成熟的理解，他们必须掌握两大信息加工技巧：在知觉层面辨别商业信息和非商业信息的能力，以及把说服意图归入广告的能力（American Psychological Association，2004）。

发展专家们对儿童达到具备完全理解广告意图的能力的年纪达成了共识。有资料显示，5 岁以下的儿童不能分辨电视节目和广告内容；8 岁以下的儿童缺乏对广告中说服意图的认知、理解和评估（American Psychological Association，2004；Calvert，2008；Strasburger et al.，2009）。另有研究显示，儿童认为广告都是真的，丝毫没有意识到广告主渲染产品的动机（Institute of Medicine，2006）。有关数据清楚地显示，低于 8 岁的儿童，不同于大一点的孩子或者成人，他们很容易被广告信息欺骗。

三、广告的影响和渗透

在美国，每年预估有 150 亿—170 亿美元花费在了儿童广告上（Shah，2010），其中 2009 年超过 40 亿美元的广告费被快餐行业单独占有。关于儿童在广告中受伤害的问题，相关信息都发表在美国儿科学会（American Academy of Pediatrics）题为《儿童、青少年和广告》（*Children，adolescents，and advertising*，2006）的报告上。儿童每年在电视上观看了超过 4 万个广告，并且，网络和学校的广告也成为一大趋势。

在美国，12 岁以下的儿童每年大约花费 250 亿美元，如果连带父母将花销 2 000 亿美元。儿童每天在电视、网络、广告牌、杂志上会接触到 3 000多个广告，这样算下来，一年一个小孩子可能会接触 100 万个广告。

研究表明，电视广告中面向儿童的拳头产品一抓一大把，像糖衣麦片、快餐、糖果、碳酸饮料和玩具等（American Psychological Association，2004；Calvert，2008）。这些产品主导了有线电视和网络的新商业走势。儿童广告经常用形容产品有多好玩或者有多好吃来吸引儿童，但是并不提供关于产品的真实信息（Strasburger et al.，2009）。结果孩子们将广告视为有趣的东西，并且认为广告提供的信息不偏不倚（Story and French，2004）。

有相当多的资料显示儿童过多地接触广告有很多副作用。相关研究表明广告对儿童的副作用包括以下几个：父母与儿童之间的冲突、玩世不恭、叛逆、抑郁、强烈的唯物主义、不满情绪、自尊心降低，以及沉溺香烟和酒精（American Psychological Association，2004；American Academy of Pediatrics，2006；Calvert 2008；and Strasburger et al.，2009）。

虽然儿童遭受着广告的连番攻击，但还是有一些方法可以保护他们。通过少儿艺术电视，联邦通信委员会规定了周末每小时 10.5 分钟，以及工作日每小时 12 分钟的广告量。然而卡尔弗特（Calvert）指出："这些规定常常形同虚设。"（2008：213）在过去的 30 年里，联邦贸易委员颁布了一系列法案来抵制欺骗性玩具广告，以及"营养"的食品广告，这些广告往往吸引孩子。虽然有过一些成功案例，但是联邦贸易委员会对广告中"不真实以及欺骗性"的管制也只停留在个案审理阶段。

四、对严格监管松口

尽管有相当多的资料证明，针对 8 岁以下儿童投放的广告对社会发展以及孩子的成长都有隐性的副作用（American Psychological Association，2004：1），但是，那些不赞成过度严格监管、过度保护儿童的人来说，他们认为这些保障措施削弱了行业的自制力。

很多人都认为，行业的自我监管确实能够减轻儿童广告的副作用。广告审查委员会（the National Advertising Review Council）就非常关注广告中的儿童保护问题，为此创立了儿童广告审查单位（Children's Advertising Review Unit，CARU）。CARU 的职责就是"确保针对 12 岁以下儿童的广告不存在误导性，并且广告能够考虑到儿童的认知发展水平"（Mello，2010：234）。虽然行业自我监管理论上听起来很具有可行性，但是调查人员发现它并不能减轻儿童广告的负面影响。联邦贸易委员会和人类服务卫生部（2006）曾批判 CARU 如下：① 指导方针过于宽泛，致使这些方针失去了意义，② 对广告主存在妥协，③ 以及缺乏强有力的执行措施。美国国家医学院（Institute of Medical，2006）表示，CARU 的指导方针和推动措施既忽视了儿童广告的负面影响，又忽略了宽泛的市场环境的影响。路德中心（the Rudd Center，2010）的研究表明，尽管快餐公司承诺减少对儿童不健康食品的市场营销，但是事实上他们却加大了营销效力。有数据显示广告对儿童的健康成长不利，而要避免广告消极影响，单靠行业自律是远远不够的。

另外，如果儿童拥有媒介素养，他们就能获得辨别广告中固有内容的认知能力，由此就能减少广告的负面作用。然而对于"媒体素养"（media literacy）这个术语目前并没有达成共识。波特（Potter）指出："媒介素养是一个相当混杂的概念，各式各样对媒介素养的解释也让人觉得混淆。"（2010：676）而且也并没有一个研究能指出到底是什么样的媒介素养能起作用。我们能够知道的是，媒介素养介入可能会对稍大一点的儿童有短期效果，但是研究表明对于 8 岁以下的儿童，却很难让他们学会如何避开广告的消极影响（美国心理学协会，2004）。

不赞成监管的人们提出，商业言论为美国第一修正案所保护，应该免除政府的管制。第一修正案的确保护商业言论，但是是有限的保护。最高法院审理的经典案例“中央哈德森案”（*Central Hudson Gas* case）（*Central Hudson Gas and Electric Corp. v. Public Service Commission of New York*，477 U. S.，1980）就直接说明商业言论是可被限制的。最高法院司法解释是，如果商业言论想要寻求第一修正案的保护，那么它首先必须是真实并且没有误导性的内容。法院提出对真实商业言论的监管，应符合以下条件：政府必须重视对商业言论的管制，并且管制的措施应该跟上重视程度；限制的措施服务于政府的利益，也不能太过宽泛（Mello，2010；Harris and Graf，2012）。

五、呼吁更多的保护

面对扑面而来的商业化，如同一些欧洲国家和澳大利亚，人们向美国政府呼吁也要为儿童提供保护。瑞典禁止电视广播的广告针对 12 岁以下的儿童投放；比利时不允许在儿童节目中存在商业广告内容，并且禁止儿童节目前后 5 分钟播出广告；澳大利亚不允许学龄前儿童的节目中有广告的存在。虽然这些限制举措为儿童提供了更多的保护，但是在美国却几乎没有完整的政策来限制儿童广告。尽管如此，宣传组和公共政策制定者正尝试提供更多保护儿童免受广告荼毒的实际解决方案。

为了减少广告对儿童的消极影响，美国儿科学会（2006）向国会和联邦通信委员会（FCC）提案欲减少儿童节目中的广告数量，并且每小时内不能超过 5—6 分钟的时长。同样，他们请求在数字电视上禁止交互式的儿童广告。

美国心理协会认为青少年现有的关于电视广告狭隘的理解，反映出了一种迫切需求，那就是要限制针对 7—8 岁以下的儿童的广告（2004：22）。同美国儿科学会一样，美国心理协会（2010）也提倡要在 8 岁以下儿童收看的电视节目，其间应当限制广告。这样一种限制的目的是减少儿童广告的影响。

鉴于对儿童广告高度关注的实际政策，疾病控制和预防中心（Center for Disease Control and Prevention）、联邦药品管理局（the Federal Drug Administration）、联邦贸易委员会（Federal Trade Commission）、美国农

业部（the US Department of Agriculture）以及其他支持的部门都开始把重心放在营养食品的广告上，以此来遏制儿童肥胖的蔓延。疾病控制和预防中心（2012）报告指出，从 1980—2008 年，6—11 岁儿童肥胖症率从 6.5%上升到 19.6%，而 2—5 岁的儿童肥胖率已经翻了一番（5%—12.4%）。

超过 2/3 的超重儿童至少存在一项心血管风险因素，肥胖儿童正在面临变成成人肥胖（Story and French 2004；American Psychological Association，2010）。Ⅱ型糖尿病在青少年中的患病率也在持续攀高。研究表明，肥胖成因之一就包括了不健康食品和饮料的儿童广告。几乎 90%的食品广告把儿童作为其目标群体，其中包括碳酸饮料、早餐麦片、快餐、零食小吃，以及糖果等（Center for Disease Control and Prevention，2012）。儿童身处不健康食物的广告中，比如高热量、低营养的不健康零食、快餐，以及高糖分饮料等，这些都是极容易造成肥胖的因素（Gantz et al.，2007；American Psychological Association，2010）。斯托里和法兰奇（Story and French，2004）在其报告中指出，研究显示相比从未进行宣传的那类食品，孩子们显然偏爱广告中经常提到的那些食品。

为了抵制市场中对儿童健康不利的食物和饮料，人们都向政府请示抵制市面上不健康的儿童食品（American Psychological Association，2010；Mello，2011；American Academy of Pediatrics，2011；Center for Disease Control and Prevention，2012）。食品行业坚持声称第一修正案是禁止这样的政府管制。然而，如上文所述，判例法建立在第一修正案之上，但修正案并不保护"自带误导性"的商业言论。越来越多的认知研究揭示，儿童极容易受到广告的影响。英国最高法院在纽约金斯伯格案（*Ginsberg v. New York*）审理期间（390U.S629，1968）也指出儿童是很容易受到伤害的弱势人群，政府有责任保护好青少年。因为政府可以禁止"固有误导"的广告，儿童也不能辨明商业广告中的劝诱意图，第一修正案在针对 8 岁以下的儿童广告问题上始终含糊不清。综上所述，政府应当采取管制（Mello，2010；Graff et al.，2012；Harris and Graf，2012）。

六、小　结

近 10 年来，广告主们已经将儿童群体视为主打市场。于是，儿童群体就成为商家争夺的目标，并且在前所未有的广告和商业化中迷失了方向。虽然当今儿童生活在商业媒体浸泡的环境当中，但很多儿童并不懂得广告是为了销售产品而衍生的东西，他们也不具备理解、判断他们本身是广告目标人群的能力。鉴于广告对儿童的负面作用，很多提倡者和监管机构都把这种行径视同于一种剥削。儿童本应该在广告中得到更多的保护。

参考文献

American Academy of Pediatrics, Committee on Communications (2006). *Children, adolescents, and advertising*. At http: //pediatrics. aappublications. org/content/118/6/2563. full. pdf, accessed Mar. 19, 2013.

American Academy of Pediatrics (2011). Policy statement: Children, adolescents, obesity, and the media. *Pediatrics* 128 (1): 201 - 208.

American Psychological Association (2004). *Report of the APA Task Force on Advertising and Children.* At http: //www. apa. org/pi/families/resources/advertising-children. pdf, accessed Mar. 19, 2013.

American Psychological Association (2010). *The impact of food advertising on childhood obesity.* At http: //www. apa. org/topics/kids-media/food. aspx, accessed Mar. 19, 2013.

Butcher, M. (2011). moshiMonsters launches first toy range, aims at $22biklion US market. At http: //TechCrunch. com/2011/01/24/moshimonsters-launches-first-toy-range-aims-at - 22 - billion-us-market/, accessed Mar. 19, 2013.

Calvert, S. L. (2008). Children as consumers: Advertising and marketing. *Children and Electronic Media* 18 (1): 205 - 234.

Centers for Disease Control and Prevention (2012). Nutrition advertising targeting children. *Centers for Disease Control and Prevention.* At http: //www. cdc. gov/phlp/winnable/advertising _ children. html, accessed Apr. 2, 2013.

Federal Trade Commission and Department of Health and Human

Services (2006). *Perspectives on marketing, self-regulation, & childhood obesity.* Washington, DC: Federal Trade Commission and Department of Health and Human Services.

Gantz, W, Schwartz, N., Angelini, J., and Rideaut, V. (2007). *Food for thought: Television food advertising to children in the United States: A Kaiser Family Foundation Report.* At http://www.kff.org/entmedia/upload/7618.pdf, accessed Mar. 19, 2013.

Graff, S., Kunkel, D., and Mermin, S. (2012). Government can regulate food advertising to children because it is inherently misleading. *Health Affairs* 31 (2): 392 - 298. doi: 10.1377/hithaff.2011.0609

Harris, J. L. and Graff, S. (2012). protecting young people from junk food advertising: Implications of psychological research for First Amendment law. *American Journal of Public Health* 102 (2): 214 - 222. doi: 10.2105/AJPH

Institute of Medicine (2006). Report: *Food marketing to children and youth: Treat or opportunity?* At http://www.iom.edu/Reports/2005/Food-Marketing-to Children-and-Youth-Threat-or-Opportunity.aspx, accessed, ar. 19, 2013.

Mello, M. (2010). Federal Trade Commission regulation of food advertising to children: Possibilities for a reinvigorated role. *Journal of Health Politics, Policy, and Law* 35 (2): 227 - 276. doi: 10.1215/03616878-2009-051.

Potter, J. (2010). The state of media literacy. *Journal of Broadcasting & Electronic Media* 54 (4): 675 - 696. doi: 10.1080/08838151.2011.521462.

Rideout, V. J., Ulla. F. G., and Roberts, D. F. (2010). *Generation M2: Media in the lives of 8 - to 18 - year-olds: A Kaiser Family Foundation Study.* At http://www.kff.org/entmedia/upload/8010.pdf, accessed Mar. 19, 2013.

Rudd Center (2010). *Fast food F. A. C. T. S: Evaluating fast food nutrition and marketing to youth.* At http://www.fastfoodmarketing.org/media/FastFoodFACTS_Report.pdf, accessed Mar. 19, 2013.

Shah, A. (2010). Children as consumers. At http://globalissues.org/article/237/children-as-consumers, accessed Mar. 19, 2013.

Story, M. and French, S. (2004). Food advertising and marketing directed at children and adolescents in the US. *International Journal of Behavioral Nutrition and Physical Activity* 1 (3): 1-17.

Strasburger, V. C., Wilson, B. J., and Jordan, A. B. (2009). *Children, adolescents, and the media*, 2nd edn. Los Angeles: Sage.

第三章
政 治 广 告

对我而言，塑造胜者姿态非常重要，为此，我也一定会击败对手。

——理查德·尼克松（Richard M. Nixon）

2012 年的总统大选或许将以“有史以来最贵的一次选举”载入史册了。按照较为确切的估量，在巴拉克·奥马巴（Barack Obama）与米特·罗姆尼（Mitt Romney）竞选期间，他们花费在广告上的金额高达 10 亿美元。而这些广告中绝大多数的都是负面信息。在选举终于落下帷幕时，整个国家的人都舒了长长一口气，这些离谱的广告终于告一段落了。个别州有着固定拥戴的党派，对这些坚定的支持者来说，这段广告体验实在是折磨；而对于中立的地区，更是无法忍受。

我们都知道，2012 年的总统大选将重点放在争取“少数不定向人群”，这就显得超高的花销愈发“蹊跷”了。许多政治学家称，结果不像大多人认为的那样是一场势均力敌的竞选，极有可能就是因为这些“不定向人群”在竞选结果即将浮出水面时才投票（但也不会像这些民意测验专家口中的那么“接近”，毕竟奥巴马最终以 332 票大获全胜，与罗姆尼的 206 票差距实在很大）。

无论在我们的印象中这些负面的广告有多不堪，不少研究已经证实，哪怕核查员反过头去印证、质疑广告的负面性，负面广告也确实奏效。在大选结束之时，双方候选者都已经通过投放的 100 万条广告来告诫人们对方是不能胜任的。这些广告最终有没有达到劝服的效果，我们不得而知，尤其是双方都以负面广告当作了自己的强大武器。

很明显，我们都讨厌这样的负面广告，好像这才是道德的选择。但如果你希望其他人能与你感同身受，那么“置身事外”的对策对于这个亟待解决的问题而言，实在不痛不痒。

在下面两篇文章中，两位作者都非常能够理解负面广告中的丑化。其实两篇文章的差别非常细微，比如，一篇文章在呼吁人们要确定是否所有的负面广告内容都是在揭丑，而另一篇谈论负面广告信息是否应有限度。

无论我们批判哪一方，有一点是肯定的：负面广告将会一直生存。是好是坏？由你来评判。

思考题

1. 去 YouTube 观看一些 2012 年总统大选期间的广告，如果查找有难度，不妨输入“Eastwooding”“47 percent”“ObamaCare Ad”这些关键词。将你对这些广告的真实感想写出来。你发现了什么吗？

2. 查找一些以往的大选宣传活动（例如你可以查找带有平面广告的书籍，或是带有宣传性质的网页），从近几十年的广告中摘取一些，有没有发现广告变得负面化的趋势？或者说，宣传是否一直带有负面色彩？你对此有何看法？

3. 找出一条负面性的纸质政治广告，年代、竞选人都不限。试着将这条广告变为正面积极的宣传广告（当然，对于某些竞选者，这确实很有难度），将两种版本的广告放在一起，拿给你的伙伴去看，问问他们心目中最具有说服力的是哪一种？让他们说出理由。从这样的调查中，你得到了什么样的结论呢？

4. 你会认为负面广告只对政治类宣传起作用吗？试着找一些消费类的负面广告。你认为这些广告起到作用了吗？说出你的理由。

5. 找出 10 条关于上次总统选举中由候选人发布的广告，再找出 10 条由外部团体组织发布的，这两种广告存在怎样的差异？你对此怎么看？

其他热议话题

1. 在政治广告中所有负面性言论都应该受到法律约束，这样才能获得更多的支持。

2. 政治广告作为商业广告的一种，也应当遵照《美国宪法第一修正案》的要求。

3. 电视政治广告应该只允许在网络电视播放（有线电视就不行），也只能在黄金时段播放。

拓展阅读

Fowler, E. F. and Ridout, T. N. (2010). Advertising trends in 2010. *Forum* 8 (4). doi: 10.2202/1540-8884.1411.

Franz, M. M., Freedman, P., Goldstein, K., and Ridout, T. N. (2008). Understanding the effect of political advertising on voter turnout. *Journal of Politics* 70 (1): 262-268. doi: 10.1017/S0022381607080188.

Krupnikov, Y, (2012). Negative advertising and voter choice: The role of ads in candidate selection. *Political Communication* 29 (4): 387-413. doi: 10.1080/10584609.2012.721868.

Lovejoy, J., Riffe, D., and Cheng, H. (2012). Campaign interest and issue knowledge: Did the media — and negative political advertising-matter in "battleground Ohio"? *Atlantic Journal of Communication* 20 (4): 201-220. doi: 10.1080/25456870.2012.711148.

Schemer, C. (2012). Reinforcing spirals of negative affects and selective attention to advertising in a political campaign. *Communication Research* 39 (3): 413-434. doi: 10.1177/0093650211427141.

〔正方观点〕

负面政治广告的重要意义

安妮·约翰斯顿

美国 北卡罗莱纳大学

在一场政治竞选活动中，大概没有任何话题要比其间那些攻击性的、失真的揭秘揭丑信息，更能引人关注，更能发人深省了。那么在选举中，为什么人们会看到如此多的负面广告呢？其中一个原因即是，发布这些广告的人们是坚信这些广告的效力的。这些广告真的有效吗？这些广告成功唆使选民们进行投票了吗？还是拉低了对手的票数？是否使人们看选举过程就像雾里看花，抑或，这些负面信息是否会改变人们对竞选者和其对手的看法？

要理解负面广告，首先我们一定要明白负面广告在政治体系中的价值，以及发布负面广告的意义所在。从传统意义来说，政治广告对于选举者和选举活动有着相当重要的影响作用（Sabato，1981；Devlin，1986；Jamieson，1996）。政治广告可以为候选人拉票，激发候选人的热情，鼓励人们去为他们投票。广告可以帮助选举者自我定位甚至能够重新设定他们在选民心中的形象，并且建立起了一个阐释政见的平台。最后，广告可以帮助选举者在媒体无过滤或是媒体少量参与的情况下直接对话美国公众，并防止选民们从媒体处获知一些消极或不真实的信息。因为新闻媒体有时只专注于一些知名竞选者或是票数领先者（Graber，1993）。因此，对于一些选举者来说，唯一公平的方法就是用广告把他们的理念传达给美国公众。之所以需要负面广告，是因为执政竞选者要比竞争上位的人更具优势。在职候选人通常都拥有媒体优势，所以挑战者会用广告来反对他们的言论立场以及现行的政策（Kaid and Johnston，2001）。

自选举起始，漫天飞舞的负面广告和口号便已经成为备战的一部分。在电视平台（最早追溯至 1952 年总统大选）就时常会出现关于对手信息的广告。事实上，一项有关电视广告的研究表明，在 1952—1996 年的总统竞选中，负面广告数量占到了全部广告的 38%，在 20 世纪 90 年代更是达到了 60%的比例（Kaid and Johnston，2001）。

关于负面广告的争议主要体现于两个方面：广告实在浪费钱；广告背后的主使总是“神龙见首不见尾”。这不假，但在我们当今政治活动中，这种现象在我们获取信息时是司空见惯的。倘若广告是由候选人自己出资，毫无疑问他是肯定认可这些广告的。然而，超级政治行动委员会（Super Political Action Committees，PACs）为候选人提供宣传信息或是诋毁其对手的广告，但选民却不知超级政治行动委员会为何方神圣，也不知委员会支持的到底是哪方。2012 年总统大选的多项资金都出自委员会。

这源于2010年1月，最高法院规定了所谓的言论自由权利，即政府不得干涉企业与工会参与政治活动，不得干涉为政治目的进行的花销。这也就意味着，委员会为扶持某一候选人的花销经费将不必受限。

最高法院明文反对限制企业在政治活动中的经费，体现了大多数党狭义政治言论自由的诉求，正如肯尼迪法官（Justice Kennedy）所言："当政府试图做到面面俱到，包括刑法中规定一个人获取信息的途径以及某些信源不被信任，就已经利用媒介审查控制了人们的思维。这是自然不合法的。第一修正案维护人们思考的自主权。"（Liptak，2010）

即使竞选人的背后团体和政治行动委员会在行为上并不能协调一致，然而最终在2010年的国会大选、2012年的总统大选期间，超级政治行动委员会还是会为支持某方或是诋毁某方做着努力。委员会所承办的这两次广告（诸如含有关键词"重塑我们的未来""赢得未来""让未来更美好""众议院多数党政治行动委员会"）无不包含了极其恶意的攻击性，于是选民纳闷到底是谁出的钱，幕后主使人又是谁。

超级政治行动委员会挥金如土的在广告中控诉对手的不妥之处，我们对此也无能为力。但是公民和选民依然有能力知晓委员会或是竞选者本人的花销金额。由响应性政治中心（Center for Responsive Politics）出资建设了OpenSecrets. org网站，负责对广告花销的追踪调查。从该网站中，我们发现，直到2012年2月，外部组织（包括超级政治行动委员会、政党、企业，以及工会组织）在本年度竞选中，已经花费了5 600万美元用于分发竞选活动宣传品、投放广告、拉票活动等。由318位委员会成员投入的资金就达到了4 600万美元（Sunlight Foundation，2013），会有源源不断的金钱继续砸向竞选大军的滚滚洪流，也慢慢揭示出这些金钱的来源和去向。

负面广告是否会折损选民们的投票率，是否会使人们沮丧，或是对竞选过程感到不悦？选民用事实已经证明，比起从前，他们更会对负面广告中的声明表示质疑、愤愤不平。虽然人们因为对负面广告没有什么作用而对政治活动表示不屑，但他们并没有因为负面广告而丧失对政治的兴趣（Pinkleton et al.，2002）。同样，也有关于负面广告对选民投票结果产生影响的相矛盾的事实，通过一些研究表明，负面广告实际上刺激了选民作出投票结果（Goldstein and Freedman，2002），并且，越来越多的近期研究认为负面广告既不会提升也不会拉低票数（Clinton and Lapinski，2004）。

负面广告真的能够影响到对某个竞选者的形象、人格的主观判断吗？其实并非所有的负面广告都是对候选人人格的攻击。事实上，1952—1996年的总统电视广告中共有462则负面广告，74%主要呈现了议题焦点和攻击立场的问题（Kaid and Johnston，2001）。与此同时，在负面广告中体现的诉求往往就是情感诉求；然而情感诉求也同样是正面广告的主要类型。事实上，早期的纵向广告研究表明，相比正面广告而言，负面广告能够提供更为客观、翔实的事实依据，而且将近85%的负面广告都会侧重攻击竞争对手的政治立场和言行不一。而近期的研究发现，负面广告既攻击对手政治主张也会诋毁对方的人格，这样一来，政治负面广告就能够煽动选民来关注自己的政治主张和人格魅力（Druckman et al.，2009；Ridout and Franz，2008）。政治广告在选民中能够树立或是重塑竞选者的形象，而竞选人也总是在其广告中对自己的人格魅力自卖自夸，而且经常会在负面的广告中强调个人的公众表现、事业的成功、忠诚正直以及胜任素质（Kaid and Johnston，2001）。

负面广告招致批评的一个问题，那就是负面广告并非都显而易见的。一些负面广告可以真正的被称为隐私广告，这样的广告诋毁竞争对手的人格。但是也有一部分的负面广告，会将对手的观点主张和政治立场与自己的进行比较或反驳。这类负面广告的确有助于政客们在竞选活动中的学习和讨论。负面广告中将选民的目光聚焦在两位候选者的细节问题上，促使选民们学会从广告内容的对立面进行反思，也意识到了广告虚掩下的事实（Meirick，2002）。比起单纯对竞争对手政治立场、人格缺点的攻击，这样的广告会更具有影响力（Pinkelton，1997；Gaski，2010）。

其他多项研究表明，那些对政治更了解、更有客观认知的选民，以及掌握竞选活动、候选人、议题内容等基本资料的人，能够从负面广告中获得更多的信息（Valentino et al.，2004；Stevens，2005）。而选民们对待负面广告的礼貌性（civility）和相关性（relevance）都越发变得成熟世故了（Firdkin and Kenney，2008）。从候选人的性别角度，人们又发现了一些负面广告的细微影响。比如，弗里德金（Fridkin）就曾指出，对于男性候选人和女性候选人，负面广告往往对前者更容易起到诋毁的作用。另外，那些“粗鲁的”言论攻击、“失礼”“不公平”“空穴来风”的诋毁对于女性候选者都是无力的，而且还会为广告的赞助者招致强烈的“反冲力”(backlashed)。

正是由于所谓的“反冲力”和“回旋镖效应”(boomerang effect)，负面广告总是存在着不确定性，因为广告效果无法总是符合政客的心理需要。对赞助商这样的反冲，形成了“回旋镖效应”(Garramone，1984)，从而在系列研究中，进一步印证了负面广告的影响。负面广告的过度使用，将引起广告赞助商形象的跌损(King and McConnell，2003)。虽然一些研究者发现负面广告的使用确实有利于赞助商(尚未立即出现反冲)，然而经过反复的宣传，观众还是会对负面广告的出资者形成不良的评价(所谓的“回旋镖效应”)。

事实证明，负面广告有利于人们在大选中去了解候选人们的政治立场和个人品质，而有时攻击性的言行对广告赞助者来说，会比被攻击对象更不利。然而，负面广告是否让人们对政治的态度变得消极呢？研究表明，夹杂污蔑性语言的负面广告确实会使人们对政客们和政治活动有负面情绪(Kahn and Kenney，1999、2004；Mutz and Reeves，2005；Stevens，2009)。但是另有研究证明，过量的负面广告并不会使政治活动、国会、政府受到普遍负面评价(Brooks and Geer，2007；Jackson et al.，2009)。相比正面广告，选民们也会对负面广告表现出更加丰富、更具批判性的反馈。在一项研究调查中，负面广告被认为比正面广告缺乏说服力和影响力(Phillips et al.，2008)。另外，却发现了自相矛盾之处，负面广告不仅会影响选民的意向判断，还会强化支持广告中候选者的选民心理，该项研究对这类的说法予以了否定。

许多评论家称政治广告中并不适合漫谈严肃的政治问题，它们本身也不应该如此。没错，政治广告的意图并非传递政治信息。但是事实上，广告中的争辩、议论以及传达的新闻内容，都在向选民们展现着竞选人的政治立场。在以前，新闻媒体并没有认真负责地报道和分析选举中的竞选者和其广告。2004年的时候，那些竞选者所在州的地方电视台，总是会在竞选广告上投入多于新闻报道的精力。将近一半的报道主题是为了战略及细节，或是日常的赛马情报，另外关注于政治问题的探讨却不到总体的1/3(以上数据来源于 www.localnewsarchive.org)。即使新闻机构尝试采用

“广告计时器”，分析政客言论，或是在广告中展现生动形象的画面，也很难让选民们去理解广告内涵，更别说是批判性地分析广告了（Kaid et al.，1996；Gobetz and Chanslor，1999）。

面对竞选期间从未停歇的负面广告，我们之所以相信广告的内容，是因为这些负面广告确实引发了人们的共鸣，因此，比起正面的广告，人们对负面广告的印象更为深刻（Bradley et al.，2007）。但是事实上，在政治活动当中，广告并不是唯一一个传递负面信息的载体。一项对 2008 年总统大选的调查研究发现，对于约翰・麦凯恩（John McCain）的新闻报道常常倾向于负面消息，“其中有将近 60%的内容（57%）被认为是阴暗面，只有不到两成的内容才是正面积极的报道”（Pew Research Center，2008）。

负面的政治广告能够引发人们关于议题的讨论和辨论，也能够针对竞选中正在讨论的问题进行议程设置。有时候，甚至能吸引新闻媒体聚焦于这些话题上。事实上，无论正面还是负面，政治广告并不是选民获取候选人以及话题信息的唯一来源。政治广告也是靠赞助者支撑，来表达竞选活动中某一候选人或团队的观点，或是对议题的立场主张。政治广告既无法取代严谨可靠的新闻报道以及竞选分析，也无法成为政治网站和政治博客的替代品，更不是选民获取信息的全部渠道。

当我们在竞选期间看到漫天飞舞的负面广告确实让人厌恶至极，于是我们渴望着竞选期间更多传播形式的出现。我们凭什么要一直忍受这些广告？如果竞选期间，多种政治言论都能够通过不同渠道传播，这便象征着高度民主，就能够推进更多传播机制的进步，也迫使消息灵通的选民不得不认真审视、筛选信息。为了政治言论自由的畅行无阻，我们必须理解现今政治选举中的阴暗面。那么处理竞选期间的负面广告，有没有什么对策？那就是审查再少一些，言论自由再多一些，正如 1927 年高级法院所述：“如果适时去探讨不实和谬论，那么能够避免误导性，能够及时作出补救的唯有释放言论自由，而不是强制的禁言。”（Whitney v. California，274 U.S. 357，377，1927）

参考文献

Bradley，S. D.，Angelini，J. R.，and Lee，S.（2007）. Psychophysiological and memory effects of negative political ads: Aversive, arousing, and well remembered, Journal of Advertising 36 (4): 115 - 127.

Brooks, D. J. and Geer, J. G. (2007). Beyond negativity: The effects of incivility on the electorate. American Journal of Political Science 51: 1 - 16.

Cliton, J. D. , and Lapinski, J. S. (2004). "Targeted" advertising and voter turnout: An experimental study of the 2000 presidential elaction. *The Journal of Politics* 66 (1): 69 - 96.

Devlin, L. P. (1996). An analysis of presidential television commercials, 1952 - 1984. In L. L. Kaid, D. Nimmo, and K. R. Sanders (eds.), *New Perspectives on political advertising* (pp. 21 - 54). Carbondale: Southern Illinois University Press.

Druckman, J. N. , Kifer, M. J. , and Parkin, M. (2009). Campaign communications in US congressional elections. *American Political Science Review* 103 (3): 343 - 366.

Firkin, K. L. and Kenney, P. J. (2008). The dimensions of negative messages. *American Politics Research* 36: 694 - 723.

Firkin, K. L. and Kenney, P. J. and Woodall, G. S. (2009). Bad for men, better for women: The impact of stereotypes during negative campaigns. *Political Behavior* 31: 53 - 77.

Garramone, G. M. (1984). Voter responses to negative political ads. *Journalism Quarterly* 61: 250 - 259.

Gaski, J. F. (2010). Positive effects of negative political ads. *Journalism Quarterly* 61: 250 - 259.

Gobetz, R. H. , and M. Chanslor (1999). A content analysis of CNN "inside Politics" adwatch coverage of high-profile, nonpresidential races, In L. L. Kaid and D. G. Bystrom (eds.), *The electronic election: Perspectives on the 1996 campaign communication* (pp. 113 - 121). Mahwah, NJ: Lawrence Erlbaum.

Goldatein, K. , and P. Freedman (2002). Compaign advertising and voter turnout: New evidence for a stimulation effect. *The Journal of*

Politics 64 (3): 721 - 740.

Graber, D. A. (1993). *Mass media and American politics*, 4th edn. Washington, DC: CQ Press.

Jackson, R. A., Mondak, J. J., and Huckfeldt, R. (2009). Examining the possible corrosive impact of negative advertising on citizens' attitudes toward politics. *Political Research Quarterly* 62 (1): 55 - 69.

Jamieson, K. H. (1986). The evolution of political advertising in America. In L. L. Kaid, D. Nimmo, and K. R. Sanders (eds.), *New perspectives on political advertising* (pp. 1 - 20). Carbondale: Southern Illinois University Press.

Kahn, K. F. and Kenney, P. J. (1999). Do negative campaigns mobilize or suppress turnout? Clarifying the relationship between negativity and participation. *American Political Science Review* 93: 877 - 890.

Kahn, K. F. and Kenney, P. J. (2004). *No holds barred: Negativity in U. S. Senate campaigns.* Upper Saddle River, NJ: Pearson Prentice Hall.

Kaid, L. L., and A. Johnston (2001). *Videostyle in presidential campaign: Style and content of televised political advertising.* Westport, CT: Praeger.

Kaid, L. L., J. C. Tedesco, and L. M. McKinnon (1996). Presidential ads as ni ghtly news: A content analysis of 1988 amd 1992 televised ad watches. *Journal of Broadcasting and Electronic Media*, 40: 297 - 308.

King, J. D., and J. B. McConnell (2003). The effect of negative campaign advertising on vote choice: The mediating influence of gender. *Social Science Quarterly* 84: 843 - 858.

Liptak, A. (2010). Justices, 5 - 4, reject corporate spending limit. *New York Times* (Jan. 21). At http: //www. nytimes. com/2010/01/22/us/politics/22scotus, html?, accessed Mar. 20, 2013.

Meirick, P. (2002). Cognitive responses to negative and comparative political advertising. *Journal of Advertising* 31: 49 - 62.

Mutz, D. C. and Reeves, B. (2005). The new videomalaise: Effects of televised incivility on political trust, *American Political Science Review* 99: 1 - 16.

Pew Research Center (2008). Winning the media campaign: How the press reported the 2008 general election. *Pew Research Center's Project of Excellence in Journalism* (Oct. 22). At http: //www.journalism.org/node/13307, accessed Mar. 20, 2013.

Phillips, J. M., Urbany, J. E., and Reynolds, T. J. (2008). Confirmation and the effects of valenced political advertising: A field experiment. *Journal of Consumer Research* 34: 794 - 806.

Pinkleton, B. E. (1997). The effects of negative comparative political advertising on candidate evaluations and advertising evaluations: An exploration. *Journal of Consumer Research* 34: 794 - 806.

Pinkleton, B. E., N. Um, and E. W. Austin (2002). An exploration of the effects of negative political advertising on political decision making. *The Journal of Politics* 31: 13 - 26.

Ridout, T. N. and Franz, M. (2008). Evaluating measures of campaign tone. *Political Communication* 25: 158 - 179.

Stevens, D. (2005). Separate and unequal effects: Informatio, political sophistication and negative advertising in American elections. *Political Research Quarterly* 58: 413 - 426.

Stevens, D. (2009). Elements of negativity: Volume and proportion in exposure to negative advertising. *Political Behavior* 31: 429 - 454.

Sunlight Foundation (2013). Super PACs: Totals for 2011 - 2012 cycle. *Sunlight Foundation Reporting Group* (Apr. 2). At http: //reporting.sunlightfoundation.com/ousidespending/super-pacs/, accessed Apr. 2, 2013.

Valentino, N. A., V. L. Hutchings, and D. Williams (2004). The impact of political advertising on knowledge, internet information seeking, and candidate preference. *Journal of Communication* 54: 337 - 354.

〔反方观点〕

为什么说负面的政治广告是不良广告

艾伯特·R. 蒂姆斯
美国 明尼苏达大学

负面的政治话语或者通常被叫做“揭丑”(mudslinging),这在美国的国家政治运动中有200年的历史了,我们仍在讨论这种“负面的”“肮脏的”做法是好还是坏。这是个很不错的问题,一些学者、政治顾问和专家告诉我们负面广告可以帮助竞选者赢得选举(Grey,2012;Lariscy,2012),还在实际上促进了民主建设的进程(Geer,2006)。政治广告学者努斯曼·莱瑞斯(Ruthman Lariscy,2012)称“负面广告是每一个政治运动中必不可少的组成部分”。政治学家约翰·吉尔(John Geer)在《为负面辩护》(*In defense of negativity*)中详细描述了1960—2004年“攻击性”广告往往在总统选举中夹带更多的相关信息,与通常意义上的“正面”广告相比,前者提供的信息反而对选民更为重要。按照劝服机制,实证研究表明在其他条件相等的情况下,负面政治信息比正面信息可能更加令人印象深刻,更具影响力(Lau,1985;Kahn and Kenny,1999)。

随着更多的花费将用于负面信息(Brooks and Murov,2012),政治广告支出在过去30年中突飞猛涨(McAdams,2012)。根据皮尤公共与媒体研究中心(the Pew Research Center for People and Press)2012年中期选举的调查结果,“77%的选民认为和以前的选举相比,当下有更多的负面或揭丑活动;在2006年选举后,持类似观点的选民就已经达到69%”(Pew Research Center 2010)。

候选人和他们的支持者都是希望赢得选举的,很明显,他们之所以投资于负面“揭私诽谤”攻击性广告就是因为它能够起作用。但是事实是否恰好相反?是否可能候选人会困于花费百万美元的负面竞赛,由于媒体对冲突的喜爱和靠“不惜一切代价”(win at all costs)和“免费媒体”(earned media)策略谋生的运动组织顾问的鼓励,是否可能这种揭私诽谤被慷慨的资金支持者、特殊的利益群体和大多数狂热的候选人支持者期望的毫无保留的对对手的攻击强化了？候选人是否在浪费钱财的同时，也助长了公众的愤世嫉俗、疏离隔阂和萎靡不振这些不良情绪（Ansolabehere and Iyengar，1995；Lau and Rovner，2009）？这些负面行为会不会使人们认为候选人过于刻薄卑鄙而不能胜任，而最终适得其反（Kaid，2004；Lau et al.，2007）？近期超级政治行动委员会（super PACs）的活动花费的激增，那么候选人算不算行为过当？最后，攻击广告的使用可能与我所了解的关于什么是好广告的标准背道而驰？

社会学家早就发现我们并不能准确地记住我们听过的、看过的信息的来源（Lariscy and Tinkham，1999）。也许你会时不时分享你读过的、听过的某事，但就是想不起最初的来源。来自候选人自己运动和狂热的特殊利益超级政治行动委员会的信息增加了随着时间忘记消息来源的风险，这直接落到了候选人头上。一个试图不承认或撇清自己和攻击群体关系的候选人可能会承担选举失败的风险，尽管在2004年总统选举运动期间乔治·布什总统通过公开批评攻击议员约翰·克里（John Kerry）的在越南的战斗记录的广告，努力撇清自己和此广告的关系，然而刚结束了竞选，又将它们描述为“不利于体制建设”。他是正确的。

竞选活动顾问售卖他们服务，在某种程度上，通过证明他们的能力来获得“免费媒体”或者在新媒体上覆盖他们的运动。毋庸置疑，新媒体将冲突作为有价值的新闻，同时论战推动着新闻圈。通过炒作被特别肮脏的广告激起的争论，更多的人可能最终看到新闻上的广告，而不是那些观看广告时而看到的广告。它进入博客，成为脱口秀，观点杂志，以及《每日秀》（*The Daily Show*）的新闻讽刺节目的素材。This is what “earned” media means（这就是“免费”媒体的含义）。因此在本质上，是新媒体激励了竞选活动的负面广告。这个过程并不意味着攻击对候选人，最终对公众和民主是有好处的。只是这种争取“免费媒体”来决定总统席位的行为并不是一个好主意。

竞选运动争议的结果是，新闻议程从报道真正重要的事件转向攻击本身。新闻议程反过来影响了公众认为的竞选运动中最重要的事件和我们认为的候选人的信息的显著性（McCombs and Reynolds，2000）。如果我们认为什么是重要的和我们能很容易回想的观念是围绕竞选运动争议而不是有建设性的事件争论的话，民主无法正常实现现存党派观点对我们处理和理解政治信息的方式发挥着重要影响（Sigelman and Kugler 2003）。这意味着我们定义为不公平的、吝啬的和不真实的紧密地和已有的认知密切相关。激起对手支持者的作为恶意谎言的攻击广告在攻击团队看来可能是完美的、连续的事实。在某种意义上，攻击广告以完全不同的方式被体验着。

现在我们知道这种心理过程在起作用，那么花费数十亿金钱在攻击性广告上用意何在呢？经常被提及的观点是动员“支持者”，但是我们知道在主流市场上购买播出时间花费是多么大，但为此目的使用其他通信渠道（例如互联网）要便宜的多。另一个更加令人困惑的原因是遣散、劝阻投票者（Ansolabehere and Iyenyar，1995；Lau and Rovner，2009）。

遣散假说提出了三种负面广告生成遣散的基本方式。本质上，遣散策略，如果可以这样叫它的话，是使得立场不坚定的支持者、独立选民、少数族裔群体等讨厌竞争对手，即使他们没有转而支持进行攻击的候选人。很容易想象某个群体在一场差距不大的竞选中起着怎样的决定性作用。

具有强硬支持者对市民怎样看待他们的领导和政治机构及他们的授权意识进行强烈攻击带来的腐蚀性效果的遣散同样存在问题。安索拉毕赫和因雅（Ansolabehere and Iyenyar）开创性研究发现独立选民特别易受到负面广告的遣散效应影响。这些发现激起了很多随后的政治学家和广告研究者的研究（Lau et al.，2007）。因为许多研究几乎没有发现统计学意义上的遣散证据作为支持该假说的研究，遣散效应假说在科学上一直是不确定的。像劳和罗纳（Lau and Rovner，2009：305）说的那样，“尽管有一些研究已经支持攻击行为和它对政治行为的影响，但仍存在无数的问题需要未来的研究去解释”。

即使科学的自由仍然是不明确的，人们对于肆无忌惮攻击性广告引起的潜在的威胁还有着深刻忧虑，福勒和瑞迪特（Fowler and Ridout，2010）报告说，2010 年期间大约 36％的候选人广告可以被划分为“负面的”，而无党派群体则高达 87％。毫无疑问，负面广告的使用在 2010 年美国国会 5 比 4 的投票决议“公民联合会诉联邦选举委员会案”的引领下于继续发展的政治争议性竞选运动中处于中心地位。第一修正案保护政治言论自由的精神很大程度上支持了这一里程碑的决定，它有效地瓦解了很多之前外部群体资助竞选广告的限制。现在不再必须遵守支出限制，可以避免报告其资金来源，也能保护资助者的身份。赞助信息会简单地说“由爱国市民赞助”或者其他无害的、名字看上去像是非党派的，但却可能隐藏了其附属性，宣扬了一种珍贵的价值或者仅仅看上去非常的爱国。

这些政治行动组织可能会接受来自美国国内或者跨国公司、工人组织、贸易协会、富裕的市民个人的无限制资助，或者实际上每个有能力和兴趣支持竞选结果的人。很多人懊恼的是，他们可能以完全隐藏他们身份的方式来这样做。在奥巴马总统的 2010 国情咨文演讲中，他反对了这个决定，说道：“我不认为美国的选举应该由美国最强大的利益集团，更糟糕的情况是由外国实体企业提供资金，这本应该由美国民众决定。”

没有了支出限制和无事实上的问责制，这些无党派群体引领了美国历史上空前的邪恶负面广告纪元，伴随着极大未知的后果。就问责制而言，布鲁克和穆鲁（Brook and Murov，2012：388）说“当负面广告由和竞选运动无组织关系的群体运作的时候，对公众来说很难判断广告的真实性或者如果有问题，直接责怪任何人”。对竞选联盟来说这笔意外之财，对候选人来说可能导致灾难，如果它在选民看来遮遮掩掩且资金充足的特殊利益群体绑架了竞选运动。没有任何人可以追究责任，候选人将很可能被视作问题的根源，即使这些无党派团体严格来讲和候选人的竞选办公室无组织关系。负面广告的使用呈现了一个新的维度，它相比之下使得过去对相反效应的担忧看起来古怪。

为了在正确语境中鉴别这个争议，我们需要简要回顾美国负面竞选运动的起源。在 1796 年副总统约翰·亚当斯（John Adams）和国务卿托马斯·杰斐逊（Thomas Jefferson）是第一次两个不同的政党和政见相互争斗。由于选举人团机制，亚当斯被选为总统，杰斐逊被选为副总统，尽管亚当斯是一个联邦党人，杰斐逊是民主共和党人。这次在 1800 年的选举成了作为美国历史上最肮脏的政治运动之一，于在职总统亚当斯和他的副总统对手杰斐逊之间（Swint，2006）。

那时的竞选运动主要是由高度政党的报纸而不是候选人发起，报纸明确地和联邦党或者民主共和党结盟，发表怀有敌意的文章，揭露竞争对手的个人缺陷。少数白色男性地主公民具有代表选民投票的资格在选举人团中投票决定总统和副总统（Jamieson，1996）。亚当斯的支持者宣称杰斐逊曾“在经济上欺骗了债权人，通过诈骗获得了他的财产，抢劫了一个寡妇的价值一万英镑的财产，在统治弗吉尼亚改革期间表现得胆小如鼠”。杰斐逊的支持者还击说亚当斯是“一个傻瓜，一个伪君子，一个罪犯和专制统治者，他的总统任期是恶性激情的持续风暴”（Swint，2006：184）。

似乎从建国起，候选人和他们的支持者就越过了围绕当天重要事件的公民政治辩论民主理想的界限，进入了广告人身攻击性争论和制造恐慌。约翰逊和约翰逊（Johnson and Johnson，2000：294）告诉我们广告人身攻击性争论“包括质疑竞争对手的动机，控诉对手谋取个人私利，控告竞争对手自相矛盾，或者控告对手过去的不当行为”。

当支持者的报道媒体在 19 世纪中期到晚期逐渐发展成为我们今天所知的广告支持的大众媒体，政治运动开始将选民全体作为受众目标通过广告和更加传统传播方式。当新闻短片电影、广播和电视一问世，政治运动充分利用了付费广告的机会以实施前所未有的控制。报纸对竞选注意力的垄断被永久打破了（Jamieson，1996）。尽管强大的利益一直在设法影响选举，但直到 2002 年的两党竞选改革法案，即麦凯恩·法因戈尔德法案，由政治行动委员会和免税 507 和 501（c）（4）提供资金的组织开始从根本上改变竞选运动的局面（Brooks and Murov，2012）。

竞选运动本质上是竞争激烈的。候选人在事件中的立场、资格和领导力能力都必须进行比较和对比。这种类型的批评调查和分析对于民主运作是必要的。强调候选人的优点和缺点的广告本质上不是负面广告。约翰逊和约翰逊（Johnson and Johnson）定义它为有建设性的争议。这一种具有偏见和恐惧或者恶意攻击特性的人身攻击策略广告，合理地定义了我们所谓的负面广告。当然，它包括意在误导选民的散布十足谎言的下流不道德策略。如果法律保护的话，它包括严重不道德的，如果受到法律保护的，散布旨在误导选民的纯粹是谎言的策略。

维吉尼亚的投票调查（Freedman et al.，1999）提供了确切的证据，在 70%—80%的投票者看来，在竞争对手的投票记录后，过去的企业行为或者和特殊利益群体的联系被认为是公平的。然而，人身攻击性行为只被不到 30%的投票者认为是“公平的游戏”。竞选者和他的支持者当他们越过底线的时候有可能疏远了投票者，尽管投票者不能说出在任何选举中底线在哪里。

此外，鲁尔和鲁纳（Lau and Rover，2009：304）的权威的科学自由的回顾总结道，自由反映了“一个对无根据的攻击和未授权的人格攻击的控诉”。无根据的攻击未被证明有效。

联邦贸易委员会（FTC）实施的事实性广告没有运用于政治广告中。同时，联邦通信委员会实施的联邦通信法案这样声明：

> 如若允许任何具有竞选某一公职的合法权利的人使用广播电台，他应该提供平等的权利给其他竞选这一公职的人来使用这样的广播电台：补充说明，这样的许可证应对播放的内容在这部分的规定下不享有审查权。允许任何这样的候选人使用这样的电台的许可不应被强加义务。（US Code：Title 47，sec. 315 - Candidate for public office）

候选人和他的支持者如果他们想的话，可以歪曲一个对手的记录，声明不成立的事实，或者控诉对手他们想控诉的任何恐怖的事，只要不威胁到联邦统治介入或者让他们对事实负责的意图。缺乏保护公众免受错误和误导广告的危害的管理规范，是美国政治广告与商业广告的最显著的差异。

美国宪法第一修正案对于公民政治言论自由的保护是清楚明确的。伴随着具有里程碑意义的公民起诉联邦选举委员会于 2010 年 1 月做出的决定，美国最高法院规定企业和组织应享受和候选人、独立公民一样的解放的自由的政治权利。此外，对这些运动的捐赠者，即使是外国企业，拥有隐藏政治观点的权利。多数意见认为宣称政府绝不应该限制观点自由市场或者言论自由。

但是仅仅因为候选人，和现在的超级政治行动委员会可以无限制的传播观点，并不意味着负面广告是有效的运动策略，对于那些渴望统治的人来说是有道德的行为。或许对民主是有好处的。像妇女联盟、FackCheck 网站和 Polifact 网站这样的组织，努力使竞选人和他们的支持者负起责任，但媒体的把关人作用的降低是十分引人注目的。

在最近的《哥伦比亚新闻杂志回顾》的一篇文章中，都恩和斯谷森（Downie and Schudson，2009）认为独立报道即“提供信息、调查、分析和社区知识”的报道类型正处于威胁之中。有线新闻网、谈话电台和互联网使得支持者很容易过滤掉相反的观点或者可能被称为平衡的报道和分析。伴随着这一点的是增加的消极性、意识极端主义和法人逐渐增加的没有能力去触及两党的观点或者妥协。超级政治行动委员会带有倾向性的运营负面广告，正促进美国社会的强烈分化。

同样令人不安的是，这个在美国仅 6 家媒体集团拥有主要的媒体播出，也是花费在竞选广告上的数百万美元的主要受益人。超级政治行动委员会的支出增长对这些集团来说是一笔新的意外之财。很多人认为，他们在尽可能多的获取竞选广告花费上有既定利益。尼科尔斯和麦克切斯尼（Nichols and McChesney）报道在 2012 年选举期间政治广告可能占了很多电视台每年广告收入的 20%。我们应该指望这些集团来报道真实或公平的攻击广告吗?

电视，无论是广播电台还是有线电视，将至少在更多几个国家大选期保持大多数政治广告播放的地位。这个观点并非没有认识到互联网和社交媒体的日益增长的重要性，而是基于这样一个事实，即大多数国家选举是在争取处于中间立场的摇摆不定的选民。在线资源（网站、博客等）对参与的选民具有高度的选择性，可以有效激发和吸引广大支持者和成为募集资金的强大竞选工具。但是电视是大多数国家政治职位竞选者，对那些很可能决定选举结果的人讲述自己观点的地方。

毫无疑问，对候选人和公众来说，有充足的理由去认真考虑负面攻击型广告的突飞猛涨地使用和其有害后果，更不用说（not to mention）与恶意误导公众联系在一起的伦理问题。

辛辣的人格攻击和十足的谎言不是宪法第一修正案意在提倡和保护的。这种保护理应确保事件是基于全体公众的看法被讨论和决定，同时没有法律可以剥夺一个公民的言论自由。狂热者总会说粗暴的事情，但是这一诡辩几乎决定了自 2010 年竞选运动负面广告的形式。我们可能会发现，公众的相反效应将会使超级政治行动委员会反思他们毫无遮拦的攻击，国会将最终建立"对你的广告负责"，对这些组织进行公开披露（现在只要求竞选者）。

负面攻击性广告运用了人格暗杀、败坏名声和疏离这些手段。在这个过程中，贬低了我们的领导和政治机构。想象一下，如果可口可乐曾开始做广告说百事想让你得糖尿病，百事想让孩子变胖，百事用高果糖含量的谷物糖浆是因为百事是在强大的谷物生产者手里，消费过多的糖可能导致乙型糖尿病和肥胖病。但是，将这些后果联系到和自己产品相同的某个特定产品上，这也是搬起石头砸自己的脚，虽然也不一定意味着违法。政治攻击广告是作为毁灭武器被创造的。民主需要的和提倡的是这样的竞选运动——它帮助我们致力于真正具有建设性讨论，建立对政治机构的正直确信和我们选择的候选人的信念。

参考文献

Ansolabehere，S. and Iyengar，S. (1995). *Going negative: How political advertising shrinks and polarizes the electorate*. New York：Free Press.

Brooks，D. J. And Murov，M. (2012). Assessing accountability in a post-citizens united era：The effects of attack ad sponsorship by unknown independent groups. *American Politics Research* 40 (3)：383 - 418.

Dowine，L.，Jr and Schudson，M. (2009). The reconstruction of American journalism. *Columbia Journalism Review* (Oct. 19). At http：//www. cjr. org/reconstruction/the _ reconstruction _ of _ american. php? =all，accessed Mar. 20，2013.

Fowler，E. F. and Ridout，T. N. (2010) Advertising trends in 2010. *Forum* 8 (4)：2 - 16.

Freedman，P.，Lawton，D.，and Wood，W. (1999). Do's and don'ts of negative ads：What voters say. *Campaign Elections* 20：20 - 25.

Geer，J. G. (2006). *In defense of negativity*. Chicago：University of Chicago Press.

Grey，J. (2012). Dem pollster Mark Mellman weighs in on negative ads. *Daily Beast* (Feb. 4). At http：//www. thedailybeast. com/articles/2012/02/03/dem-pollster-mark-mellman-weighs-in-on-nagtive-ads. html，accessed Mar. 20，2013.

Jamieson，K. H. (1996). *Packaging the presidency: A history and criticism of presidential campaign advertising*，*3rd edn*. New York：Oxford University Press.

Johnson，D. W. And Johnson，R. T. (2000). Civil political discourse in a democracy：The contribution of psychology. *Peace and Conflict:*

Journal of Peace Psychology 6 (4): 291 - 317.

Kahn, K. F. And Kenney, P. J. (1999). Do negative campaigns mobilize or suppress turnout? Clarifying the relationship between negativity and participation. *American Political Science Review* 93: 877 - 899.

Kaid, L. L. (2004). Political advertising. In L. L. Kaid (ed.), *Handbook of political communication research*. Mahwah, NJ: Lawrence Erlbaum, pp. 155 - 202.

Lariscy, R. (2012). *Why negative political ads work*. CNN (Jan. 2.). At http: //edtion. cnn. com/2012/01/02/opinion/lariscy-negative-ads, accessed Mar. 20, 2013.

Lariscy, R. and Tinkham, S. F. (1999). The sleeper effect and negative political advertising. *Journal of Advertising* 28 (4): 13 - 30.

Lau, R. (1985). Two explanations for negativity effects in political behavior. *American Journal of Political Science* 29 (Feb): 119 - 138.

Lau, R. and Rovner, I. B. (2009). Negative campaigning. *Annual Review of Political Science* 12: 285 - 306.

Lau, R. , Sigelman, L. , and Rovner, I. B. (2007). The effects of negative political campaigns: A meta-analytic reassessment. *Journal of Politics* 69: 1176 - 1209.

McAdams, D. D. (2012). *$8 Billion: 2012 Political Advertising Forecast II*. TV Technology (Jan. 9). At http: //www. tvtechnology. com/article/billion — political-advertising-forecast-ii/211212, assessed Mar. 20, 2013.

McCombs, M. And Reynolds, A. (2002). News influence on our pictures of the world. In J. Bryant and D. Zillman (eds.), *Media effects: Advances in theory and research, 2nd edn*. Mahwah, NJ: Lawrence Erblaum.

Nichols, J. And McChesney, R. W. (2012). The assault of the super PACs. *Nation* (Feb. 6), 11 - 17.

Pew Research Center (2010). *Mixed reactions to Republican midterm* win. Pew Research Center for the People & the Press (Nov. 11). At http://www.People-press.org/2010/11/11/mixed-reactions-to-republican-midterm-win/, accessed Mar. 20, 2013.

Sigelman, L. and Kugler M. (2003). Why is research on the effects of negative campaigning so inconclusive? Understanding citizens' perception of negativity. *Journal of Politics* 65: 142 - 160.

Swint, K. C. (2006). Mudslingers: The top 25 negative political campaigns of all time. *Westport*, CT: Praeger.

第四章
烟 草 广 告

广告就是合法的谎言。

——赫伯特·乔治·威尔斯（H. G. Wells）

最近一段时间，我在格鲁吉亚待了几个礼拜，这片土地不仅孕育着富饶的历史文化，还是个美食天堂。首都第比利斯（Tbilisi）被称为“友好之都”，我在那儿待的时间最久。我发现这座城市与其他我到过的美洲城市在许多方面都大不相同，其中最为突出的一点，就是好像所有人都可以随心所欲地吸烟。印象最深刻的一次是在当地一家餐厅，我的格鲁吉亚朋友一根接着一根地吞云吐雾，丝毫不在意邻座的我还在吃面包。这也让我回想到，在近半个世纪中，美国的香烟文化也发生了变化：在以前，抽烟是一种很酷的行为，但随着大家都意识到它所带来的健康危害，这种行为也就不被提倡了。

自从 1982 年美国卫生局局长埃弗雷特·库普（Everett Koop）在他的报告中称吸烟是癌症致死的主要原因，美国的吸烟人数就整体地减少了。如今，据估算，成年人吸烟人群只占到了 19%；相比之下，在 20 世纪早期，每日吸烟的人数竟然高达 80%。

说到吸烟致癌，这已经是老生常谈了。美国的吸烟人群曾经为经济带来了生机（比如，烟草的税收为美国内战的筹备起到了很大帮助），当时学者们就对吸烟是否有利提出质疑。在第一次世界大战期间，约翰·珀欣将军（General John J. Pershing）就曾在报告中说道：“如果你问我，靠什么来赢得这场战争？我会告诉你，是像子弹一样用之不竭的香烟。香烟就像每日的口粮必不可少，我们现在就需要足够的烟草!”机敏的烟草商嗅到了战争带来的商机，顷刻间就在爱国者间掀起了吸烟的热潮。当时著名的香烟品牌“野牛德拉姆”（Bull Durham）打出的宣传语就是“抽了德拉姆，德国忙撤兵”（When our boys light up，the Huns will light out）。

在香烟流行不久，健康问题就被人们提及，于是在 20 世纪 30—40 年代，香烟广告开始鼓吹香烟有利于健康。30 年代，菲利普·莫里斯（Philip Morris）香烟广告就声称香烟能够清咽利嗓：“每天都有百万消费者证实医学专家的新发现，那就是当吸烟人群开始吸菲利普·莫里斯牌的香烟，曾经吸烟导致的咽喉不适，竟然完全不见了。”（Vintage Ad，n. d.）

市面上几乎没有什么产品拥有无偿价值，即便是那些类似减肥药、发胶这样的“无用之物”，也只是暂时的蝇头小利而已。那么，吸烟真的有什么意义吗？至少，在禁止吸烟的法令还未颁布之前，成年人吸烟还是合法的。

正如本章的两位作者迈克尔·霍奇斯（Michael Hoefges）和蒂姆·德韦斯特（Tim Dewhirst）所言，到底该不该限制香烟广告一直以来都是一个热议话题。其中，政府该扮演什么角色？是保护我们自身的安全，还是避免我们去伤害他人？当然，在很多情况下，政府都出面干涉，还出台保障公民利益的法律。正如按要求，我们就应该系安全带；在某些州，不戴头盔骑摩托车被归入了违法行为；而一些州禁止民众购买爆竹以免“殃及池鱼”。但我们该如何划定底线？

由此，即便已经有科学数据充分证实含反式脂肪的食物真的不健康，但吃反式脂肪类食物、宣传它的广告都不会为此触犯法律。那么能这样类比抽烟么？没错，我们知道抽烟有害（确实真的有害）。然而人们执着于自我毁灭（抑或缩短几年的阳寿，抑或仅仅导致皱纹的提早出现和头发的脆弱易损）时难道还不够有决心么？

一些人认为，加设限制并不能够改变多少烟草公司受媒体曝光的频次，因而通过鼓吹实施禁令，或许会起到逆反效果。就像一开始，香烟的自愿禁令广告出现在电视上，烟草商对此却并不十分抵制，而事实上，有些烟草商甚至表示支持与鼓励。为什么鼓励？因为这些人认为，当香烟广告被禁播了，那么反对抽烟的广告也将不复存在。在电影、体育赛事以及其他媒介场所同样有迹可循——这些也都很有可能将会消亡于电视。事实也证明了情况确实如此。对任何形式媒体上香烟广告都全面遏制的任一项禁令，都将是正当的。

人们对于广告在试图确立自己的立场，而这次烟草的争辩也使拥护自由言论的纯化论者与健康拥护者、厌恶广告的人与自由市场的商业大鳄变得锋芒相对。这是当下愈加炙手可热的一个话题。要想去辩驳管制香烟广告的是非曲直定是场苦战，因为无论你站在何种立场，最终的结果都将是有争议的。假如，出于已证实的吸烟有害案例，政府推进了进一步对香烟广告的全面限制，那么接下来又该如何处理?

另一方面，假如我们不加任何设限呢? 事实表明，极少限制香烟广告的国家拥有更多的吸烟者以及随吸烟而来的更多死亡人数。当然，就算事实如此，我们也很难确定这样的前后关系是否只是个别现象。

是否采取烟草广告管制变得进退两难，试图去跳出这样的困境也着实不易。但是迈克尔·霍奇斯与蒂姆·德韦斯特在这个议题上作出了杰出的贡献，他们各自阐释了关于广告规范与保护言论自由的命题。但哪个方面才是正确的? 答案由你来定。

思考题

1. 列出所有你能想到的对人有极大危害的产品。你能够回想起它们对应的广告么? 如果有，你认为广告商利用了怎样的策略来传递他们的意图?

2. 如果要去限制有害产品的广告宣传，你是否能够对此提出一则职业道德规范来? 在这则规范里应该有怎样的内容?

3. 问一些年轻人他们为什么抽烟。而你认为，媒体对于年轻人尝试抽烟有怎样的责任?

4. 有空的时候可以租一张电影光盘来看，将剧中人物抽烟的片段记录下来，发现了什么?

其他热议话题

1. 烟草应当被当作药物来处置，烟草广告也应当同其他限制性产品一样遵循相似的法律法规。

2. 香烟包装上的警示语应当更容易使青少年看到。

3. 香烟产品的广告应当遵循同其他有害产品一样的标准，例如含过量反式脂肪的食品。

拓展阅读

Calvert, C. et al. (2010). Playing politics or protecting children? Congressional action & First Amendment analysis of the Family Smoking Prevention and Tobacco Control Act. *Journal of Legislation* 36: 201 - 248.

Hoefges, M. (2003). Protecting tobacco advertising under the Commercial Speech Doctrine: The constitutional impact of Lorillard Tobacco Co. *Communication Law and Policy* 8 (3): 267 - 311.

Hofges, M. & Rivera-Sanchenz, M. (2000). "Vice" advertising under the Supreme Court's Commercial Speech Doctrine: The shifting Central Hudson analysis. *Hastings Communications and Entertainment Law Journal* 22 (3 - 4): 345 - 390.

Master Settlement Agreement (1998). Available at <http: //ag. ca. gov/tobacco/pdf/1msa. pdf>

Pennock, P. E. (2007). *Advertising sin and sickness: The politics of alcohol and tobacco marketing*, 1950 - 1990. DeKalb: Northern Illinois University Press.

Redish, M. (1996). Tobacco advertising and First Amendment. *Iowa Law Review* 81: 589 - 639.

Stoll, E. (2010). The Family Smoking Prevention and Tobacco Control Act and the First Amendment: Why a substantial interest in protecting public health won't save some new restrictions on tobacco advertising. *Food and Drug Law Journal* 65: 873 - 900.

参考文献

Vintage Ad (n. d.). Tobacco/cigarette ads of the 1930s: Call for Philip

Morris. At http://www.vintageadbrowser.com/tobacco-ads-1930s/12, accessed Apr. 5, 2013.

〔正方观点〕

第一修正案赋予烟草商的权利

R. 迈克尔·霍奇斯
美国 北卡罗莱纳大学

2009 年，美国国会通过了家庭吸烟预防和烟草控制条例（FSPTC Act，Family Smoking Prevention and Tobacco Control Act），在公共制度层面使未成年人免于香烟产品的危害（Pub. L. No. 111 - 31，Div. A，Stat. 1776，June 22，2009）。这部条例的颁布意味着美国食品及药物管理局（Food and Drug Administration）获得了烟草产品的管辖权，并将对香烟等烟草产品的广告与营销活动宣传开始了广泛的限定。该条例也强化了政府对香烟产品的广告和包装方面的监管。在该条例中，由于国会并未提及，因此联邦通信协会对电子媒介上的烟草广告依然施行现行的监管制度，正如对广播与有线电视媒体上的一样（15 U. S. C. § § 1355，4402（f））。

新条例对香烟广告的限制要求多体现在对香烟的展示彩图和无烟烟草广告上，这些都是应该被及早管制的，但却迟迟没有在广告领域施行。为什么呢？因为联邦法庭发现，这些广告禁令与第一修正案有所冲突。第一修正案是保护商业言论自由，并禁止政府干涉这些商业言论，具体地说，就是这些广告。

毕竟这些烟草产品已经被医学证实具有危害性和致瘾性，而烟草广告的广告宣传还在诱导人们去吸烟，那么第一修正案为何要维护这些宣传信息？即使人们都知道吸烟不利于健康，甚至是致命的，戒烟也非常不易，那么第一修正案为何还要阻止政府保护未成年人的健康利益？这会不会就是第一修正案的意义所在？要回答以上的问题，我们需要先好好研读第一修正案中对一般商业言论自由的保护内容，还要看看如今最高法院管制香烟广告的具体条例。第一修正案本应当保护的是那些合法产品的商业广告，既面向合法消费者又不含误导性，正如烟草产品就符合上述条件，但它确实有害健康，而且广告信息还经常传递给了未成年人。

先让我们回顾一下 2009 年 FSPTC 条例中的几条主要限令，国会令食品药品管理局对纸质广告要求香烟广告只许印制成黑白图片，这也就是"黑白规定"。国会之所以这么限定是为了控制烟草广告只能发行在"成人出版物"上，也就是说，这些广告只能发行在报纸和杂志上，而这些媒体读者中未成年人比例不足 15%，总人数不超过 200 万人。2010 年管理局实行了一则最终条例，为"对青少年的烟草产品销售及宣传限令"，其中就包括了上述中的"黑白规定"（75 Fed. Reg. 13225，codified at 21 C. F. R. pt. 1140）。

另外，FSPTC 条例还在联邦香烟标签与广告条例（Federal Cigarette Labeling and Advertising Act）（15 U. S. C. § § 1331，*et seq*）以及复合型无烟烟草卫生教育条例（Comprehensive Smokeless Tobacco Health Education Act）（15 U. S. C. § § 4401，*et seq*）中，针对香烟、无烟烟草的包装与宣传问题作出了修订。在 2009 年该条例的规定中，国会要求管理局设计一款彩色图示来表示吸烟的危害，这个标志用 9 种文字描述所围绕着，其中包括："警示：香烟致瘾；警示：香烟致癌；警示：吸烟致死"等（123 Stat. at 1842 - 1846；15 U. S. C. § § 1333）。新条款中也对联邦香烟标签与广告条例作出了修正，要求警示框中要涵盖至少 20 条的香烟广告，至少要体现 9 种警示标语中的一句，并还要轮流使用。2011 年，管理局行使了最终条例，条例名为《香烟包装与广告中的警示规范》，创建了一系列有争议的图示，迎合国会要求的 9 种不同彩色图示组成的警示框，还包括展示吸烟者尸体胸腔的图示，可见肺部已经病死，烟气从咽喉的气管冒出来（78 Feb. Reg. 36628，condified at 21 C. F. R. pt. 1141）。管理局这一整套香烟广告警示的彩图图示可以在 FDA 官方网站上下载浏览（http://www.fda.gov/TobaccoProducts/Labeling/ucm259214.htm，accessed Mar. 20，2013）。在家庭吸烟预防和烟草控制条例中规定，国会并未要求彩色图示用于香烟以外的其他烟草产品，但是对于无烟烟草的广告及包装，国会还是对其有更为严格的文本警示要求。

而烟草公司凭借着第一修正案对言论自由的合法保护，一度挑衅着家庭吸烟预防和烟草控制条例的广告限令，也自然很少遵循条例中的“黑白条例”和彩图警示要求。在2001年裁决案例中，最高法院选择支持烟草企业一方，马萨诸塞州全州范围内的户外香烟广告牌和学校、操场等场所的距离不得少于1 000英尺，但法院认为，这样的制度违背了第一修正案中对商业言论自由的保护原则。而该案例（*Lorillard Tobacco Co. v. Reilly*）将会在下文中更为详尽地分析，联邦法庭维护的第一修正案似乎与2009年FSPTC条例的广告限令水火不相容。

首先，我们还是详细地看一下第一修正案对于普遍的商业言论保护的规定：“国会应在言论自由上不设任何羁绊。”暂且不论所谓“言论”的范畴，我们当今的“言论”就能够囊括了商业广告的保护吗？1976年在弗吉尼亚州药商委员会与该州公民消费者委员会的案件（*Virginia State Board of Pharmacy v. Virginia Citizens Consumer Council, Inc*）中，美国最高法院历史上首次将第一修正案的保护条例延伸至商业言论自由，这也就意味着言论不仅仅只限于倡导商业交易。在这个案件中，法院做出综述，即从广告商到市场营销人员再到消费者，自由流动的商业信息这一角色对于自由市场经济的运作至关重要，其关键价值体现在有助于激励总体消费者形成经济决策上。因此，法院认为：尽管市场营销人员和广告商确实在第一修正案规定下有权来推销合法的商品和服务，但消费者也享有同等重要的宪法权利来接收商业信息，从传播过程中过度束缚的政府干涉中解放出来，依照自我的意愿，进而作出购买或其他经济决定。简而言之，法院认为，政府试图以剥夺信息知情权来干涉消费者的市场决策，而第一修正案正是要抵制政府的这种做法。

因此，这件诉讼案最终判定，国家禁止有营业执照的药剂师刊登处方药的价格，而这一行径是违法的，需要被废除的，因为消费者——尤其是那些年迈的、有固定收入的消费者，需要这些信息，他们迫切地想知道到底哪里可以以最实惠的价格买得到需要的药。对于这起诉讼案，法官哈利·布莱克姆（Harry Blackmum）总结道：“就自由流通的商业信息中的消费者而言，他们对自身利益充满了渴求，就算没有特别强烈的渴望，也会比当下热议的政治利益更急切。”(425 U. S. at 763)

然而，值得一提的是，弗吉尼亚州药商委员会案件并没有令第一修正案将错误的、有误导性的，或是用于不合法的商业交易的商业言论也纳入其保护范畴。因此，到今天，基于对消费者在市场环境中的保护，联邦政府以及各州政府依旧在法律上对未得到保护的广告形式会直截了当地加以禁止。也就是说，第一修正案的有关条款与消费者的立场是不同义的。另外，该案例中也只是将部分片面的第一修正案保护范畴延伸至合法商品与服务的商业言论，起到一个中级保护罢了。换句话说，根据第一修正案，受保护的商业言论并不绝对或完全免受管制，基于此项修正案，这就意味着在当今某些情况下，即使一些商业言论受到法律保护，但也是要受到相应法律管制的。然而，政府是如何维系其管制与第一修正案的商业言论保护之间的平衡的?

在1980年的中央哈德森电气公司诉公共服务委员会案（*Central Hudson Gas & Electric Corp. v. Public Service Commission*）中，法院明确决议，政府要真正地对受保护的商业言论实行宪法管制。既然这样，法院认为受保护的商业言论是可以被宪法所规范，只要政府能为此能够陈列的出自己的利益所在——也就是关键的公共政策目标，而且也能够证明讨论中的条例将出于政府利益，顺畅有效地保障这些言论，而不仅仅是满足合法的需要。换句话说，政府必须要有一个足够完美的公共政策目标，设计出实际又有效的管理体系，从而用法律的形式规范管制合法商业言论。在近期商业言论决议中，法院将中央哈德森电气公司诉公共服务委员会案中第一修正案的分析方法，反驳了关于直销药物广告的联邦条例（*Thompson v. Western States Medical Center*, 2002），并下达了制药公司禁止对医师私自推销处方药的规定（*Sorrell v. IMS Health Inc.*, 2011）。

这也就意味着如今的广告商可以通过自己法律权利，运用诚实的、非误导的方式，推广合法产品与服务；但另一方面，政府仍有权用法律法规来抑制非法广告，甚至能够根据最高法院的规定，进一步管制受法律保护的广告。换言之，当以公共政策目的来管制广告，政府的规范措施并不会完全束缚于第一修正案。

那么关于烟草广告，又能够做些什么呢?值得一提的是，政府能用法律规范虚假的和误导人的烟草产品广告，能从法律上禁止不受保护、不公平的商业行为。例如，不允许烟草生产者利用广告将未成年消费者作为潜在的目标群。当然，政府能用法律对任何直接产品施加条例，包括年龄限制和对烟草产品购买地点的限制，同时也能对烟草产品购买自由征税。

此外，正如表明的，政府能从法律上规范合法的烟草产品的真实广告，前提是这些条例有效地服务于政府的现实目标。比如，在不过度加重烟草广告商和销售商继续向成人消费者广告和推销产品的条件下，抑制未成年人吸烟。然而，建立一种包含所有这些参数的宪法监督管理体制是很有挑战性的，但是尽管如此，这项任务使那些已经推行烟草产品合法化，但现在却希望控制关于烟草产品广告语的立法者和管理者去反对第一修正案。

除此之外，政府应该而且有能力运用法律要求广告商在消费者决定购买香烟前，告知他们香烟带来的健康危害及其他风险。例如，正如上文所述，在 2009 年国会通过了 FSPTC 条例之前，FCLAA 规定一致要求所有的香烟广告及包装上必须有文字警示标语。在这方面，美国最高法院认为，无论是为了广告效果还是有意欺瞒，广告商都没有权利凭借第一修正案来隐瞒广告中的真实信息，而且信息的开诚布公也是为了早日建立起比中央哈德森电气公司诉公共服务委员会案更为宽容的制度（*Zauderer v. Office of Disciplinary Council*，*1985*；*Millavetz*，*Gallop & Millavetz*，*P. A. v. United States*）。剥夺烟草广告在第一修正案保护下的言论自由，会在没有政府干预下，削减了烟草广告商与和成年顾客之间真实可信的商业交流。因此，为了遏制广告中的不实言论，制度中公开信息的要求以及其他上述监管要求，都是在保护商业言论的前提下依法可行的。

但事实真是如此吗？如果政府真的能对一项产品施加所有条款，甚至能一并禁止该产品的合法销售，尤其是有害产品，或副产品像烟草产品，那么第一修正案下的政府不应该有更多的回旋余地来对广告等产品进行更严格的监管，较之于为社会所接受的产品做广告吗？大体来说，美国最高法院的回答是肯定的。有人提出质疑，这理当如此。为什么？其实，宪法第一次修正案并未做出标准的判断；相反，它甚至保护的是令人反感的矛盾性言论。实际上，这些备受争议的言论最需要宪法第一次修正案给予法律保护，因为大众的反应会使这些言论面临被禁止的风险。因此，宪法第一次修正案保护的是非商业性的政治、社会信息和持不同政见的观点。它允许每一个社会成员表达对市场经济的看法：某个观点是好是坏，是否能够通过，并对其做出相应的回应。

第一修正案对商业言论的保护在产品和服务的广告上依然适用。只要政府允许特殊产品的销售并使其合法化，那么销售人员就可以在合法权利的范围内，以实事求是的方式对产品进行宣传促销。换句话说，对于某种产品的买卖，可能之前是非法的，可是一旦政府使其合法化了，那么第一次宪法修正案就赋予他们合法权利包括以商业手段对产品进行宣传。并且，在市场经济条件下，对产品进行分析，决定是否购买并使用产品，以及对产品进行评价的最终决定权都落到了消费者手中。

鉴于此，美国最高法院将第一修正案的保护范围扩大到了有害的所谓副产品和活动，诸如高浓度的麦芽啤酒（*Rubin. v. Coors Brewing Co.*, *Inc.*, 1995）、烈酒（*44 Liquormart*, *Inc. v. Rhode Island*, 1996）、赌场博彩（*Greater New Orleans Broadcasting Association v. United States*, 1999），当然，还有香烟（*Lorillard Tobacco Co. v. Reilly*, 2001）。在这些方面，比起那些"社会接纳度高"的产品，第一修正案使政府对有害但合法的产品广告实行更宽松的监管。最高法院法官约翰·保尔·史蒂文斯（John Paul Stevens）对 1999 年法院驳回博彩广告禁令的审理中写道："禁止或规范某一特定行为的权力中并不包括抑制或规整其言论。"（Great New Orleans Broadcasting at p. 193，特别补充）"认为限制危害社会言论与禁止该活动的影响一样的显著"，法庭对此观点予以驳斥（Great New Orleans Broadcasting at p. 192）。在所有情况中，政府利用了管制的方法来抑制负面社会影响，但并不是取缔产品服务的商业言论权利。

在 2001 年一经典案例中，马萨诸塞州欲去除大都会区（如波士顿）合法规范的户外烟草广告，而最高法庭却对此不予支持（*Lorillard Tobacco Co. v. Reilly*）。在由法官桑德拉·戴·奥康纳（Sandra Day O'Connor）所书的多数意见中，法庭做一综述：马萨诸塞州对保护儿童远离烟草产品的伤害上确实树立了完善的规范目标，在这种情况下，减少儿童对此类广告和宣传的接触也进一步向目标迈进，也免除了法律上的风险。奥康纳对这起诉讼案总结道，从制度角度，我们非常理解州政府这种做法，未成年儿童既没有能力权衡面临的风险，也不能辨别吸烟与其他成年人行为的潜在意图（*Lorillard Tobacco Co.*, at 570－571）。

但是，该案中法院认为，在一些地区，这种几近完全封锁式的商业禁令，阻断了烟草商和他们的成年消费者的有效信息交流，从这点来看这样的管制并不符合宪法第一修正案"顾及言论利益"的要求（*Lorillard*

Tobacco Co.，at 562)。奥康纳法官进一步解释道：

第一修正案一直反对州政府对香烟产品广告的限制，因为，毕竟香烟产品的售卖和使用对成年人来讲完全是合法的，烟草企业传播商品信息的利益受到法律保护，而成年消费者也有权获得这样的商品信息（*Lorillard Tobacco Co.*，at 571)。

换言之，法院对该案的结论认为，马萨诸塞州在对广告牌的禁令本不该超出保护未成年人利益的范畴，也不应当对被法律保护的烟草广告强行施压。但是值得注意的是，法院在这里并不是认为未成年人吸烟的问题无足轻重，也不是不打算限制投放的烟草广告。然而，法院必须要尽量维持重要争议和第一修正案法规的平衡关系。之前法院就曾在案例判决中，包括 1983 年，法院驳回了联邦政府对未经许可的直邮避孕广告下达的禁令（*Bloger v. Youngs Drug Products Corp.*），以此来保护成年人的言论自由，而不是仅仅为了未成年人的利益而全盘禁止（*Lorillard Tobacco Co.*，at 564)。另外，在罗瑞拉德公司（Lorillard）一案中，零售商默认未成年人可以消费，也就是便利店已经身处 1 000 英尺禁令范围内，并且在低于 5 英尺的室内墙壁张贴烟草广告。而对此，法院认为这样州政府制度不合法而不予认可。法院最终总结，马萨诸塞州取消了“五英尺制度”的实行，该制度试图降低未成年人的吸烟率，然而对于那些身高超过 5 英尺的孩子，这项制度就自动失效了。

因此，根据多数意见，马萨诸塞州的管制将非法阻断了烟草市场商人、当地零售商与成年顾客之间的信息传递，而且，把重心局限在了高度可视的户外广告或是带有未成年指向的诉求信息。然而，法院认为，这些管制制度更是会切断小零售商与烟草内销人员的交流。法官克拉伦斯·托马斯在一份措辞强硬的并存意见中，警示人们要留意限制信息（甚至是一些有害信息）带来的危险。

在这份并存意见中，他写道：

当有害的事物开始萌生苗头，受到威胁的人们总会要求去限制其言行。而在这，大家对“有害的事物”这一词的定义似乎并不一致：有些人受到集权主义教条的鼓动，力图推翻共和党；有些人被种族主义煽动运动而感染，心中充斥着敌意与偏执；而有些则是被香烟广告

> 而诱惑，冒着健康风险选择了抽烟。因此对于州政府所言的“香烟生产商的作恶”（也许确实如此），我们不能给出一个准确的答案。但是，从这一方面来讲，这些生产商与其他有害产品的供应商、坏点子的倡导者没什么两样。当州政府试图剥夺他们的话语权时，他们会不约而同地躲进了第一修正案的庇护之下（Lorillard Tobacco Co.，Thomas，J.，concurring in part and concurring in the judgment，p. 590）。

托马斯法官并警示人们：“如果马萨诸塞州对第一修正案保护下的户外烟草广告实行禁止，那么在很大程度上，诸如快餐和酒这些被社会许多人定为有害的产品，对其禁止也就完完全全变得正当合法。”

那么在2009年家庭吸烟保护与烟草管制条例中，对于广告限令是怎样规定的呢？在当时，在一些由联邦巡回法庭审理的诉讼案件中（在联邦司法体系中，巡回法庭比最高法院低一等级），对烟草广告黑白印刷的规范，以及FDA制定的彩图警示标志被判定为不符合法律规范，在对待一些案件审理中（*Discount Tobacco City & Lottery*，*Inc. v. United States*，*R. J. Reynolds Tobacco Co. v. Food and Drug Administration*）也丧失了实行效力。烟草城一案并不能算是烟草企业在第一修正案的大获全胜，因为法院虽然驳回了FSPTC的黑白文本规定，但是法院却认同了其他对于烟草广告的限制规定，其中包括对烟草商减轻烟草危害性的言论限制——例如，不得使用“清淡型”“柔和型”“低含量”等表述，以及禁止烟草品牌对音乐节以及体育赛事的赞助活动等（*Discount Tobacco City*，at 543 - 544，536 - 537）。尽管第六巡回法院在最后支持了在FTSPTC基础上更强化的警示规范，但法院始终没有肯定其彩图警示标志的规定，因为这起诉讼审理之时，FDA尚未实行这条规定。

然而，在2012年，哥伦比亚特区巡回法庭（District of Columbia Circuit）在雷诺兹公司（*R. J. Reynolds Tobacco Co.*）的案件中，对于FDA的彩图警示标示规定予以了采纳，并最终参照中央哈德森电气公司诉公共服务委员会案指出，在政府力图减少吸烟率的问题上，FDA并没有有效地履行警示标志的制度。因此，法院在这起诉讼中判定，虽然FDA提供了充分的资料，包括大量的社会科学研究，但其中只有两个能够“直接地表明这项制度对减少吸烟人数有积极作用，也没有数据能够证实图示警示能够‘直接’有利于吸烟率能降低到一定程度”（*Rubin v. Coors Brewing Co. Inc. 1995*，at 487）。2013 年，美国政府宣布不再对哥伦比亚特区巡回法庭的判决提起上诉。另外，在 2009 年的 FSPTC 条例中，国会要求 FDA 履行的“1 000 英尺条例”和之前最高法院驳回的那条十分相似，但国会也要求 FDA 应采取必要手段来弥补条例在法律上的不健全之处（123 Stat. at 1831）。在当时，FDA 尚未来得及实行这项规定，因此这项规范在实践的法律认可度依然还是未知。

因此，第一修正案对烟草广告的保护并不是那么绝对，而政府依然有权对烟草产品实行监管、征税甚至下禁令。断言合法商品的商业言论（在这里特指烟草广告）缺少第一修正案的保护，或是允许政府对其实行完全的杜绝，都是具有极大隐患的。当然，通过禁止贩售香烟，一旦政府将烟草产品的归类从合法商品移至公众范畴，卖烟构成非法，宪法第一修正案也不再承认贩卖和使用香烟的权利。但是，只要政府承认这类商品的合法化，第一修正案就会承认：保护了市场商人与广告商的商业言论权，使他们用诚实正当的方式推销他们的合法产品；同时，也保护了消费者的权利，使他们能够及时接收到来自商家的信息。在经济市场环境下，或是更广意义上的观念市场，没有什么能够违背自由言论权的精神与意图。

参考文献

44 Liquormart, Inc. v. Rhode Island（1996），517 U. S. 484，1996.

Bolger v. Youngs Drug Products Corp.，463 U. S. 60，1983.

Central Hudson Gas & Electric Corp. v. Public Service Commission of New York（1980），447 U. S. 557，1980.

Discount Tobacco City & Lottery, Inc. v. United States，674 F. 3d 509（6th Cir.），2012.

Family Smoking Prevention and Tobacco Control Act, Pub. L. No. 111 – 31，Div. A，123 Stat. 1776，June 22，2009（codified in various sections of the United States Code）.

Greater New Orleans Broadcasting Association v. United States

(1999), 527 U. S. 193, 1999.

Lorillard Tobacco Co. v. Reilly (2001), 533 U. S. 525, 2001.

Millavetz, Gallop & Millavetz, P. A. v. United States, 130 S. Ct. 1326, 2010.

R. J. Reynolds Tobacco Co. v. Food and Drug Administration, 696 F. sd 1205 (D. C. Cir.), 2012.

Regulations Restricting the Sale and Distribution of Cigarettes and Smokeless Tobacco to Protect Children and Adolescents, 75 Fed. Reg. 1325, 2010 (codified at 21 C. F. R. pt. 1140).

Rubin v. Coors Brewing Co. , Inc. (1995), 514 U. S. 476, 1995.

Sorrell v. IMS Health Inc. , 131 S. Ct. 2653, 2011.

Thompson v. Western States Medical Center, 535 U. S. 357, 2002.

Virginia State Board of Pharmacy v. Virginia Consumer Council, Inc. (1976), 425 U. S. 748, 1976.

Zaunderer v. Office of Disciplinary Council (1985), 471 U. S. 626, 1985.

〔反方观点〕

论香烟广告管制的合理性

蒂莫西·杜赫斯特
加拿大 圭尔夫大学

本文论述了政府介入和香烟广告及推广活动的现行管制措施。其中，讨论了吸食香烟的健康后果和致瘾性，儿童对很多香烟推广活动无法避免的接触，许多香烟推广活动虚假和误导性的本质，很多香烟推广活动只发布了极少的真实性信息，香烟广告和推广增加了吸烟人数——尤其是在年轻人间。

一、香烟是一种极为特殊的产品

作为世界上可防治的最重要致死因素之一，吸烟是一个普遍的公众健康问题。全世界范围内，如果以当前趋势继续延续下去，预计到2030年每年有超过800万人将因吸烟死亡（WHO，2008）。据统计，在美国每年约有44.3万人因吸烟英年早逝，这代表着几乎是国内每死亡5个人，就有一个是源于吸烟（USDHHS，2012）。在美国因吸烟造成的死亡人数比交通事故、自杀、谋杀、艾滋病和非法吸食药物的死亡人数总和还要多（USDHHS，2004）。

尽管（对于成年人来说）香烟是一种合法产品，但它被视作是一种具有内在杀伤性和致瘾性的典型产品。因此，无论其市场目标是成熟有辨别力的、愿意尝试吸的，还是极易沾染香烟的顾客，人们还是提议应对香烟的营销做出一些限制措施（Rittenburg and Parthasararhy，1997）。年轻人应被给予特别保护以免被诱导，因为吸烟的人通常是在他们的青春期前或青少年时期就开始吸烟的，而且他们大大低估了香烟的致瘾性。工业委托调查研究显示，开始吸烟的少年一般并非不相信吸烟将带来一系列健康危害，但他们普遍认为不必小题大做，因为他们没有预料到自己会上瘾（Kwechansky Markrting Research，1982）。同时，现在大多烟民都后悔自己开始吸烟并表达了自己戒烟的心愿（80%—90%的美国烟民说如果自己还能重来一次，他们不会开始吸烟了），然而戒烟成功通常是以失败告终的（Slovic，2001；Fong et al.，2004；Hyland et al.，2004）。香烟是一种极特殊的产品类型，它具有对健康毁灭性的恶劣影响和致瘾性，香烟公司已经把年轻人作为其战略重点，不断吸引着新的烟民，而大多数顾客表明他们并不想再吸烟了。

二、"初学者"和"准备戒烟的烟民"：两类香烟的核心消费群

尽管进行标准市场细分非常重要，在英美烟草集团（BAT，Britain American Tobacco，100575008）看来，其基本的顾客组成涵盖：现有烟民、初学者、短期戒烟人群、永久戒烟者和从未吸烟的人。同时，回顾因

诉讼而公开的烟草行业内部文件，我们得知烟草公司和其广告将两类人群划为其核心顾客——初学者和准备戒烟的烟民。

首先，文件表明烟草品牌能够对年轻人（包括初学者和新晋烟民）进行成功的营销推广（Pollay and Lavack，1993；Perry，1999；Cummings et al.，2002；Dewhirst and Sparks，2003；Dewhirst，2008）。烟草公司之所以将他们的推销针对年轻人群，是因为在美国一直以来都将青少年时期视为走向烟民之路的关键时期，并且烟民也具有极强的品牌忠诚度（USDHHS，2012）。例如，如果一个人在青少年时期就开始吸万宝路香烟，如果他在此后20年还继续吸烟的话，那他就非常有可能继续选择这个牌子的香烟；即使改变了产品选择，也通常依然是同一个品牌系列（例如从红色万宝路到顺滑万宝路）。

其次，文件显示香烟品牌也能够对"准备戒烟的烟民"进行有效的营销。这类人尽管对可能继而发生的健康后果感到担忧，但仍会继续吸烟。对很多吸烟者来说戒烟并不容易，因此转而吸食一种低机测标准生产的香烟（比如在包装上印有"淡味"或者"柔和"字样），就成了既讨喜又令人安心的新选择（Pollay and Dewhirst，2002；Hoek and Dewhirst，2012）。根据来自BAT的文件所述（1985：100501593）："作为一种替代品，清淡香型的香烟对淡化烟瘾有着一定作用，毕竟尝试过各个品牌的烟民难以改变习惯。"那些侧重强调"低焦油"香烟（约1毫克/支）的广告宣传其实是一种误导，要知道，那些被仪器检测出的焦油和尼古丁含量，要比补偿性吸烟者实际上吸食的含量要低得多（Canova et al.，2001；Kozlowski and O'Connor，2002；Benowitz et al.，2005）。由于尼古丁的致瘾性，当人们吸食低含量香烟时会经常会出现补偿性行为，包括吸烟时更靠近烟蒂，深吸烟雾，因此吸这类香烟时反而会吸入更多烟雾，并且数量也在增加（National Cancer Institute，2001）。

三、传播形象、生活方式和最少信息的意义

一直以来，大多数美国香烟品牌都以生活方式和表达某品牌形象或个性为其定位基础。在那篇影响深远的分析品牌个性范围的文章中，万宝路提供了一个"经典不朽"的品牌案例，它"试图渲染美国西部精神、力量

和男性气概”（Asker，1997：353）。通常情况下，很多内容分析研究显示健康和活力、风险和冒险、独立、自我救赎、精明老练和社会认可、男子气概和女性气质、浪漫、娱乐和放松，这些内容都是广告中和香烟结合起来的常见主题（USDHHS，1994；Dewhirst，2008）。

因诉讼被公开的企业内部文件显示，烟草公司认为烟草是一种重在品牌形象营销和生活方式形象塑造的产品（Dewhirst，2004；Dewhirst and Davis，2005；National Cancer Institute，2008）。对于一些产品类别来说，传播品牌形象的传播极其重要，例如香烟，这些产品被划分成低关联性和情感性（令人兴奋的）的产品（Vaughn，1980；Zaichkowsky，1987）。对于这些产品，广告就可能选用一个“沁人心脾”的主题，以一种生活方式定位和愉悦的感官满足吸引了消费者。正如理查德·沃恩（Richard Vaughn，1980：32）所言，“感官享受和即刻满足同在”。广告策略的制定目标是吸引消费者注意力，在广告策略或这类产品中过分强调视觉冲击，而呈现极少的信息（即，能提供信息的文字少之又少，多数被讨巧的标语口号而限定起来）。因此，这样的广告相对信息含量较少，然而购买像香烟这类的产品也确实不存在什么理性诉求。户外广告（例如广告牌）和购买点广告都是相当有效的市场传播媒介（Tuckwell，2008）。

四、烟草行业广告在媒体间的游移

烟草控制政策向来繁杂细碎，又处于多重管辖范围，这其中对于烟草广告在特定媒介被禁止，而在其他媒介中仍然允许。这样的规范环境使在保持整体烟草行业推广花费的基础上，烟草公司的广告投放媒介不断作出转换。换句话说，“相当一部分的”烟草广告禁令一般不会削减广告支出，而是会导致媒介替换和再投资行为（Saffer and Chaloupka，2000）。例如，根据1971年1月2日生效的公众健康吸烟法案（*Public Health Cigarette Act*）规定，不再允许在美国广播电视上播放烟草广告。结果，烟草行业广告开始转向其他媒体，包括在印刷媒体上刊登纸质广告，为体育赛事提供赞助，以此来弥补曾在广电平台失去的机会（Feinberg，1971；Teel et al.，1979；Warner，1979、1985；Cornwell，1997）。一段从1989年7月16号开始记录万宝路大奖赛（Marlboro Grand Prix）的录像资料显示，万宝路香烟被看见或提及的次数高达 5 933 次，这说明香烟公司运用体育运动赞助权巧妙绕过了香烟广告的禁令（Blum，1991）。1998 年的大和解协议（*1998 Master Settlement Agreement*）明文禁止烟草广告在广告牌上的投放，这促使烟草公司纷纷增加了在零售店内部外部的烟草广告（Celebucki and Diskin，2002；Wakefield et al.，2002）。严格的环境规范使得零售推销成为烟草营销的中心关注点。根据美国广告行业报道，零售商品合同的协定现在是烟草公司营销战略中最有力的一部分，同时“自从 1998 年大和解协议禁止了大多数烟草广告后，这些合同是烟草市场的基本营销手段”（Beirne，2002：3）。

售点广告协会（the Point of Purchase Advertising Institute）发布了 22 个行业的店内广告花费支出，市场调查显示烟草行业是店内广告花费最多的行业（Gottesman，1997）。与其他产品类型相比，零售商在香烟宣传上得到了多出许多的报酬。一个研究根据加利福尼亚的圣克拉拉市（Santa Clara，California）零售商的香烟、啤酒和葡萄酒、软饮料、零食和糖果 5 类产品中比较得出，大约 78％的激励报酬都出自烟草公司（Feighery et al.，1999）。

美国烟草公司现在将他们大多数推广资金花费在零售部分上（例如便利店、加油站）。联邦贸易委员会（FTC）的数据显示，在 2001 年，如果把定点销售、广告、推广津贴（例如，付款给零售商用于货架陈设和给顾客的减价优惠）和额外零售福利（购买香烟时分发赠品的额外补贴）加起来，那么 85％的香烟广告和推广资金都花费在了零售商上（FTC，2003）。在 2006 年，美国烟草公司在烟草推广上花费了 125 亿美元，其中 81％单独用于推广津贴，总数的 90％付给了零售商和批发商（FTC，2009）。

这 125 亿美元的巨额数目和“全面加强”的渠道强度（产品广泛遍布市场和获取商品的便利性）彰显了香烟广告宣传的显著持续性和无处不在。香烟广告和形象化的泛滥也体现出吸烟是被社会广泛接受、受到消费者追捧，也是一种流行的趋势（Pollay，2002）。高额的香烟广告预算明显提升了香烟品牌强度，并强化了消费者对这些香烟品牌流行度的认知。值得强调的是，流行度往往被视作年轻人群对品牌偏好的关键因素。相关学术调查表明，美国年轻人极其偏爱吸食广告曝光率高的品牌（Pollay et al.，1996）。而且，无论对于当下烟民还是曾经的烟民，售卖点的广告宣传通过打折能够有效刺激他们的无计划、冲动性购买（提供某些“优惠”，如买两包送一包），或者依靠视觉上的吸烟暗示（例如，香烟包装图，一张香烟图片或吸烟者的图片）来激起吸烟者和曾经的烟民心理的渴望。（Hock et al. 2010）

五、产品类别的拓展

国内烟草公司企业文件显示，包括零售推销在内的市场活动，已不止于影响到了市场份额和服务，而且影响到了整体的销售水平。根据 BAT 的资料显示，该公司设立了四项全球店内营销目标：同类商品领导地位、品牌曝光率的增长、销售量的增长和赢得利润。就“销售量增长”来说，公司致力于“实现长期稳定的产品类别和品牌发展。使用创新性的店内贸易渠道营销技术，来帮助企业实现发展目标”（BAT，500316637）。在实现他们的发展目标中，需要强调的是，BAT 一般包含了品牌的投资组合和烟草产品类别两个方面。此外，在同类产品间讨论加盟商的利益时，公司表示店内营销技术将会“‘诞生’新的分支”，而有利于贸易伙伴“确保销量或是利润增长”（BAT，500316657）。BAT 资料还表示，烟草公司随着“市场份额、销量和利润增长”而获利，诸如批发商和零售商等贸易伙伴则会因为“按类发售量和利润的增长”从商品推广活动中获利（Niederman，1994）。

在回顾多种研究方法、样本大小、时间范围和环境设定的大量调查研究后，2012 年卫生局长（Surgeon General）在其报告中公布了一个主要结论：“烟草公司的广告和推广活动会促使青少年和年轻人群开始学吸烟，或是继续保持吸烟的习惯。”（USDHHS，2012：8）补充一点，国家癌症研究所有充分资料总结道：“表明烟草广告与吸烟行为的扩散有着因果关系。”（2008：12）

六、世卫组织烟草控制框架公约

一个世界性的条约已经生效，这就是被人们所知的世界卫生组织（WHO）的烟草控制框架公约（Frame Convention on Tobacco Control，FCTC），它从法律上约束着那些缔约成员。迄今为止，已有 176 个国家和组织缔结了此公约，公约“要求缔约国采取广泛措施来减少烟草的健康危害和经济影响”（www. fect. org）。世卫组织烟草控制框架公约是一个基于考证的公约，涵盖了很多意在既减少烟草供应又降低人们需求的方式。例如第 6 条中，就采用价格和税收手段来减少烟草需求；同时，第 9 条和 10 条禁止添加烟草香料如香草和蜂蜜来增加香烟的可口性引诱年轻人吸食。根据第 11 条，香烟包装和标示不应包括例如“低焦油”和“超轻型”等术语，这些词语很可能对产品的伤害性产生误导性。第 13 条，规定了每个缔约国在 5 年内应正式批准一个根据此组织公约制定出的综合性烟草广告禁令。至今，美国还没加入这一公约。

七、总述和结论

香烟行业的内部企业资料揭示企业的战略利益和目标就是来吸引“新晋烟民”和“准备戒烟的烟民”。包括零售营销在内的推广能动性，意在影响公司的核心烟草顾客人群和整个市场的影响力。通过影响青少年初期的“新手烟民”，烟草公司就能顺利带领新一批的吸烟者进入这个市场，通过替补戒烟人群或是“阵亡者”，这些新晋的烟民或是有助于产品类别的拓展，或者减轻香烟市场的衰落。

对烟草公司来说，零售点通常成为公司付费营销的重要场所。烟草零售营销（例如产品展示、广告牌）很可能影响到年轻人、具有潜在动机的各类人群。首先，烟草产品具有便利性，也是一种有形产品，倘若香烟像牛奶和面包这类产品一样轻易购得，而香烟又具有物质商品特质，那么烟草就不可能具有强大的伤害性和致瘾性。其次，就是单纯的曝光效应，研究证实：人们越频繁地见到某事物，便越可能觉得该事物亲切。第三，调查认为，零售店烟草产品的高展示率促使人们对烟草产品留下了“流行”和“社会接纳度高”的印象，从而会高估人群中实际吸烟的比例。同时，零售店的大量烟草产品展示会对青少年人群造成“香烟呼之则来”的印象，他们会认为烟草是很容易获得的。第四，研究证实，烟草品牌充斥着符号化和风格塑造。人们将香烟包装和广告放在橱窗展示带来的后果是，在这样的暗示环境中，香烟品牌成为个性独立、坚固不朽、女性气质、成功精英等的代名词，这些暗示推动和强化了其品牌。对于当下和曾经的吸烟者，香烟零售推销对其同样会具有影响力，就如同上文中对青少年人群的剖析，即便是在冲动性消费这一方面，也起到了重要作用。

香烟的推销活动无处不在。广告理论指出，香烟作为一种产品类别推广很有可能根据形象和生活方式来定其位，但与之提供的信息却非常少。在美国，鉴于大量香烟广告针对的是年轻人群或者是含有误导性（例如，推广低含量的香烟并把产品描述成“清香型”“柔和型”和“低焦油”），规范香烟广告活动的法规就显得很公正。在一份 2006 年 8 月 17 日发布的长达 1 742 页文件中，联邦法官格拉迪斯·凯斯勒（Gladys Kessler）宣告了一些美国大型香烟公司违反了民事（即不犯罪）诈骗操纵和贿赂组织的规定：多年来，被告将他们的低焦油品牌作为比传统香烟伤害更小的产品来进行营销和推广。经事实裁定书，该表述是错误的。通过失真的言论，被告为企图戒烟的吸烟者提供了一个可接受的替代方式，或者说是提供了继续吸烟的借口（Kessler，2006：740）。考虑到烟草广告将影响到整体消费水平和吸烟后的健康危机，通过法规来规范烟草广告和推广行为，也迎合了政府的利益。

参考文献

Aaker，J. L.（1997）. Dimensions of brand personality. *Journal of Marketing Research* 34（Aug.）：347 - 356.

Beirne，M. Tobacco row：Cigarette makers step up retail war. *Brandweek*（Dec. 2），3.

Benowitz，N. L. et al.（2005）. Carcinogen exposure during shoat-term switching from regular to “light” cigarettes. *Cancer Epidemiology，Biomarkers and Prevention* 14（6）：1376 - 1383.

Blum，A.（1991）. The Marlboro Grand Prix：Circumvention of the television ban on tobacco advertising. *New England Journal of Medicine* 324：913 - 917.

BAT（British American Tobacco）. Brand concepts and image design：The general law of cigarette marketing. Bates No. 100575008. At http：// legacy. library. ucsf. edu/tid/cuk76a99/pdf；jsessionid=D60D6DA58F4376

BA59EBE98E70FB40F6. tobacco03, accessed Apr. 5, 2013.

BAT (British American Tobacco). In-store marketing manual. Bates No. 5003166520 - 500316665.

BAT (British American Tobacco) (1985). R&D/marketing conference. Bates No: 100501593. At http: //legacy. library. ucsf. edu/tid/sxf34a99/pdf, accessed Apr. 5, 2013.

Canova, D. , Myers, M. L. , Smith, D. E. , and Slade,, J. (2001). Changing the future of tobacco marketing by understanding the mistakes of the past: Lessons from "lights." *Tobacco Control* 10 (Suppl. 1): i43 - 44.

Gelebucki, C. C. and Diskin, K. (2002). A longitudinal study of externally visible cigarette advertising on retail storefronts in Massachusetts before and after the Master Settlement Agreement. *Tobacco Control* 11 (Suppl. 2): ii47 - 53.

Cornwell, T B. (1997). The use of sponsorship-linked marketing by tobacco firms: Inter-national public policy issues. *Journal of Consumer Affairs* 31: 238 - 254.

Cununings, K. M. et al. (2002). Marketing to America's youth: Evidence from corporate documents. *Tobacco Control* 11 (Suppl. 1): i5 - 17.

Dewhirst, T. (2004). Smoke and ashes: Tobacco sponsorship of sports and regulatory issues in Canada. In L. R. Kahle and C. Riley (eds.), *Sports Marketing and the Psychology of Marketing Communication.* Mahwah, NJ: Lawrence Erlbaum, pp. 327 - 352.

Dewhirs, T (2008). Tobacco portrayals in U. S, advertising and entertainment media. In P. E. Jamieson and D. Romer (eds.), *The Changing Portrayal of Adolescents in the Media since 1950.* New York: Oxford University Press, pp. 250 - 283.

Dewhirst, T. and Davis, B. (2005). Brand strategy and integrated marketing communication (IMC): A case study of Player's cigarette brand marketing. *Journal of Advertising* 34 (4): 81 - 92.

Dewhirst, T. and Sparks, R. (2003): Intertextuality, tobacco sponsorship of sports, and adolescent male stroking culture: A selective review of tobacco industry documents. *Journal of Sport and Social Issues* 27 (4): 372 - 398.

Feighery, E. C., Ribisl, K. M., Achabal, D. D., and Tyebjee, T. (1999). Retail trade incentives: How tobacco industry practices compare with those of other industries. *American Journal of Public Health* 89: 1564 - 1566.

Feinberg, B. M. (1971). Content analysis shows cigarette advertising up twofold, in 14 magazines. *Journalism Quarterly* 48: 539 - 542.

Fong, G. et al. (2004). The near-universal experience of regret among smokers in four countries: Findings from the International Tobacco Control Policy Evaluation Survey. *Nicotine and Tobacco Research* 6 (Suppl. 3): S341 - 351.

FTC (Federal Trade Commission) (2003). *Federal Trade Commission cigarette report for 2001*. Washington, DC: Federal Trade Commission.

FTC (Federal Trade Commission) (2009). *Federal Trade Commission cigarette report for 2006*. Washington, DC: Federal Trade Commission.

Gottesman, A (1997), Store waxs. *Adweek* (Dec. 1), 20.

Hoek, J. and Dewhirst, T (2012). The meaning of "Light" and "Ultralight" cigarettes: A commentary on Smith, Stuffs, and Zank. *Journal of Public Policy and Marketing* 31 (2): 223 - 231.

Hoek, J., Giffard, H., Pirikahu, G., Thomson, G., and Edwards, R. (2010). How do tobacco retail displays affect cessation attempts? Findings from a qualitative study. *Tobacco Control* 19 (4): 334 - 337.

Hyland, A. et al. (2004). Predictors of cessation in a cohort of current and former smokers followed over 13 years. *Nicotine and Tobacco Research* 6 (Suppl. 3): S363 - 369.

Kessler, G. (2006). Amended final opinion. U. S. v. Philip Morris USA, Inc., Civil Action No. 99 - 2496 (D. D. C), August I7, 2006. At http://www.tobacco.neu.edu/litigation/cases/DOJ/20060817KESSLER

OPINIONAMNDED. pdf, accessed Mar. 20, 2013.

Kozlowski, L. T and O'Connor, R. J. (2002). Cigarette filter ventilation is a defective design because of misleading taste, bigger puffs, and blocked vents. *Tobacco Control* 11 (Suppl. 1): i40 - 50.

Kwechansky Marketing Research Inc. (1982, May 7). Project plus/minus. Prepared for Imperial Tobacco Ltd. Exhibit AG - 217, *RJR-Macdonald Inc. v. Canada (Attorney General)*.

National Cancer Institute (2001). *Risks associated with smoking cigarettes with low machine-measured yields of tar and nicotine.* Smoking and Tobacco Control Monograph No. 13. Bethesda, MD: US Department of Health and Human Services, National Institutes of Health, National Cancer Institute.

National Cancer Institute (2008). *The role of the media in promoting and reducing tobacco use.* Smoking and Tobacco Control Monograph No. 19. Bethesda, MD: US Department of Health and Human Services, National Institutes of Health, National Cancer Institute.

Niederman, H. (1994, Nov.). In-store marketing manual: Principles and applications. British American Tobacco. Bates No. 503896000.

Perry, C. L. (1999). The tobacco industry and underage youth smoking: Tobacco industry documents from the Minnesota litigation. *Archives of Pediatrics and Adolescent Medicine* 153 (9): 935 - 941.

Pollay, R. W. (2000). Targeting youth and concerned smokers: Evidence from Canadian tobacco industry documents. *Tobacco Control* 9 (2): 136 - 147.

Pollay, R. W (2002). How cigarette advertismg works: Rich imagery and poor information. Exhibit D - 57, Expert report prepared for *JTI-Macdonald Corp.*, *Imperial Tobacco Canada Ltd.*, *and Rothmans, Benson & Hedges Inc. v. The Attorney General of Canada.* Quebec Superior Court.

Pollay, R. W. and Dewhirst, T. (2002). The dark side of marketing seemingly "Light" cigarettes: Successful images and failed fact. *Tobacco*

Control 11 (Suppl. 1): i1. 8－31.

Pollay, R. W. and Lavack, A. M. (1993). The targeting of youths by cigarette marketers: Archival evidence on trial. *Advances in Consumer Research*, 20: 266－271.

Pollay, R. W. et al. (1996). The last straw? Cigarette advertising and realized market shares among youths and adults, 1979－1993. *Journal of Marketing* 60: 1－16.

Rittenburg, T. L. and Parthasarathy, M. (1997). Ethical implications of target market selection. *Journal of Macromarketing* 17 (2); 49－64.

Saffer, H. and Chaloupka, F. (2000). The effect of tobacco advertising bans on tobacco consumption. *Journal of Health Economics* 19: 1117－1137.

Slovic, P. (2001). Cigarette smokers: Rational actors or rational fools? In P Slovic (ed.), *Smoking: Risk, Perception, & Policy*. Thousand Oaks, CA: Sage, pp. 97－124.

Teel, S. J., Teel, J. E., and Bearden, W. O. (1979). Lessons learned from the broadcast cigarette advertising ban. *Journal of Marketing* 43: 45－50.

Tuckwell, K. J. (2008). *Integrated marketing communications: Strategic plaaaning perspectives*, 2nd edn. Toronto: Pearson Prentice Hall.

USDHHS (US Department of Health and Human Services) (1994). *Preventing tobacco use among young people: A report of the Surgeon General.* Atlanta, GA: US Department of Health and Human Services, Public Health Service, Centers for Disease Control and Prevention, National Center for Chronic Disease Prevention and Health Promotion, Office on Smoking and Health.

USDHHS (US Department of Health and Human Services) (2004). *The health consequences of smoking: A report of the Surgeon General.* Atlanta, GA: US Department of Health and Human Services, Centers for Disease Control and Prevention, National Center for Chromic Disease Prevention and Health Promotion, Office on Smoking and Health.

USDHHS (US Department of Health and Humnan Services) (2012). *Preventing tobacco use among youth and young adults: A report of the Surgeon General.* Atlanta, GA: U. S. Department of Health and Human Services, Centers for Disease Control and Prevention, National Center for Chronic Disease Preventiorn and Health Promotion, Office on Smoking and Health.

Vaughn, R. (1980). How advertising works: A planning model. *Journal of Advertising Research* 20 (5): 27 - 33.

Wakefield, M. A. et al. (2002). Tobacco industry marketing at point of purchase after the 1998 MSA billboard advertising ban. *American Journal of Public Health* 92: 937 - 940.

Warner, K. E. (1979). Clearing the airwaves: The cigarette ad ban revisited. *Policy Analysis* 5: 435 - 450.

Warner, K. E. (1985). Tobacco industry response to public health concern: A content analysis of cigarette ads. *Health Education Quarterly* 12: 115 - 127.

WHO (World Health Organization) (2008). *Mpower: A policy package to reverse the tobacco epidemic.* Geneva: World Health Organization.

Zaichkowsky, J. L. (1987). The emotional affect of product involvement. *Advances in Consumer Research* 14: 32 - 35.

第五章
酒 类 广 告

喝酒容易，戒酒难。

——华盛顿·欧文（Washington Irving）

酒类广告与香烟广告时常被学者看作是同一类有害产品，故而在广告监管中时常将二者联系在一起进行谈论。事实上，这两类“相当有害”的商品是迥然不同的。例如，有些人逐渐习惯抽烟，很多试图戒烟的人心有余而力不足；应酬吸烟者（只在少有的社交场合吸烟）更是鲜见。不抽烟的人忍受不了烟味笼罩的环境。许多餐馆是完全禁止吸烟的，对此人们非常买账——甚至包括那些烟民。1998 年起，所有的商用飞机上开始严禁吸烟。现在听起来在飞机上抽烟是不可思议的，但是在当时从纽约飞往伦敦的漫长旅途中少了香烟简直不可想象。相反，如果飞机上不提供红酒和啤酒，人们是难以接受的。

然而不同于吸烟，酒徒分为“应酬式”“自斟自酌式”“欢庆式”等不同类型。医学报告也证实，适当的一杯红酒能够促进人体循环系统的通畅。饮酒也带有一些宗教文化，一些僧侣就会在庙宇或修道院里酿酒。典型的莫过于在比利时布鲁塞尔的特拉比斯特修道院，就出产着世界顶级（且酒精含量较高）的一类啤酒——Westveteren 啤酒。

电视酒类广告的问题也是老生常谈了。当然，很多教堂都将酒作为圣餐用品，发现啤酒商最热衷于选择在体育赛事时段播放。但是，将啤酒与体育如此联合却出现了问题。在看台或是家中观看体育比赛的青少年们——多是同爸爸在一起（而有些爸爸们就爱就着咸味小吃喝上两罐啤酒），啤酒配篮球已经不妙，那么啤酒配美国赛车协会呢？将饮酒跟飞速疾驶的赛车结合到底是谁的馊主意？

当然，还有其他太多的电视节目里都出现了啤酒广告。如果我们认为，孩子们看的都只是“儿童类节目”，那我们实在太过于天真了。

这不再是单纯关于酒类广告的问题。虽然在长达25年的时间里，广播电视台极力遏制蒸馏酒精的广告，但这似乎已成了一段往事。随着有线电视与网络电视的分界愈加模糊，问题迟早会暴露出来。美国酒精营销与青年人中心（the Center on Alcohol Marketing and Youth）的数据显示，在2001—2004年间蒸馏酒类广告数量竟然增长了6 000%。多么庞大的数字啊！

大概没有人会对酗酒问题有争议。据近期数据估计，在美国超过1 500万人次存在酗酒的问题。正如两位作者琼恩·尼尔森（Jon Nelson）、埃斯特·索尔森（Esther Thorson）所指，饮酒过量会带来很多危险隐患。

那么这一切又与广告有着怎样的关联？尼尔森运用切实的资料指出，酒类广告的限制并不会对人们酗酒起到遏制作用；而索尔森则运用十分有力的证据表明制约广告能够减少人们的酗酒行为。

该如何权衡商业言论自由与政府制止不良行为的职权呢？人们自主选择权的行使，也是人类社会生活中极其重要的原则。

然而，酗酒带来的问题是显而易见的，广告是否对此负责？如果确实如此，那么广告是否应适当削减？广告管制的批评家表示，一旦我们现在将希望托付于政府身上，那么将会面临来自更多方面的限制。一些批评者更是认为该情况不久就会应验。拿碳酸饮料的禁令（碳酸饮料的净含量被控制在16盎司以内）为例，这一限令由纽约市长彭博（Bloomberg）颁布于2012年秋，作为典型的滑坡效应案例，我们应当对其报以谨慎态度。接下来呢？是不是就要限制在展览会中热卖的油炸可乐饼①、煎肉或是黄油酥了？广告能否诱使人们尝试去喝酒？这个问题是否关系到品牌关注，抢夺顾客群？一切都由你判断。

思考题

1. 在杂志、报纸上找到10则不同的啤酒广告。你从那些广告中了解

① 一种混合可乐、草莓汁的新型油炸面食小吃。在美国各州展览会上风靡一时。

到啤酒的什么信息了吗？而又有什么信息是广告没有提供的？

2. 搜寻一些推销葡萄酒或烈酒的杂志广告。列出你发现的广告创意策略，你从中观察到什么共性吗？

3. 观察黄金时段电视节目中的啤酒广告，并对该节目作出观察。同时，尝试研究，统计观看者年龄的相关资料。（建议可以浏览尼尔森的网站 www. nielsen. com），你发现了什么？

4. 比较一些酒类的平面广告和电视广告。这些广告商们的目标群体是否为相同的市场？

其他热议话题

1. 宣传酒精饮料的广告比起其他类型的广告更容易站在道德的风口浪尖，因此，需要采取比其他类别的广告更加严格的监管。

2. 只要酒精广告中包含了酗酒有害的警告，就不应该限制广告出现的时间和地点。

3. 酒精广告唯一的问题就是关于未成年人饮酒。

拓展阅读

Cohen, E. L., Caburnay, C. A., and Rodgers, S. (2011). Alcohol and tobacco advertising in black and general audience newspaper: Targeting with message cues? *Journal of Health Communication* 16 (6): 566 - 582. doi: 10. 1080/10810730. 2011. 551990

Duhachek, A., Agrawal, N., and Han, D. (2012). Guilt versus shame: Coping, fluency, and framing in the effectiveness of responsible drinking messages. *JMR* (*Journal of Marketing Research*) 49 (6): 928 - 941. doi: 10. 1509/jmr. 10. 0244.

Shin, D. and Kim, J. (2011). Alcohol product placements and the third-person effect. *Television & New Media* 12 (5): 412 - 440. dio: 10. 1177/1527476410385477.

Weber, K., Dillow, M. R., and Rocca, K. A. (2011). Developing and testing the anti-drinking and driving PSA. *Communication Quarterly* 59 (4): 415-427. doi: 10.1080/01463373.2011.597285

〔正方观点〕

别急，明智的酒精政治决策需要客观公正的广告研究

琼恩·P. 尼尔森
美国 宾夕法尼亚大学

一、中央哈德逊测试：收益和成本的权衡

最高法院在1980年提出了一个关于公共政策限制商业言论的利益衡量标准，这可谓是一个里程碑式的决策。法院在审理中央哈德逊电气公司诉公共服务委员会案（Court in *Central Hudson Gas & Electric Corp. v. Public Service Commission*）（447 U.S. 557，1980）时，对政府有权限制、规范广告的行为持以否定态度，而且，第一修正案保护的也是既定法规已承认的言论与利益。中央哈德逊测试强调以下四个方面（447 U.S. 566）：

（1）言论内容必须是合法的，不得是虚假的或具有误导性；

（2）监管措施所体现的政府利益必须是实质性的；

（3）监管必须能够直接地保障政府的利益；

（4）监管的尺度不能超过必要的利益范畴。

第一项方针表达了一种“严格审查”的标准或政府监管的必要条件，而其余的方针则是监管措施通过衡量标准或中级审查的充分条件。第三个方针提出限制必须有一个实质性效应，正如法官鲍威尔（Powell）所说：“如果监管对政府利益只能够提供无效、远程的协助，那么这样的监管措施就不应当持续下去。”（447 U.S. 564）。对于第四个方针，鲍威尔指出该标准“暗示了宪法第一修正案中曾提及的言论限制的‘片面性’”（447 U.S. 565）。因此，法院通常维护“内容中立”的限令，这些限令对时间、

地点和广告方式都有着严密的定制，比如反传销条例和广告牌的全面禁用。

多次重要的酒类广告案件都借鉴了中央哈德逊测试。在鲁宾诉库尔斯案（*Rubin v. Coors*）审理过程中（514 U.S. 476，1995），法院一致否决了一项于1935年通过的禁止在啤酒容器的标签上显示酒精含量，包括含量高表述的联邦法律。法院认为，政府利用轶事证据和合理猜测，就说明标签限令在制约酒商之间的"激烈战争"。在44酒类市场公司控诉罗得岛州案（*44 Liquormart，Inc. v. Rhode Island*）（517 U.S. 484，1996）中，法院推翻了禁止对含酒精饮料广告定价的州法律。罗得岛州宣称这项禁令将有利于政府利益，然而这和相似的州法律在本质上，却是公然的反竞争关系（McGahan，1995）。在第三和第四方针当中，决议指出："目前并没有资料能表明，禁令'显著'减少了市场销量…… 很明显，监管措施的其他形式……似乎更容易实现国家控制酗酒的目标"（517 U.S. 506－507）。该决议也明确表示，政府有权禁止某类产品的售卖，但不表示包含对其广告的限制。皮特新闻报诉帕波特案（*Pitt News v. Pappert*）（379 F.3d 96，2004）之后，地方法院法官阿利托（Judge Alito）废除了禁止宾夕法尼亚州广告商对教育机构运营的媒体（如大学报纸）投放酒类广告的限令，鉴于第三条制度，他认为国家未能充分证明其利益的实质性进展，因为学生们在其他媒体中接触了酒类广告，包括校园免费发放的报纸。

中央哈德逊测试及其成果就是本文的理论基础。如果广告限令的出台被看作一次类似"哈德逊案"的考验，那么这些实证研究能够为酒类广告的管制提供有力的依据吗？我认为目前并没有得到什么依据。显而易见，预防未成年和其他非法使用或滥用酒精的行为与政府的切身利益息息相关，但不见得最好的方法是禁止投放酒类广告或者限制各种营销途径。然而，这样的监管和制约备受公共卫生拥护者和广告批评者中的欢迎。例如，美国医学协会（American Medical Association）有关条款就积极支持酒类广告法定禁令的政策，当然这里不包括零售商（AMA，2010）。酒精营销和青年研究中心（Center on Alcohol Marketing and Youth）的一份报告指出："研究清楚地表明，除了父母和同龄人，酒精广告及营销活动对青年饮酒产生了'极其重大'的影响。"（CAMY，2007；强调部分为作者另加）这两份报告可信吗？削弱青少年对酒精营销的接触，有些人认为广告禁令应该实施，仅仅源于群众论据（*argmentum ad populum*）的谬谈。对论据不认真地考量，就会造成科学探究上的徒劳无功。使用科学观点去盲目支持误导性论述或者虚假的结论，也同样令人不安。但本文会试图避免这些错误。

二、计量经济学研究：出台禁令收效甚微

学者们从两类学科实证研究视角，深入考察了酒类广告及市场监管的效应。首先，经济学家的研究，旨在探究广告和酒类广告禁令的影响。而计量经济学研究通常会运用到州、国家甚至国际标准的聚合数据。其次，社会心理学家的研究和公共卫生研究人员会采用酒类广告及市场营销影响下的青年和个人反馈的调查，这类研究如果做得极致、深入，也会被称为“纵向调查”，包括初步调查、基线调查以及随后的随访调查。然而，一个有智慧的学者从来不会轻信由研究者、国家、时间周期、统计方法等建构起的经验主义论据。而这一系列的研究方法和结论却可能会吓退学生。鉴于这种差异，研究者采用了多重的方法来进行实证性文献的分析、归纳。一是用传统的逐项研究（study-by-study）来检验方法和结果。在酒类广告研究方面，可以参考的范例包括卡尔菲-施拉格研究中心（Calfee and Scheraga）（1994）、美国国家滥用酒精与酒精中毒研究所（the National Institute on Alcohol Abuse and Alcoholism）（NIAAA，2000）、尼尔森研究所（Nelson，2001、2008）。二是用于比较研究的系统调查基于的是研究方法、媒介或文本线索。在酒类广告的研究领域，具有代表性的包括安德森研究所（Anderson et al.，2009）、史密斯-福克斯克罗夫特学院（Smith and Foxcroft，2009）、尼尔森研究所（2004、2010a）。三是荟萃分析采用的统计方法结合了比较研究中样本的预估，以及对数据、方法、文本和精度这些基本差异的调控。将荟萃分析用于酒类广告研究的包括加莱研究中心（Gallet）和尼尔森研究所。四是分析研究考察“发表偏倚”和“传播偏见”的问题。在下文中，我们就这些问题深入讨论。

不少的计量经济学研究在研究酒类消费和广告限定上，使用了跨国数据模型。（数据模型是一个纵向数据的技术术语）最近采用该方法的是尼尔森研究所（Nelson，2010b），其中引用了“其他酒精制度”的索引或控

制变量，这是早期研究中所没有的。简单地说，倘若省略某个变量，就容易影响到其他变量，继而造成误设的偏倚，正如广告禁令。人们忽略了酒类政策的某些效力，并归咎于禁令中的列入变量。这是错误的。尼尔森研究所（Nelson，2010b）还提供了一份详细的17世纪广告禁令文献，并讨论了国家之间在饮酒行为上的文化差异。我的研究也借鉴了诸多因素：个人收入、酒的价格、旅游发展、失业情况、人口统计、饮酒态度、面板固定效应和广告禁令的内生性问题。实证研究结果表明，其对于政策指标和酒精价格有显著的负面影响。研究还发现，无论是全面覆盖的禁令制度还是小范围的广告设限，都不会减少酒类产品的销量。此外，许多问题性的禁令制度已经存在了许多年。如果广告禁令会对青少年和年轻人喝酒行为起到阻碍作用，那么这很难理解为什么这并没有反映在实证结果中。其他多个国际数据模型研究亦是如此（Nelson，2001、2004）。

两个其他类型的计量经济学研究为广告禁令可能带来的影响提供了证据。第一，禁止有选择性的研究，比如禁止酒类广告的广告牌。在尼尔森研究中，我作了一个关于国家禁止广告牌的数据模型研究报告。研究允许在饮料中寻找替代品去代替限令所针对的特定饮料。我也控制了收入、价格、旅游、失业、人口、最低法定年龄、零售垄断，以及各州特定的时间趋势和地区固定效果。研究表明，广告的选择性禁令不会减少酒精消费总量，这在一定程度上反映了饮料之间的可替代性。第二，许多计量经济学研究使用广告支出作为酒精消费的解释变量。通过使用澳大利亚、加拿大、英国、美国的年度、季度、月度时间序列数据，对酒精需求和广告支出关系所作出的研究，大多数研究结果都没有价值（比如，Lee and Tremblay 1995；Lariviere 2000）。有时是声称年度时间序列数据变化太小，所以研究使用季度和月度的数据来表示特殊的利益。尼尔森（Nelson，1999）是一个美国的季度酒精消费和广告计量的经济学研究所，通过酒水（啤酒、葡萄酒、烈酒、总醇）和媒介（广播、印刷、户外、全面广告）来区分广告。广告不会对酒精消费总量产生显著影响。广播广告不是一个重要因素，和印刷广告相似，尽管营销人员使用频率不同。如果酒精消费总量保持不变，饮料级别的回归，允许广告自身效应（比如啤酒广告对于啤酒需求方面的影响）和交叉广告效应（比如啤酒广告对于葡萄酒需求的影响）。烈酒的户外广告效果是微不足道的，但是葡萄酒广播广告还是对葡萄酒的需求产生了一些积极影响。啤酒的广播广告在统计上对于啤酒的需求没有显著的影响，表明啤酒广告影响的是品牌份额而不是市场需求。总而言之，饮料级别的广告的影响在幅度或材料的效果方面是不重要的。例如，印刷和广播的葡萄酒广告增加 50%，每年对葡萄酒的需求只会增加 4%或者人均增加了 0.1 加仑的葡萄酒。

计量经济学研究支持中央哈德逊案的第三个结论吗？不是的，如果仔细检查证据的话。对广告禁令的计量研究证明了法规对与酒精的销量有无形的影响。研究酒精的需求为论证说服广告是一个“软弱”的力量的观点提供更进一步的支持。许多经济学家对这一结论并不感到意外，因为广告对熟悉产品的主要影响是改变品牌份额或提高品牌忠诚度（Calfee，1997；Bagwell，2007；Desmond and Carveth，2007）。但是，一些非经济学家的人经常认为，这些结果之间是没有多大关联的。首先，大多数经济学研究不能直接解决青少年和年轻人喝酒的问题。但是我认为长期的全面的广告禁令不是一个确切的事情。其次，大多数经济学研究不使用个体的数据，所以模式化结论是平均的边缘化的反应，或许不能察觉到高危群体的行为，比如青少年和年轻人。这些替代性的迹象让我接下来回顾了关于青少年喝酒的调查研究，我的总结基于尼尔森（Nelson，2010a、2011），其中包含了许多细节，这些细节因为空间原因在此将不被覆盖。

三、调查研究：矛盾的和错误的研究

尼尔森（Nelson，2010a、2011）调查了 20 个关于青少年喝酒和酒类广告的纵向研究，其中包括了 14 个美国的研究。在一个纵向研究中，一个基线调查搜集了最近的青少年喝酒行为的信息，公开了一个或者更多的酒精广告和营销的方法。被调查的青少年年龄在 12—15 岁，自我报告中公开了调查对象的饮酒情况和广告营销。广告曝光的手段包括大众传媒（电视、收音机、杂志等），其他营销手段（品牌商品、电影展示、陈列展示），主观指标（喜欢广告，广告、品牌和接受认知度）。后续的调查搜集了关于后来饮酒结果的信息，纵向研究的基本观点是基线广告营销的公开导致了随后的饮酒，对于这个解释存在一些问题。第一，统计学的结果并没有说服力，确切地说，证据是有冲突和矛盾的。大量的经验估算是无效的，统计也是无意义的，这些不充分的结论被其他的系统评价所忽略。例如，我在12个纵向研究中回顾和总结类似的结论。这些研究表明，广告营销对青少年喝酒的影响收益率估算是23%，其他的喝酒行为（频繁的、数量、狂欢）的影响收益率估算是40%。63个估算中只有21个，或者说33%，在统计上是显著和积极的。第二，统计结果对于大众媒体来说是无力的，更有可能发生额外的监管。看电视的影响估算是16%，这在只有6个案例中是非常积极的。关于两个杂志广告的估算是无关紧要的。主观指标的预计是15%，只有一个预测在统计上是显著的。第三，接触和接受程度的测量并不以任何特殊方式显示出与实际的广告支出相关。因此，确定根据特殊的公共政策而改变喝酒的行为和措施是不可能的。因此，纵向研究经常建议完全禁止酒类广告的所有形式，但这并不是统计应用程序甚至逻辑扩展的结果。第四，许多纵向研究只检查一种或两种广告和营销的手段。例如，有些研究调查名牌酒类商品对于青少年饮酒的影响。一项独立研究在使用相同数据基础上，测试了酒类商品显示在电影中的效果。这些重复的实验造成了变量的遗漏偏差，夸大了任何可能性。第五，许多研究代表了“社会学理论”，那些很少关注的变量需要对这个理论作一个充分的检测。例如，20项纵向研究中只有12个控制了“同行间的喝酒”；只有10个研究控制“父母间的喝酒”；只有11个研究包括为了“感官追求”的个人变量。这些遗漏偏向了实证结果，但是忽略了其他的评论，即使使用相同数据的调查研究也未能产生类似的广告营销变量的比较结果。

在两个额外的统计领域中，调查研究出现了错误。一是抽样偏差出现在用于底层人口样本的非随机抽样规则中。更微妙的是，偏差引入的自我选择，由此青少年（或父母）有意识的不参与基线调查或者拒绝参与后续调查。研究人员进行纵向调查的时候通常在选择初始样品的时候谨慎地避免研究人员的偏见，但这并不排除调查参与者自己挑选，例如哈维克（Hanewinkel，2008）等。报告显示更高的样品消耗在那些父母两人都不经常喝酒，也很少看跟喝酒有关的电影的更加年轻的参与者、男性、感官刺激寻求者们。这些结果说明调查中的自我选择。这是另一种形式的偏见。二是所有的调查研究都没有考虑到广告变量内生的可能性。换句话说，接触酒类广告和营销不是在调查参与者中随机分配的。相反，个人（甚至青年！）当他们为了得到名牌酒类商品看一个有酒精展示的电影，或者看包含啤酒广告的电视体育节目的时候，就会下意识做出决定。模型的失败明确地说明了决策是另一种形式的规范的偏见（Heckman et al.，2008）。总的来说，这些偏见排除了纵向调查的任何因果关系的解释。不一致的统计结果就足以导致基于中央哈德逊，或者对于政府限制的最后支持的政策目的的研究毫无意义，比如观众成分规范。

四、调查研究发表和传播偏见

发表的偏见是指根据趋势、统计意义或者结果的重要程度出版的经验主义结果。由于对意义的强调，已发表的研究可能会向更具影响力的结果歪解，尤其是主流理论支持一个特定的效果或者有压倒性的专业的共识。通过使用各种统计程序，尼尔森（2011）在 12 个研究青少年酗酒和酒精营销的纵向调查中测试了发表偏倚的程度。通过使用荟萃分析(meta-analysis)，我认为，饮酒发作和行为的研究结果被歪曲。研究中的平均效应尺度是偏向更积极的系数。使用多元回归，我认为偏差的程度取决于精度，期刊质量和初步研究中的设计规格中的错误，我推断“结果是和缺乏青少年饮酒的市场营销的真正影响是相符合的”（尼尔森，2011：217)。传播的偏见出现在研究人员和卫生政策倡导者的解释和使用结果产生选择性偏差的时候。科学研究往往是复杂和多样化的，所以记者或健康倡导者可能抓住任何的积极结果“挑选”或者“过度延伸”。然而，更为普遍的问题是，调查人员甚至可能会扭曲论文的总结或摘要中的结果。尼尔森（2011）调查了 15 个青少年饮酒和广告的研究，其中调查者或外部支持者的评价陈述被扭曲。例如，一项全国性的调查中，弗莱明（Fleming）和他的同事（2004）发现，广告牌和杂志上的酒类广告和酒精的期望值、青年人喝酒的意图、年轻人使用酒精无关。他们的报告还说，电视啤酒广告与酒精期望值有明显的负相关，酒精广播广告与喝酒的意图有着负面联系。关于态度和认知变量，弗莱明和他的同事们（2004：15）的报告指出，广告间接影响的 30 个系数，其中只有 8 个正系数、1 个显著负系数（酒广告牌）、21 个微不足道的系数。研究得出结论：“更多的接触类酒精广告……这并不是预测 15—20 岁儿童饮酒意愿和青少年消费的决定性因素。”(23）然而，弗莱明和同事（2004）和 CAMY（2007）得出这样的总论是不准确的，即这些无力的结果表明广告对青少年酒精的期望和意图是有间接影响的。很难辨别基于不透明的断言，不平衡的评论，带有误导或错误的科研陈述对公共政策有多有效。

五、品牌广告影响酒精的品牌，而不是市场需求

为什么酒类生产商要这样做广告呢？这不是因为他们想扩大整个产品市场，也不是因为他们渴望招募青年。对于熟悉产品，本文所要表达的是品牌广告影响品牌，也不存在总体市场溢出。我认为下面的例子充分说明了这一点。绝对伏特加是一个广告标杆，经常是所有蒸馏酒品牌的领先者（Hamilton，2000；Nelson，2001）。绝对伏特加的广告活动冲击了1980年的美国市场，凭借用品牌独特酒瓶和名字表述的创意平面广告而闻名，如“绝对完美”和“绝对快乐”。到1999年，绝对伏特加是伏特加中卖得第二好的，在美国是第三大领先品牌（仅次于巴卡第朗姆酒和皇冠伏特加）。绝对伏特加在美国的销售从1989年的225万上升到1999年的405万，增长了80%（Nelson，2001：282）。然而，同期的伏特加总销量情况是保持数量约为每年3 500万不变。这里明显没有伏特加广告的市场溢出。

1980年在美国伏特加平均成人消费约为0.53加仑，而总消费量平均为每人2.09加仑。然而，到1999年，这两个数字分别下降到0.41和1.08。到了2004年这些数字小幅升至0.50和1.89，但仍然低于1980年的水平。2010年则是0.67和2.06。绝对伏特加的伏特加份额分别为1989年6.44%，1999年11.6%，2004年10.5%，2010年7.5%，1999年后销售停滞不前。广告的成功往往是短暂的，虽然绝对伏特加是三大蒸馏酒广告商之一，但是也无法维持其增长速度。绝对伏特加的早期成功并没有转化为伏特加的成功或者转换为蒸馏酒的市场收益。成功的品牌广告转化为提高品牌销售量和任何市场溢出效应的幅度是极其微小的，从而驳斥了行业广告销售责任的要求。让人感到困惑的是，一些评论家，包括司法和立法机构，将品牌层面的成功和可能的市场结果混淆了。有实证依据的酒类广告，在基本议题上需要一个明确的重点，而不是仓促的反应和歪曲的断言。

参考文献

AMA (American Medical Association), Council on Scientific Affairs (2010). Youth access to alcohol. At http: //www. ama-assn. org/resources/doc/alcohol/alcohol _ availability. pdf, accessed Mar. 21, 2013.

Anderson, P., de Bruijn, A., Angus, K., Gordon, R., and Hastings, G. (2009). Impact of alcohol advertising and media exposure on adolescent alcohol use: A systematic review of longitudinal studies. Alcohol and *Alcoholism 44: 229 - 243.*

Bagwell, K. (2007). The economic analysis of advertising. In M. Armstrong and R. Porter (eds.), *Handbook of Industrial Organization*, vol. 3. Amsterdam: North-Holland, pp. 1701 - 1844.

Calfee, J. E. (1997). *Fear of persuasion: A new perspective on advertising and regulation.* Washington, DC: AEI Press.

Calfee, J. E. And Scherage, C. (1994). The influence of advertising on alcohol consumption: A literature review and an econometric analysis of four European nations. *International Journal of Advertising* 13: 287 - 310.

CAMY (Center on Alcohol Marketing and Youth) (2007). Alcohol advertising and youth. At http: //www. camy. prg/factsheets/sheets/Alcohol _ Advertising _ and _ Youth. html, accessed Mar. 2013.

Desmond, R. And Carveth, R. (2007). The effects of advertising on children and adolescents: A meta-analysis. In R. W. Preiss et al. (eds.), Mass media effects research. Mahwah, NJ: Lawrence Erlbaum, pp. 169 - 179.

Fleming, K., Thorson, E., and Atkin, C. K. (2004). Alcohol advertising exposure and perceptions: Links with alcohol expectancies and intentions to drink or drinking in underaged youth and Young adults. *Journal of Health Communication* 9: 3 - 29.

Gallet, C. A. (2007). The demand for alcohol: A meta-analysis of elasticties. *Australian Journal of Agricultural and Resource Economics* 51: 121 - 135.

Hanewinkle, R., Morgenstern, M., Tanski, S. E., and Sargent, J. D. (2008). Longitudinal study of Parental movie restriction on teen smoking and drinking in Germany. Addiction 103: 1722 - 1730.

Heckman, J. J., Flyer, F., and Loughlin, C. (2008). An assessment of causal inference in somking Initiation research and a framework for future research. Economic Inquiry 46: 37 - 44

Larviere, E., Larue, B., and Chalfant, J. (2000). Modeling the demand for alcoholic beverages and advertising specifications. *Agricultural Economic Inquiry* 22: 147 - 162

Lee, B. And Trembly, V. J. (1992). Advertising and the US market demand for bee. *Applied Economics* 24: 69 - 76.

McGahan, A. M. (1995). Cooperation in prices and advertising: Trade associations in brewing after repeal. *Journal of Law and Economics* 38: 521 - 559.

Nelson, J. P. (1999). Broadcast advertising and U.S. demand for alcoholic beverages. *Southern Economic Journal* 65: 774 - 790.

Nelson, J. P. (2001). Alcohol advertising and advertising bans: A survey of research methods, results, and policy implications. In M. R. Baye and J. R. Nelson (eds.), Advertising and differentiated products. Amsterdam: JAI, available from Emerald Group, Bingley, pp. 239 - 295.

Nelson, J. P. (2003). Advertising bans, monopoly, and alcohol demand. *Review of Industrial Organization* 22: 1 - 25.

Nelson, J. P. (2004). Advertising bans in the United States. EH. Net *Encyclopedia* (pp. 1 - 20). At http: //eh. net/encyclopedia/article/Nelson. AdBans, accessed Mar. 21, 2013.

Nelson, J. P. (2008). Reply to Siegel et al.: Alcohol advertising in magazines and disproportionate exposure. *Contemporary Economic Policy* 24: 493 - 504.

Nelson, J. P. (2010a). What is learned from longitudinal studies of advertising and youth drinking and smoking? A critical assessment. *International Journal Environmental Research and Public Health* 7:

870 - 926.

Nelson, J. P. (2010b). Alcohol advertising bans, consumption and control policies in seventeen OECD countries, 1975 - 2000. *Applied Economics* 42: 803 - 823.

Nelson, J. P. (2011). Alcohol marketing, adolescent drinking and publication bias in longitudinal studies: A critical survey using meta-analysis. *Journal of Economic Surveys* 25: 191 - 232.

NLAAA (National Institute on Alcohol Abuse and Alcoholism) (2000). Alcohol advertising: What are the effects? In *10th special report to the U.S. Congress on alcohol and health*. Washington, DC: National Institute on Alcohol Abuse and Alcoholism, pp. 412 - 426.

Smith, L. A. And Foxcroft, D. R. (2009). The effect of alcohol advertising, marketing and portrayal on drinking behavior in young people: Systematic review of prospective cohort studies. *BMC Public Health* 9: 51 - 73.

〔反方观点〕

放弃酒类广告监管将产生高昂的社会成本

埃斯特·索尔森

美国 密苏里大学哥伦比亚分校

在 20 世纪 90 年代末，我为在芝加哥和洛杉矶协助市议会力图限制酒类广告牌的律师写观点论文。研究显示，有很多酒类广告牌距离美国的学校非常近，学生们不得不每天都要从它们面前经过。酒类广告牌在酗酒问题高于郊区的市中心地区尤为普遍。我从社会科学研究的角度认为，酒类广告会对儿童和青少年开始尝试饮酒产生影响，过早饮酒会使成年人酗酒的可能性增加，所有的消极事物都和酗酒有关联（想一想酒后驾车和悲剧发生的原因）。在其他的美国城市中，芝加哥和洛杉矶都通过限制酒类广告牌的条例。但是在 2001 年 6 月，最高法院（*Lorillard Tobacco Co. v. Reilly*，533 U.S. 525，2001）裁定，即使关于年轻人饮酒是一个重要的问题，但是在马萨诸塞州，限制户外烟草广告的制度是“宽泛到无法容忍”。这一裁决导致了限制酒类广告牌的条例被撤销。此外，全国所有城市的最终努力也白费了。今天，酒类广告牌在美国是无限制的，到处都能看到。我认为相对于那个时候，现在对于酒类广告对人们尤其是儿童和青少年的影响有更多更复杂的研究，未能限制酒类广告对我们的社会来说，将会是一个代价巨大的错误。在本文中，我将简要概述我们要如何对待酒类广告，为什么人们——尤其是年轻人，会常常低估酒类广告损害，以及支持本文观点的相关研究。

一、我们是如何走到这一步的

在美国，酒是一种合法的产品，除了那些不满 21 岁的人。当然，对于驾驶规定来说，血液中的酒精含量是有限制的。就像所有合法产品一样，酒类广告受商业言论保护法的法律保护。事实上，关于酒精法规的唯一问题是它在电视上的出现，但过量饮酒可能就会导致死亡和损伤，整个世界都是如此，喝酒的风险系数正在增加，尤其是在女性中（Jones and Jernigan，2010）。人们认为广播（和其他形式的电视，像有线电视和网络电视）酒类广告应该被完全禁止，因为酒类对青少年和成人的影响颇深。但酒类广告监管的最大理由在于其影响了那些 21 岁以下的人，因此这将是我议题的焦点。

尽管公民和公共卫生维权人士努力了多年，但美国政府从未管制过酒类广告等营销活动。烈酒（度数高或谷物酒）行业在 20 世纪 40 年代发展出了一种不允许广告在广播中出现的自律式行规。1948 年广播协会颁布规定禁止酒精广告出现在任何的电视广播中。然而，啤酒和葡萄酒总是被允许出现的。在 20 世纪 50 年代颁布的法令演变成为不允许在广播宣传中出现关于酒类消费的信息。有趣的是，政府监管的实施随着时间的推移，却从根本上改变了原本的初衷。第二次世界大战后，那些提倡监管的通常是反对饮酒的有宗教信仰的人。然而，到了 20 世纪 70 年代，激进的父母和公共卫生专业人士认为，酒类广告是不公平的，是对儿童和未适龄青少年的欺骗（Pennock，2005）。尽管国会听证会多年都在关注，但是结论为，联邦贸易委员会（FTC，2008）制定了酒类广告法规即使它损害了商业第一修正案表述中关于酒类企业的权利（Neuendorf，2009）。除了要求对酒精产品发出警告(1988 通过的法律）之外，广播协会在广播电视网中保持自律精神，但并不包括有线电视和西班牙语网络频道（Neuendorf，2009）。虽然国家没有规定酒类广告，在地方和州法律交织而成的复杂网络也可以来防止某些形式的酒精营销。例如，在 17 个州对户外广告是有所限制的，像广告牌情节信号和交通广告（Goldfarb and Tucker，2011）。

今天，酒精网络电视广告的一条不成文规定，就是烈酒不应该被广告。然而，啤酒和葡萄酒是被允许的，唯一的条件是节目中的未成年观众比例不超过 30％。2008 年美国联邦贸易委员会（2008）进行了一项研究，以确定啤酒和葡萄酒广告遵守了 30％范围的规定。其中 92％的公司都遵守该项规定。尽管是服从的，然而，在规则的有效性上还是存在问题的。首先，有明确的证据表明，许多 21 岁以下的青年观看“成人类”节目，已经不适用于 70％的规则。其次，“70％的观众”仅仅是一个基于过去查看模式的估计，是不准确的。如果青年收看边缘节目的比例增加，广告将继续在这些节目中运行。最令人不安的是，自 20 世纪 90 年代以来网络电视的观众已经大大减少了，而有线电视和西班牙语网络频道的观众却在增长。在这些媒体中，70％的规则已不适用，甚至烈酒广告也出现了。最后，有证据表明，基于互联网的酒类广告难以管制，而会更有可能对人们进行更广泛的宣传（Goldfarb and Tucker，2011）。

根据最新的研究分析显示，在 2001—2009 年美国青少年接触酒类广告增加了超过 70％（CAMY，2010）。青年在有线电视中接触的酒类广告数量，2009 年比 2001 年多了 30 倍。此外，研究发现，在 2009 年电视上显示的近 8％的酒精广告有超过 30％的未成年观众，在有线电视中这一比率是 9％。

对酒类广告的监管经过了六十多年的争论和一些实践尝试，为什么我还要在这里重申我们需要监管吗？首先也是最重要的是，酗酒问题带来的社会成本，特别是未成年人饮酒，结果是惊人的。其次，很明显，酒类广告增加了青少年会喝酒，酗酒和更早喝酒的可能性。我们首先看看未成年喝酒的危害，然后再研究酒类广告在未成年喝酒中扮演的角色。

二、未成年人饮酒

疾病控制和预防中心（CDC，2011）说，“酒精是美国青少年最常用和滥用的麻醉剂，早已超过了烟草和毒品”。不仅仅是高中和大学生存在酗酒问题。两年一次的“青年危险行为调查”（2009）发现，37％的8年级学生曾经喝过酒，15％的人在过去的一个月里喝过酒。疾病预防控制中心的一项关于7—9年级的研究报道显示35％的人在13岁之前就已经开始喝酒（Swan et al.，2008）。

儿童和青少年酗酒将带来一大堆的问题：学习成绩下滑，打架斗殴，更多的酒驾或者酒醉伤人，更多无保护措施的性行为，更高风险自杀和谋杀，死于酒精中毒的可能性也更大。青年在15岁之前开始喝酒，比那些直到21岁法定年龄才喝酒的人，成为酗酒者的可能性高了5倍（CDC，2011）。

在美国15—20岁的青少年死亡的主要原因是机动车事故。31％的事故都涉及酒精，25％的醉酒司机是达到法定年龄。在涉及醉酒致死的年轻人的重大事故中，73％是源于不系安全带。当涉及酒精时会变得更糟。在2008年，2％的喝酒的年轻司机涉及了财产事故；4％的年轻饮酒者涉及了损害事故；涉及了致命事故的比例达到了惊人的22％（CAMY，2012）。

不受保护的和非自愿的性行为在喝酒的年轻人中的比率也是相当高的。在一项关于上千大学生的研究中，在13岁之前喝酒的学生报告说，他们因饮酒而发生意外性行为的可能性是通常情况的2倍，因为饮酒而被传染上性病是年轻人喝酒又一代价。比起不饮酒的人群来说，男性酗酒者有4倍性病感染率，而女性酗酒者有3倍半的性病感染率（CAMY，2012）。

有关大脑发育的最新发现表明，酗酒的青少年在语言和非语言记忆还有其他认知能力的测试得分，要比不饮酒的青少年低得多（Brown et al.，2000）。事实上，青少年酗酒者已被证明在他们大脑区域（海马体）的记忆中枢比不饮酒者要更小（Nagal et al.，2005）。

三、年轻人饮酒是否归咎于酒类广告

我们已经看到，那些低于21岁的人的饮酒行为显然成了美国一个主要公共健康问题。但我们能归咎于酒类广告，因此要求更严格的监管吗？在今天证据是非常充分的。有很多方法来测试酒类广告的影响，几乎每一个方法都表明了广告在这个问题上有显著的影响。让我们快速浏览过去30年积累的所有证据。这些有力的发现，尤其是在最近的研究中，我们对社会的无知感到恼火，因为我们发现我们的社会从未规范过酒类广告，尤其是当它影响青少年的时候（1995）。

四、考察广告如何影响人们的方法

主要有四个研究方法可以考察广告如何影响酒精的态度、知识、信念和消费。这些方法被用于研究其对未成年和成年人的影响。早在2000年之前，有人就开始对此布置研究，因此所有这些方法及其对于酒类广告的应用问题已经变得更加复杂。接下来我们简要看每个方法，以及如何提高酒类广告应该受更多限制，特别是当它涉及未成年人的时候。

（一）实验研究

只有少数的实验检测了观看酒类商业广告的即时影响。大多数研究涉及的是，青少年酒精广告在节目中掺杂了其他的广告，比较青少年对于那些没有饮酒广告的相同节目中的反应。总的来说，这些研究没有显示出实际饮用或打算饮用而产生的主要影响。然而，重要的是，一些研究表明，观看酒类广告（通常是啤酒是用于研究的案例）对年轻人关于酒对自我的积极价值的期望有影响，例如，“它会让我感觉放松，快乐，更少担心自己的问题，感觉更开朗和友好，有很多的乐趣”（Grube and Wallack，1994）。这是很重要的，因为调查研究表明，酒精期望在年轻人饮酒或饮酒意图中扮演着重要的角色。

重要的是要记住，用实验来测试酒类广告的效果存在着几点问题。一是研究的环境是和青少年在家里或者和朋友看最喜欢的节目时是完全不同的。二是实验刺激通常只是一次性的体验，不同于每天都暴露在节目广告中。此外，对不同的目标群体不同的广告有不同的影响。鉴于青年接触酒类广告庞大数量和多样性，人们会因此觉得酒类广告一定对青少年带来的深刻的影响。男性和女性喜欢看不同种类的酒类广告，像白人、非裔美国人和拉丁美洲的青年也会各有所爱（Connelly et al.，1994；Herd and

Grube，1996）。虽然主要实验研究表明，中低水平广告对饮酒意愿有直接影响，但是目前尚未有研究来考察这些样本广告的影响，因为这些广告总是能够吸取各类青年群体的注意力，并对这些群体有着劝服效果。

（二）计量经济学研究

计量经济学研究主要考察的是酒类广告的花费与销售情况之间的关系。一些研究也会看广告花销与酒精损伤指标之间的关系，如酒后驾车被捕和涉及酒精的车祸数量。计量经济学研究也用来对比酒类广告禁令或严格限制酒精消费或酗酒的不同地区的情况。

当然，任何一个广告学的学生都会立刻推测广告研究粗略的估算了酒类广告支出，用如此方式考察广告的效果恐怕也是不严谨的。如果所得的支出数据包含了所有媒体在内，我们就无法在杂志、报纸和电视的广告效果进行对比分析。如果仅仅检查了一部分媒体，广告收入就可能流向了未被测量的媒体，例如互联网。学习市场营销的学生都懂得，同等数额的金钱也许就能够运营更强效的宣传活动，也可能失败。计量经济学研究总结归纳的是整个的营销活动。最后，还有许多其他变量随着时间被检查出来（如醉酒驾驶执法实际效力是多少），这些变量可能会影响酒类消费，可能会掩盖广告支出和饮酒之间的关系。

可能在早期的计量经济学研究结果中，很少有例证能说明酒类广告支出与消费之间的联系（Calfee and Scheraga，1994）。不过有少数非常复杂的研究发现广告的效力。亨利·萨弗（Henry Saffer）是国家经济研究局的核心人物，在禁止酒类广告的国家与未禁止的国家之间进行比较，萨弗（1991）发现，那些禁止酒类广告的国家的酒类消费水平比那些没有禁令的国家低16%。萨弗（1997）还研究了在美国75家最大的媒体市场中的酒类广告数量和机动车事故的关系。基于积极的关系，甚至在一些控制因素被考虑之后（如 酒精、地区价格差异），萨弗估计，对酒类广告的禁令很可能减少了5 000—1万个因为交通事故死亡的人数。

然而，最近，计量经济学方法变得更加微妙和复杂。在最近发表的一项研究中，戈德法布和塔克（Goldfarb and Tucker，2011）研究了全国超过6.1万名在线受访者，询问他们购买和喝酒意向。17个州中的不接触在线酒精广告的人，当他们生活的地区限制户外酒类广告时，（注意，州仍然可以管制一些酒类广告，就像酒类外部商店的招牌）这些人们饮酒意图比喝酒的人减少了8%，但当这些人们面对在线酒类广告时，8%便减少到了3%。利用许多控制变量，证明这个结果没有受到禁令以外的因素所干扰。这项研究提供了一个微观层面来看广告禁令和非可控风险的影响，例如，通过互联网广告和其他形式的有说服力的传播形式。此外，统计研究表明，酒精广告和它的效力之间有一个强大的经济纽带，然而这结果挑战了我们先前讨论的计量经济学分析的有效性。

(三) 酒精广告的内容分析

另一个重要的研究领域是，通过观察饮酒广告的本质内容与青年诉求的关系，将酒类广告和饮酒行为联系起来。一项最早的研究（Finn and Strickland，1982）显示，只有约17%的电视啤酒和葡萄酒广告包含了产品信息。在啤酒广告中占主导的主题是幽默、友情、人际关系和体育活动。在葡萄酒广告中普遍的主题是幽默、友情、性、爱情、浪漫和体育活动。最近的一项研究（Kelly and Edward，1998）再次指出，酒精广告倾向于对“形象”的要求，也就是说，它们不具体讨论酒精的产品属性（口味、价格），而是描绘了饮酒者的理想生活方式。不仅有定量内容分析，也有基于文化理论和沟通的定性分析。斯特拉特（Strate 1991：116）这样描述一个啤酒广告的例子：

> 有一个骑马的牛仔放牧牛过河。小牛被小流冲走了，但是牛仔却能抵挡河水的力量而得以解救。画外音说：“有时候简单的穿越一次河流并不是那么简单。当你处于他这个情况的时候，开启一罐啤酒，尝一尝像山间溪流般的自然清爽。”

在这个广告的关键时刻，牛仔从河里站起来，露出了他健美的腹肌。斯特拉特解释说，这里的啤酒与牛仔的文化形象和他在西部边疆的勇敢角色联系在一起。啤酒成为水的代名词。喝啤酒的意义，就意味着拥有了前所未有的勇气，感受到了自然的壮美和力量。正如我们看到的酒类广告效果研究，像这样的画面运用意境便将酒精产品和老少都紧密联系起来了。

(四) 酒精广告的调查

调查一直试图寻找确凿的证据来表明接触酒类广告对未成年人对于酒精的态度、对酒精的积极的价值观和未来喝酒的年轻观念的看法都有重大影响。

调查显示，年轻人在15岁对于广告的记忆有多强将预示他们在16岁会喝多少酒（Connelly，1994）。它也表明，酒类广告变得越来越能够吸引10—14岁的儿童（Grube，1993）。14—16岁的青少年能够理解更多酒类广告的意义。这些发现有力地证明了酒精广告的文化意义并没有在青少年身上消失，年轻人身处在完全暴露的酒类广告中，正如我们所看到的，如此一来他们就不再以酒类的特质甚至口感来看待酒，而是一种迷人的、勇敢的、性感的形象。

调查还证明，能够诱发未适龄青少年饮酒的就是对酒类的期待。那么年轻人在饮酒行为上期待什么呢？显然他们希望成为酒文化形象的一部分。西蒙斯·莫顿（Simons-Morton）和他的同事（1999）的一项调查显示，超过4 000名青年（6—8年级），无论男孩还是女孩，他们的积极的酒精期望都与饮酒有关。在对12—14岁的青少年的纵向研究中，第一次考察是在1989年，三年后，他们发现1989年那些拥有最高酒精期望的人，很有可能在3年之后形成饮酒的行为（Smith et al.，1995）。

心理学家和媒体研究员乔尔·格鲁贝（Joel Grube）在研究文献上作出了大量的贡献。向我们展示了这是如何发生的以及它的强大效力，许多早期研究还表明，饮酒预期是未成年饮酒的最好的预测因素之一。弗莱明（Fleming）和他的同事（2004）表明，青少年接触酒类广告越多，他们对广告的积极期望就越多，他们就越有可能去喝酒。

这个研究的主干清楚地显示了酒类广告如何发挥其对年轻人的说服性效力。酒精广告关注的是那些饮酒者正在发生的精彩的事情，美丽的、勇敢的、迷人的、运动和富有幽默感的：他们得到乐趣，过着冒险的生活。这些点点滴滴让这些形象非常吸引人，青春洋溢。从这无尽的一系列形象中，广告让人们相信美酒能够使我们的生活自在舒畅，或是对自我认知和定位有了新的期待。正是这些期望在未成年人尝试饮酒中扮演一个关键的角色。当然，还有其他的变量，但酒精期望的力量是不容争辩的。这就是为什么那些声称酒类广告没有影响美国儿童和青少年，或者没有影响他们酒精消费的说法，都是错误的。

最后一个研究领域提供了更多的证据，来印证酒精期望的因果影响。媒介素养研究的方法是，如果你能教会青年人理解和武装自己来对抗酒类广告，就会减少他们饮酒的可能性。奥斯汀和约翰逊（Austin and

Johnson，1997）为 3 年级学生做了一项训练，他们被要求观看两则啤酒广告，讨论一些重要的问题，如电视里什么是真实的，什么是正确的或错误的。学生被要求承诺不喝酒，作为回报，每个月给一块饼干作为奖励，持续三个月。这些孩子对电视广告的推销意图有了更深的理解：他们认为广告中的人物是不积极的榜样，他们对于饮酒的认知就客观许多。研究人员认为，比起其他分组的孩子，这组孩子开始喝酒的概率更低一些。3 个月后的后续测试依旧保持了这样的结果。

这表明，如果孩子逐渐认知了关于酒类广告的文化信息，那么对他们的饮酒期望和最终的酒精消费的影响力会相对减少。这个结果不仅是鼓舞人心的，还论证了酒类广告对年轻人的影响。

五、结　论

我认为，酒类广告对未成年喝酒有很大的影响，网络、电视酒类广告的自律制度是一个失败的尝试，因此唯一合理的选择，就是政府实行电视酒类广告的禁令。鉴于互联网的“泄漏”效应，我们也应该就这种媒介对儿童提供酒类视频广告的影响程度及其适当反应作出讨论。

研究员兰斯·斯特拉特（1991：115）言简意赅地总结道：“真正的问题不是关于广告的存在的影响，而是这些影响的本质。”酒类广告对青少年饮酒有重大影响，而青少年酗酒将会造成严重的社会和个人的危害。

参考文献

Austin，E. W. And Johnson，K. K. （1997）. Effects of general and alcohol-specific media literacy training on children's decision making about alcohol. *Journal of Health Communication* 2：17 - 42.

Brown，S. A，Tapert，S. F.，Granholm，E.，and Delis，D. C. （2000）. Neurocognitive functioning of adolescents：Effects of protracted alcohol use. *Alcoholism: Clinical and Experimental Research* 24 （2）：164 - 171.

Calfee，J. E. And Scheraga，C. （1994）. The influence of advertising on alcohol consumption：A literature review and an econometric analysis of four European nations. *International Journal of Advertising* 13: 287 – 231.

CAMY (Center on Alcohol Marketing and Youth) (2012). The toll of underage drinking. At http: //www. camy. org/factsheets/sheets/The _ Toll _ of _ Underage _ Drinking. html, accessed Mar. 21, 2013.

CDC (Centers for Disease Control and Prevention) (2011). Alcohol and public health. At http: //www. cdc. gov/alcohol/fact _ sheets/ underage-drinking. htm, accessed Mar. 21, 2013.

Connolly, G. M, Casswell, S/, Zhang, J. -F, and Silva, P. A. (1994). Alcohol in the mass media and drinking by adolescents: A longitudinal study. *Addiction* 89: 1255 – 1263.

Finn, T/A/and Strickland, D/E/ (1982). A content analysis of beverage alcohol advertising. *Journal of studies on Alcohol* 43 (9): 964 – 989.

Fleming, K., Thorson, E., and Atkin, C. (2004). Alcohol advertising exposure and perceptions: Links with alcohol expectancies and intention to drink in teens and young adults. *Journal of Health Communication* 9 (1): 3 – 29.

FTC (2008). FTC reports on alcohol marketing and self-regulation. Federal Trade Commission. At http: //www. ftc. gov/opa/ 2008/06/alcoholrpt. shtm, accessed Mar. 21, 2013.

Goldfarb, A. And Tucker, C. (2011). Advertising bans and the substitutability of online and offline advertising. *Journal of Marketing Tesearch* 58 (Apr.): 207 – 227.

Grube, J. W. (1993). Alcohol portrayals and alcohol advertising on television. *Alcohol Health and Research World* 17 (1): 61 – 66.

Grube, J. W. And Wallack, L. (1994). Television beer advertising and drinking knowledge, beliefs, and intentions among school children. *American Journal of Public Health* 84: 254 – 249.

Grube, J. W., Chen, M. J., Madden, P., and Morgan, M. (1995). Predicting adolescent drinking from alcohol expectancy values: A comparison of additive, and nonlinear models. *Journal of Applied Social Psychology* 25 (10): 839 – 857.

Herd, D. And Grube, J. (1996). Black identity and drinking in the US: A national study. *Addiction* 91 (6): 845－857.

Jones, S. C. And Jernigan, D. H. (2010). Editorial: Alcohol advertising, marketing and regulation. *Journal of Public Affairs* 10: 1－5.

Kelly, K. J. And Edwards, R. W. (1998). Image advertisements for alcohol products: Is their appeal associated with adolescents' intention to consume alcohol? *Adolescence* 33 (129): 47－59.

Nagel, B. J., Schweinsburg, A. D., Phan, V. and Tapert, S. (2005). Reduced hippocampal volume among adolescents with alcohol use disorders without psychaiatric comorbidity. *Psychiatry Research* 129: 181－190.

Neuendorf, K. A. (2009). Alcohol advertising: Regulation can help. In Ruth C. Engs (ed.), *Controversies in the addicition field.* Dubuque, IA: Kendall-Hunt.

Pennock, P. (2005). Televising sin: Efforts to restrict the television and advertisement of cigarettes and alcohol in the United States, 1950s to 1980s. *Historical Journal of Film, Radio and Television.* 25 (4): 619－636.

Saffer, H. (1991). Alcohol advertising bans and alcohol abuse: An international perspective. *Journal of Health Economics* 10: 65－79.

Saffer, H. (1997). Alcohol advertising and motor vehicle fatalities. *Review of Economics and Statistics* 79: 431－442.

Simons-Morton, B., Haynie, D. L., Crump, A. D., Saylor, K. E., Eitel, P., and Yu, K. (1999). Expectancies and other psychosocial factors associated with alcohol use among early adolescent boys and girls. *Addictive Behaviors* 24 (2): 229－238.

Smith, G/T/, Goladman, M. S., Greenbaum, P. E., and Christiansen, B. A. (1995). Expectancy for social facilitation from drinking: The divergent paths of high-expectancy and low-expectancy adolescents. *Journal of Abnormal Psychology* 104 (1): 32－40.

Strate, Lance (1991). The cultural meaning of beer commercial.

Advances in Consumer Research 18：115 – 119.

Swahn，M. H.，Bossarte，R. M.，and Sullivent，E. E.（2008）. Age of alcohol use initiation，suicidal behavior，and peer and dating violence victimization and perpetration among high-risk，seventh-grade adolescents. *Pediatrics* 121（2）：297 – 305.

Thorson，E.（1995）. Studies of the effects of alcohol advertising：Two underexplored aspects. In Susan E. Martin（ed.），*The effects of the mass media on the use and abuse of alcohol*. Washington，DC：National Institute of Alcohol Abuse and Alcoholism. pp. 159 – 196.

第六章 广告中的色情元素

其实你知道的，性本来就是争议话题，而且永远都是。

——利亚姆·尼森（Liam Neeson）

媒介中“荤段子”的内容在不断增加，想必人们对这一点毋庸置疑。只要想一下《生活大爆炸》（*The Big Bang Theory*）中的随意一段情节（里面 PhDS 天才博士们莱纳德和拉杰讲的荤段子可比他们讨论的科学研究多得多）或是《实习医生格蕾》（*Grey's Anatomy*）（外科医生在剧中上演的性爱场面绝不少于他们做手术）或者翻翻《魅力》（*Glamour*）和《17 岁》（*Seventeen*）杂志（这些杂志都在教女性如何提高性生活质量），很明显可以看到媒体中对情色的描述正在与日俱增。通过对比，广告中的性元素比节目中、文字中“赤裸裸”的方式往往更加微妙。

人们认为广告中出现色情元素是某种失德，这非常正常，但是汤姆·锐彻（Tom Reichert）却向人们表达了另一种 thoughtful 发人深思的 right 恰当的想法。他承认广告中某些对色情元素的使用是存在问题的，但是对于一个的产品，这正是一种能吸引注意力的创意。听上去是不错，但是当我们被这一答案说服时，凯西·福德（Kathy Forde）又提供了另一种观点。在她看来，广告中掺杂色情元素是一种不动脑子的体现，是一种陈词滥调以及视觉污染。另外她还提出：一个使用性元素来吸引眼球的广告会告知观众真实信息吗？才不会呢。

我们对广告中的性元素了解多少，除了知道它无处不在之外？

这有一篇来自南非版的《星期日泰晤士报》（*Sunday Times*）的有趣

文章，作者克里斯·莫德客（Chris Moerdyk，2004）提到性元素已经不再成为卖点，所以不久的将来我们看到它们的机会越来越少。他说部分原因是源于9·11事件：人们对家庭价值的重新重视。他同时提到（凯西·福德也提到过）消费者在寻找值得信赖的东西。也许是这样，但是就我观看到的电视内容来说，广告中色情的元素并没有减少。如果非要说有什么变化的话，好像反而增多了。

人们指手画脚地抱怨着广告中泛滥的性元素，但是广告创意的智囊团并不是唯一承担骂名的。就像宝洁专为青春期男孩出品的清新体味喷雾，公司市场行政主管推出了性暗示的产品，那他可以免于其责吗？杂志编辑为读者提供关于提高性生活质量的文章，一些谷物品牌使人们相信圆润、性感和极好的身材与服用他们的产品有关，这又该怎么看？

没有人可以否认性元素在广告中的广泛存在，但是问题是：性在广告中的出现是一个合适的创意吗？阅读下面的文章，由你自己来判断吧。

思考题

1. 看一本杂志或者晚上看看电视，记录下你看到的所有的广告。尝试分辨哪一些广告用到了性元素去吸引观众，有多少这样的广告。你能分辨创意与下流之间的界限吗？有没有一些“极具诱惑”的广告让你对这个商品更加有购买欲？

2. 很多对广告中性元素的争议前提都是说它们诋毁了妇女。看一些使用性作为卖点的广告，你有什么感受？

3. 从杂志中找出一则色情味广告，而且这则广告在你看来创意极佳。现在试着把性元素从中剔除出去，你还能复述出广告标题和内容吗？如果换掉图片内容呢？你手中的“无性”版本广告是否具有同样的吸引力？说出你的理由。

4. 一些研究者指出，部分商品与其他商品相比，涵盖着更多的性暗示，不看任何广告，请直接列举至少10款和性相关的产品（例如香水），再列举10款和性毫无关联的商品（例如牛奶）。再去找出这些商品的广告，你发现了什么？

其他热议话题

1. 长期以来，女性以色情化形象出现在广告当中，这显然是不妥的。然而，如果是在面向男性群体的广告中，出现性元素也没什么不合适的。

2. 那些本就与性有关的产品，其广告中的性元素可视为创意性的策略。

3. 广告中暗含的“黄段子”还不如那些坦荡荡的性元素，因为观众为了去体会“荤笑话”，可能还要费一番脑筋。

拓展阅读

Dahl，D. W.，Sengupta，J.，and Vohs，K. D. （2009）. Sex in advertising：Gender differences and the role of relationship commitment. *Journal of Consumer Research* 36（2）：215－231.

Gunter，B. （2002）. *Media sex: What are the issue*? Mahwah，NJ：Lawrence Erlbaum.

O'Barr，W. M. （2012）. Sexuality，race，and ethnicity in advertising. *Advertising & Society Review* 13（3）. At http：//muse. jhu. edu/journals/advertising _ and _ society _ review/v013/13. 3. o-barr. html #fig02，accessed Apr. 2，2013.

Reichert，T. （2003）. *The erotic history of advertising*. Amherst，NJ：Prometheus Books.

Savoir，L. A. （2007）. *Sex in design*. Antwerp，Belgium：Tectum.

参考文献

Moerdyk，C. （2004）. Clothes back on as sex in advertising proves a turn-off. *Sunday Times*（South Africa）（Nov. 14）：Lifestyle and leisure，7.

〔正方观点〕

广告中的性元素：这怎么能算是罪行

汤姆·锐彻
美国 佐治亚大学

一、引　言

呈现在眼前的是紧紧相拥的男女，汗水流过轮廓分明的黑色腹肌，随着衣服滑落到地板上，水润的嘴唇开始从耳际顺着脖颈缓缓向下。他的眼睛紧闭着，唇齿间吐露着激涌的欢悦。突然间，她满怀期望地伸手……我要一个本叔牌（Uncle Ben's）的微波炉碗。

我成功地吸引到你的注意，对吗？

很好。你收回你的思绪开始跟随我的脚步走，我试图以广告中色情的信息来劝服你（又叫作广告中的性），这又构不上什么重罪。事实上，我认为，像上文表述的场景更多地会应用在和性吸引力息息相关的品牌，比如香水、时装、美妆和个人护理，还有娱乐产品。不同于单纯用于吸引注意力，性元素还被用来塑造增加品牌的吸引力、亲密感和浪漫主义。

不要误解我的意思。广告中的性元素在字典的“道德”中是找不到的，不幸的是，很多运用性元素的广告都超过了 explicitness 直面、品位和堕落的底线。如果不懂我的意思，只需想一想卡尔文·克莱恩（Calvin Klein）和他惹是生非的能力。按惯例，害群之马才是揭示问题根源的重要线索，正如广告中的那些性元素。

为什么我说的就是对的？不错的问题。我研究广告中的性元素问题已经有 18 年了，在这期间我与他人合编了 3 本书，都是关于媒介利用性元素宣传的，我还写了一本书，是关于广告中性元素的发展历史。我之所以提这么多，是希望你们可以看到我写在本文中的良苦用心。广告中的性并不是与生俱来的坏事。性元素推销出了自己的产品，也可以通过健康的、让人尊敬的方式。让我先从性元素在广告中的定义说起，然后论述对于性元素使用的两种常见驳论。

二、关于定义

首先，来看看我们能否达成一致。哪些算是广告中的性元素？正如很多广告一样，就是包含色情元素的劝服信息。广告商想尽方法让人们去思考、感受和理解他们的产品和创意，而这些广告创意或多或少都和色情信息有关。根据性学研究，有关性的信息可以激发人关于性的意识或感觉。

在与拉米雷斯（Art Ramirez）合作进行的一些研究中，我们让学生们去想一个有关于性的广告，然后再描述一下广告中的哪些要素会让他们想起性的方面。结果证实，在广告中完美的体型是首要因素，其次性行为，再次是摄影技术、广告模特的台词以及语境环境等变量。这些发现在其他的研究中得到印证，表明了色情信息大多是通过视觉形象传递的。

但是我们不应该忘记文案部分。有关于性的暗讽、双关语、暗示性语言以及双重意义往往使得文本与影像相互影响。比如，禾林出版社（Harlequin）在近期杂志上的一则广告刊登了一个看似无伤大雅的标题：《他已经在读你的禾林书了吗?》然而，占据整页的配图呈现的是一对俊男靓女在热烈拥抱，这个广告就在暗示读点儿言情小说，会带读者很快进入（性致）状态。现在我们知道了广告中的性指的是什么，接下去我们就看下它是否奏效。

三、驳论一：广告加进性元素并不起作用

该异议有几种不同说法。一种是认为性只是被用来吸引注意力的。有些人认为这样的做法是“借来的性致”。换言之，广告主想要通过有性信息来让大家产生兴趣，并继而对自己的品牌产生兴趣。在相关意义上，有批评者指出，色情元素可能会扰乱规则，以最好的方面来说，它只是产生一次性销售，但是并不会建立任何品牌价值来促进长远的进步。

在某种程度上来说，上述批评者所说是正确的。性的信息确实可以抓住人们注意力。性可以唤起一种情感反应，这种反应是与人类种族生存相联系的。我们不由自主地从各个感官来感受它，因为情感的信息有它自己

的方法可以穿过我们的感知领域，它通过突出(rising above)其他的环境信息来捕获我们的注意力。所以，确定的是，它确实可以吸引人们注意力。如果性是仅仅通过一个与性毫无相关的产品来吸引大家的注意力，那么确实不太可能赢得长远成功。

但是回顾这个论述："性元素只是用来吸引注意力的。"这些批评家需要刷新他们的认知了，因为研究已经证明，性不是仅仅用来吸引注意力的。我与雅克·兰比亚斯（Jacque Lambiase）曾合作做过一些调查，发现杂志中73%（将近3/4）的"有性"广告，都涵盖某个与性有关的品牌利益。通常的广告主题通过"买它，得到它"的形式表达。也就是说，如果你买了我们的产品：① 你将变得更有性吸引力，② 你会有更好的性体验，③ 单纯就个人而言，你会变得更加性感。让我们回顾联合利华公司最近的广告是如何来介绍"艾科"香体喷雾（Axe）的。广告中，一名小伙子将喷雾喷在身上，那些美丽女性（甚至包括内科医生和女友的妈妈）都感受到了他极大的魅力。这可信吗？表示怀疑(doubtful)。这则广告当然是言不由衷的。我深信负责"艾科"喷雾的广告商做了大量的研究，试图来引起目标消费者的共鸣（青少年以及14—34岁的年轻男性）。

再强调一遍，很多广告都多次使用性元素来传达信息——在很多情况下，都会促使消费者使用该品牌——而不是仅仅吸引人们注意力。艾科(Axe)、泰格（Tag）以及古风（Old Spice）这些牌子的身体喷雾剂在近期短时间内都为他们的公司带来了可观的收益（其中艾科于2000年上市），而这3个品牌都被用作增强性吸引力。

另外，还有很多案例都可以证明，有性的定位战略可以为品牌带来长期的成功。其中一个典范就是卡尔文·克莱恩（CK）。他很成功地将自己的品牌个性与性联想结合在一起。在接近30年的时间里，在CK的香水、时尚单品、内衣以及首饰的广告中，性已然成了一个主要元素。结果呢？在2005年，CK旗下的产品为其带来了至少10亿美元的收益。

这与维多利亚的秘密（Victoria's Secret）是一样的。在坚定地启用只穿比基尼的超模后，这家公司从旧金山的三间精品店成长为在美国最成功、最有辨识度的品牌，暂且不说世界范围。这些巨大的成功来自不懈的努力和独出心裁的营销技巧，如超级碗广告、连续不断的时装秀和在黄金时间的网上时装秀。这些传播手段与维多利亚的秘密的精巧构思如出一辙，都是利用极具性吸引力的精致形象。那些不管是为了愉悦自己还是取悦他人，任何想变得身形曼妙的女人，都会趋之若鹜地争先付款。

很多公司在很长一段时期也很成功地将性元素融入其广告中，除了获得人们关注和带来了与性相关的利益，广告中的性元素在其他方面也有着突出贡献。可以这样说，只要人们想去吸引别人注意力，只要人们渴望浪漫、亲密和爱情，以及所有美妙的感受，广告主就可以展示他们的产品是如何满足他们这些需求的。不管我们喜不喜欢，这些产品都在社会人与人之间持久亲密的关系中扮演重要的角色。

四、驳论二：包含性元素的广告贬低女性形象

我得承认，广告商不仅需要在有性广告中更恰当地描述女性，在其他广告中同样也需要改进。事实上并不是所有的有性广告都是可耻的，有一些产业，特别是推进全国视觉革新的美国麦迪逊大道的广告商，正在提升女性在广告中的形象。

但是，首先不妨对这条驳论更深入地研究一下，因为它是非常重要的观点。基本上女权主义者认为女性的装饰性形象——即女性展示着仅仅外表漂亮这一维度，这影响了人们对女性社会角色的普遍态度和客观认知。调查研究证实了这一观点。男性和女性同样作为装饰性的形象出现时，人们也会更加强调女性生理上的吸引力以及辅助性的角色，以此来降低女性智力、技术和能力的价值。仅仅一条广告不会产生这样的效果，可是谁只看一个广告呢？我们每天都可以看到成百上千条的广告。随着时间的推移，不用说，不平等的性别态度已经慢慢融入了我们的信仰体系中。

这与广告中的性元素有什么关系呢？虽然男子健美的照片在过去的20—25 年间对男性形象也造成了一定的损害，但是穿着裙子、举止挑逗的女性形象与之不分伯仲。甚至在一些广告案例中，女性对男性伴侣都是卑从的姿态，男性就这么看着姑娘们脱衣、跳舞，或者通过其他方式来取悦他们。

总体来说，这样的场景、形象让人难以接受。广告产业正在逐渐意识到这种形象带来的性别刻板印象，也在逐渐避免这样的行为。在某些情况

下，这个产业正在自我整顿和管制。比如，有一个非常知名的社会组织——纽约妇女广告会（Advertising Women of New York），每年都会为刻画女性形象最正面和最反面的广告主颁发奖项。很多广告因其性感画面获得了几次“最丑”奖。这些奖项会公然批判这些极其无理的广告内容（以及背后的赞助商），并招致了很多负面新闻。很多年以前坎迪斯（Candie's，拉夏贝尔旗下的时尚女装品牌）就获得了过“最丑”奖，广告中，朱迪·琳·奥凯弗（Jodi Lyn O'Keefe）两脚分开在电脑显示屏中，而甜蜜射线组合（Sugar Ray）的马克·麦格拉思（Mark McGrath）坐在键盘上；而在屏幕上一架航天飞机精准“爆破”在朱迪·琳·奥凯弗的胯部。

今天，像坎迪斯这样的广告已经属于个例了，它代表不了整体行业规则。实际上，很多有关于性的广告经常包含幽默的口吻，来体现男性的特点。你们中的有些人可能年纪尚轻没有听过这个案例，在 1994 年健怡可乐的一则商业广告非常流行，广告中女性向一位赤膊的男建筑工人抛媚眼。同样要说的是，近年来麦迪逊大道已经不是有性广告的主要来源了。很多令人不悦的广告都是由当地商人出资在报纸上呈现，以及一些主要的都市周刊，像《达拉斯观察报》（*Dallas Observer*）和《凤凰城新时报》（*Phoenix New Times*）。最后，记住色情信息的出现并不是为了贬低女人或者男人的。那些描述夫妻拥有平等权利、健康关系的广告也是关于性的，可见在没有性暗示的前提下也是能够获得一个独一无二和令人夺目的成果（可以参考本文第一段）。

五、小　结

除了以上两个主要的驳论，人们对广告中的性问题还存在一些关注。比如，很多人包括我在内，都抱怨有性广告不应当面对青少年和年轻人。荷尔蒙过剩、性启蒙和不成熟的批判性思考都可以让年轻人丧失判断力，使得他们特别容易受性吸引力的影响从而去拥护这个品牌。为将青少年作为目标消费群而感到愧疚的广告人屈指可数。阿博菲奇公司（Abercrombie & Fitch）就已经感受到来自公众的压力，这迫使公司不得不减少季度目录中的色情内容。

总的来说，广告中的性元素可以成为一种很有创意、很有效的策略，但前提是需要满足下述的条件：

（1）性元素与促销的产品是相关的；

（2）不具有性别歧视主义的；

（3）而且它并不是针对敏感的人群。

换言之，广告创意者——也许有一天会是你自己——需要了解这些问题并且妥善处理。如果没有，根据拉图等人（LaTour and Henthornem）的研究（2003），消费者们就很可能会联合起来抵制这些有色情形象的产品。另外，AWNY 也很可能会给你的广告颁发一个“最丑”奖。如果真是如此，真难想象你该如何向消费者解释。最后请记住，广告的职责便是让产品满足消费者的需求和渴望。只要人们使用产品去引人注目（比如时装、香水、漱口水、化妆品，甚至汽车），如果广告能帮助人们买他们真正想买的又有什么不好呢？比如获得浪漫、亲密和其他人的喜爱。与此同时，你对进入广告行业做好心理准备了吗？

参考文献

LaTour, M. and Henthornem T. L. (2003). Nudity and sexual appeals: Understanding the around process and advertising response. In T. Reichert and J. Lambiase (eds.), *Sex in advertising*. Mahwah, NJ: Lawrence Erlbaum, pp. 91 - 106.

拓展阅读

Lambiase, J. and Reichert T. (2003). Promises, promises: Exploring erotic rhetoric in sexually oriented advertising. In L. Scott and R. Batra (eds.), *Persuasive imagery: A consumer perspective* Mahwah, NJ: Lawrence Erlbaum. (pp. 247 - 66).

Pardun, C. J. , K. L. L'Engle, and J. D. Brown (2005). Linking exposure to outcomes: Early adolescents' consumption of sexual content in six media. *Mass Communication and Society* 8 (2): 75 - 91.

Reichert, T. (2003). *The erotic history of advertising*. Amherst, NY: Prometheus Books.

Reichert, T., and J. Lambiase (2003). How to get "kissably close": Examining how advertisers appeal to consumers' sexual needs and desires. *Sexuality and Culture* 7 (3): 120 - 136.

Reichert, T., and A. Ramirez (2000). Defining sexually oriented appeals in advertising: A grounded theory investigation. In S. J. Hoch and R. J. Meyer (eds.), *Advances in consumer research*, vol. 27. Provo, UT: Association for Consumer Research, pp. 267 - 273.

〔反方观点〕

在广告中使用性元素可不是个好点子

凯西·罗伯茨·弗德
美国 南卡罗莱纳大学

在美国，广告已经潜入了我们公共生活的每一个角落和缝隙：当人们在电视中看着纽约洋基队的比赛，同时也在收看美国电话电报公司（AT&T, American Telephone & Telegraph）的广告；当人们在曼哈顿中央车站等候早班车，就在车站看到了百叶广告牌上有关最大的苹果零售店开业的信息；当你走出哥伦布转盘地铁站时，就会看到著名马拉松运动员莱恩·霍尔（Ryan Hall）出现在亚瑟士赞助的 60 英尺长的荧光屏上，宣传着纽约马拉松赛的信息，诸如此类。霍尔的平均速度为每英里 4 分 46 秒，那么你在短短 60 英尺距离追得上他吗？这则广告在呼吁更多的人来参与其中。

最近几年间，广告开始以新的方式悄然进入人们的私生活中。随着媒体技术的进步，愈发强大的便携设备让人们更依赖网络，而广告也变得更加个性化、更具有互动性。对于一些专注全世界 iPod、iPad 以及苹果手机用户的应用软件，苹果公司的移动广告业务平台（iAd）将在这些软件应用中植入充满交互性、沉浸感的多媒体广告，诸如 Facebook、Twitter 等社交网络，也会根据当地受众推送本土的广告。

而新媒体的广告内容在一定程度上，变得极其私密化。2009 年，“男士脱毛”（manscaping）一度成为年轻男性群体中的热点词汇，吉列公司（Gillette）倾力制作了一系列的短片来推销自己的融合手动剃须刀（Fusion razor）。这些宣传短片上了 YouTube，一时间掀起了热潮。其中最为人熟知的短片为“教你如何剃除腹股沟上的杂毛”（How to shave your groin）。动画短片的画外音对观看视频的观众谆谆教诲道：“当灌木杂草清除了，大树才会显得高壮。”短片用意何在？还不是为了增加消费者对吉列剃须刀的需求，当然最后也转化为销量。

我们的社会充满了人的欲望，在这里，商业反映了我们日常生活的深层结构。我们在商品和消费的剧本中做着白日梦。即使是性——或者说是关于性的想法——也已经变成了只需鼠标点击或网页浏览就能消费的一项事物。如今美国的广告中已经充斥着性元素（Reichert et al.，2007）。

毫无疑问，性元素是在特定人群销售特制的产品。19 世纪 80 年代，杜克香烟（Duke）将女明星的形象印在香烟包装盒上后，继而成了国家屈指可数的著名品牌（Reichert，2002）。20 世纪 90 年代，伊卡璐草本精华（Clairol’s Herbal Essences）已经成了著名的洗发水品牌，这很大程度上归功于它的一次广告活动，其中它向女性宣称他们公司生产的是“有机”洗发水（Fass，2011）。但是研究显示，如果产品本身没有什么与性相关的意思，那么性元素在推广产品上也不会产生很好的效果（Reichert，2002：254），甚至有时候即使广告使得产品呈现与性有关的特点，比如时装、香烟等，性的内容也可能会妨碍消费者对品牌的回想，特别是对一些男性来说，他们更容易去记住胸部和大腿而忽略产品和品牌（Nudd，2005）。而且，很多女性并不关注有性的广告（Nudd，2005）。

先不说现在广告范围内性吸引力的普遍存在，现在很多美国人都觉得自己已经看到过太多的有关性的画面（Dolliver，1999）。是时候重新思考广告中性的使用问题了。实际上，让我们先一起忘了性的吸引力吧。对极力说服我们购买的含有性元素的产品信息，或通过陈词滥调和令人震惊的视觉画面，我们真的已经感到麻木不仁了。

我们的确已经走了很长的一段路，亲爱的，自从以维珍妮牌女士香烟

(Virginia Slims) 作为性和女性解放的时刻，到伊卡璐草本植物精华的洗发露广告中女性绽放的性魅力。这些广告在我们现代生活中看上去已然都算是端庄。古驰在一则广告中，一个瘦的不可思议的女人公然拉下她的内裤，来展示她阴毛处剃出的 G 形图案，而一个年轻的男子则抓住她的大腿跪在她面前（Kilbourne，2005）。

这是非常令人震惊的一幕，至少是看到它时你是在看光鲜的女性杂志，而不是在看《欲望都市》。但是当你从惊讶中回过神来，你就会感到十分厌倦。已经够了。

厌倦不是广告中充斥着性元素带来的唯一感受。有性元素的广告可以引起一些严重的社会病，如：不健康的性爱观，影响人们的信仰以及青年人、青少年的行为；对女性和男性作为有关性商品的物化；身体意象的问题；以及不健康的饮食习惯。其他一些可能的有害影响很难去量化，比如对性行为的轻视，以及基尔孟（Jean Kilbourne，2005）已经定义过的很多美国人“对性的不满”。

一、青少年与性

一份来自北卡罗莱纳州大学最近发布的具有独创性的研究发现，12—14 岁的青少年在媒体中看到的有关性的内容越多，越可能发生性行为以及未来参与到有关于性的活动中去（Pardun et al.，2005：88）。广告中的性只是这项被称为“接触媒介性信息量”（Sexual Media Diet）研究中的一个部分——它还包括电视和电影、杂志和报纸阅读、听音乐和上网——这就组成了青少年媒介世界全部的色情内容。青少年们接触到的媒体中性的总数，而不是种类，会影响他们对性的行为和态度。

在今天的美国，几乎一半的高中学生已经发生了性行为（CDC，2006：3）。虽然自从 1991 年后青少年怀孕和生育率都在稳步降低，这些数据还是要比西方其他发达国家都要高。性传染的疾病和流产率也很高。这些国家中的青少年都暴露在有关性的媒体中，包括广告，它们很少描述性行为背后的风险，如怀孕和感染性传播疾病。和瑞典、法国不同，在美国文化中，对于性教育和避孕节目的态度，占主导的还是要阻止它们的不断发展。几乎已经没有多少社会缓冲器可以阻止负面性信息作用于年轻人身上

(Darroh et al. , 2001)

虽然更强势的性教育运动在美国才是关键，但是我们也需要一个不那么紧张的媒体环境。现在的年轻人主要从媒体中学习性的知识（Brown and Keller，2000）。如果广告——尤其是瞄准青少年和青春期群体的广告——降低性的吸引力，可能是为美国年轻人创造更好的公共健康的第一步。

二、女性自我客体化

为了销售商品和服务，广告商们通常会以展示女性的身体作为性目标。为牛仔裤做的广告中通常会展示一个只穿着内衣裤的女性，聚焦她的胸部、臀部和暴露的皮肤，连一片遮掩的布都没有。女性的身体——而不是产品——成了人们视觉的焦点。如果你穿了我们的牛仔裤，这个广告似乎暗示着，你也一样可以有一个这么性感的身材，任何男人都想要注视你和抚摸你。这是一个由来已久的广告技巧。当然它也是十分老套的。

现在女性是美国经济的主要消费者——可以使用一个家庭88%的可自由支配收入——如果广告继续将女性身体物化将会发现自己是多么冒失和愚蠢（Crawford，2004）。广告产业正在与现代市场和现代女性失去联系。

广告中对女性性别的物化教导着女孩和妇女把自己当作一件物品——这个现象就叫做自我客体化。这种认识自我身体的方式会导致羞愧、恶心和焦虑，最后会导致饮食紊乱、性功能障碍和抑郁。自我客体化在印刷媒介中会被激活，如在时尚杂志的广告中，女性形象比在电视中要多(Roberts and Gettman，2004)。

同样，男人也会因为广告中对女性的物化而受到不良影响。研究表明，在男性接受性别刻板印象与观看这样的广告后暴力侵犯女性之间存在联系（Lanis and Covell，1995）。研究还表明，相对于其他人群，广告中对女性性侵的场面会更加吸引年轻的男性群体，而且会使这些青年男性群体出现“暴力倾向”(Capella et al. , 2010：47)。

但是近年来不只是女性在广告中被客体化，男人也同样成为性描述的目标。在广告的描述中，男性的身材尺寸大体上在不断增加，同时对男性肌肉形体的描述成为重点（Roberts and Gettman，2004）。广告中对男性有关于性的描述也增加了（Reichert，Lambiase，et al.，1999）。尽管“男子健美照片”的广告影响无法确定，有些人相信它们影响了男性对强健身体的着迷，是一种“反厌食症”（Roberts and Gettman，2004）。

三、人体的形与美

2004 年，美国的饮食行业销售额总计 19 亿美元，体重成为很多美国人关心的问题。在 1980 年，47%的美国人口是超重的，这个数字在过去 25 年里急剧增长到 65%（Mintel Reports，2005）。高果糖谷物糖浆风靡着各大超市、快餐业，让我们习惯去储存脂肪而不是燃烧脂肪，快餐巨头推出不可思议的食物，也给学校餐厅里的孩子们提供食物（Critser，2004）。但是当经济和社会力量促使美国社会的肥胖成为流行病，他们同样推动了美妆和时尚产业，使得人们崇拜骨感和年轻。我们生活在信息混合的文化和相互矛盾的社会压力中。只要想一想卡尔电视（Carl Jr. television）和网络广告传递给女性和女孩的信息：吃掉这个半磅重的汉堡包！但是一定要保持和帕丽斯·希尔顿一样的身材——如果你正忙这个事情，那么你还需要锻炼下你引人注意的洗车技能。

时尚和美丽的广告产业依赖于让消费者总感觉他们不够吸引人、不够性感。理想中的女性身体是十分清瘦的、年轻的，没有皱纹和脂肪团或者其他什么瑕疵——这种理想的形象没有任何一个女人可以做到。然后广告就反复告诉女性如果她们能使用这种洗面奶，穿这种胸罩，尝试这种饮食，她们就可以达到那个理想的形象。对于许多妇女和女孩来说，她们在广告中看到的那个理想的女性会让她们产生一种生理羞愧感和外貌上的焦虑心理（Monro and Huon，2005）。对男人和男孩来说，这些完美形象让他们对自己的女朋友、妻子、姐妹和母亲产生了不切实际的期待，期待她们能像广告中的女性一样，也对于这些崇尚自然的女性越来越缺乏欣赏。

美国需要社会变革来致力于改善肥胖这一社会流行病，包括社会健康运动和增加食物产业的监管法规。但是这也同样需要媒体去描绘身体的外形、尺寸、年龄和身体机能。让我们更换掉广告中瘦弱、年轻和性感的理想型女性，换成真实的女性形象：充满肌肉的运动员、坐在轮椅上的妇女、乳房癌症幸存者、超过 50 岁的妇女。让我们相信会有越来越多的正常女性和女孩的形象，而不是我们经常在广告中看到的性目标和刻板印象。希望广告商也能认识到这点。

四、饮食失调

据估算，每10个大学女性中就有一个女性正在遭遇饮食失调，比如厌食症和易饿病，15%的年轻女性饮食并不规律。这似乎绝非偶然：饮食失调的比例正逐年上升，而媒体中女性的身体形象则越来越瘦。虽然这其中很大部分归咎于饮食失调，但是对一些女性和女孩来说，媒体中过分瘦弱的女性形象也起了很大的影响（Stice et al.，1994）。

饮食失调也影响了成年男性和男孩子。在美国，饮食失调的人群中有10%是男性，而媒介中传达的信息是否对此有影响则不得而知。

好消息是广告主可以通过提供更真实的女性图像来抵消这一信息的传达。研究表明那些在媒体中看到平均体重身材模特的年轻女性，倾向于对很瘦弱的理想身材产生抵抗。但愿广告通过描绘真实的女性形象，可以减少饮食失调的进一步泛滥（Fister and Smith，2004）。

五、对广告中性的规整

尽管很多消费者出于道德和宗教的考虑对广告中出现的性元素表示反对，但是这样的争论在如今多样化的社会和宗教信仰中是很难发展的。一个法律的争论也很难增加。联邦贸易委员会规定组织欺诈性和不公正的广告，但是这些规范性的法规在面对一个广告可能强调的不合理的生活方式时束手无策，如对广告中女性在使用洗发液或穿牛仔裤时性感形象的滥用（Preston，1998：73）。这一点也需要记下来，那就是商业性的演讲享受第一修正案的大量保护，尽管给予政治的和社会演讲的并不强硬。目前来看，唯一一个现实的可以改变广告产业过度运用性来盈利的方式是行业自律、媒介自律（媒介自行选择播出广告的权力）和社会舆论压力。

公众和政府对近期美国肥胖流行病的警告，使得很多直接面向儿童的食物广告面临详细的审查。我们可以看到，食品产业在面向儿童的产品和包装已经有了很大的进步，也增强了市场营销的自我监管力度（Parnes，

2006)。尽管这种努力才刚刚开始，但是在有关社会公众健康及社会争议的问题性广告上，相似的自我监管机制已经成长起来。

美国广告联盟的实践准则（2011）曾规定，广告必须讲述事实，以免通过遗漏重要事实而误导公众，并且需要坚持良好的品位。广告是否用性吸引力来讲述事实？它提供了消费者做出产品选择时需要的全部有意义的事实吗？它保持了现在社会好品位的标准吗？这些问题都是广告主在采用有关性吸引力广告时应该考虑的问题。但是这里有另一个应该被写进广告伦理法中的问题，那就是广告中的信息是否有助于记录公众健康关心的问题和社会疾病？如果是，广告中的信息就是值得在道德上受尊重，并需要修改的以及值得去修改的。

六、小　结

除了大量涉及道德层面，社会性的研究对有性广告也提出了反驳，对广告中性元素使用提出抗议——这也许是最有说服力的论据。夹杂色情元素的销售信息已经充满了整个广告的世界，以至于它们变得平平无奇，而且在很多情况下，可以说是无效的。

如果广告中没有性，媒体界会变成一幅怎样的场景？广告创意会变成越来越棒、越来越有趣、越来越对公众有用的信息吗？这便是一个包容这类广告的全新世界！这是一个属于我们每个人的世界。

参考文献

American Association of Advertising Agencies (2011). Standards of practice. At http：//www.aaaa.org/about/association/Pages/standardsofpractice.aspx, accessed Mar. 22, 2013.

Brown, J. D., and S. N. Keller (2000). Can the mass media be healthy sex educators? *Family Planning Perspective* 32 (5): 235-6.

Capella, M. L., Hill, R. P., Rapp, J. M., and Kees, J. (2010). The impact of violence against woman in advertisements. *Journal of Advertising* 39 (4), 37-51.

CDC (Centers for Disease Control) (2006). *Youth Risk behavior surveillance-United States, 2005.* Morbidity and mortality weekly report No. SS－5. At http://www.cdc.gov/mmwr/PDF/SS/SS5505.pdf, accessed Mar. 22, 2013.

Crawford, K. (2004). Ads for women are "Miss Understood." *CNN Money* (Sept. 22). At http://cnnmoney.printthis.clickability.com, accessed Mar. 22, 2013.

Critser, G. (2004). *Fact land: How Americans became the fattest people in the world.* Boston: Houghton Mifflin.

Darroch, J. E., J. J. Frost, S. Singh, and the study team (2001). *Teenage sexual and reproductive behavior in developed countries: Can more progress be made?* Occasional Report No. 3. New York: Alan Guttmacher Institute.

Dolliver, M. (1999). Is there too much sexual imagery in advertising? *Adweek* 40 (11) (Mar. 15): 21－22.

Fass, A. (2001). Clairol tones down a campaign in an effort to give its new hair products a separate personality. *New York Times* (Jun. 25): C8.

Fister, S, M., and G. T. Smith (2004). Media efforts on expectancies: Exposure to realistic female images as a protective factor. *Psychology of Addictive Behaviors* 18 (4): 394－397.

Kilbourne, J. (2005). What else does sex sell? *International Journal of Advertising* 24 (1): 119－122.

Lanis, K., and K. Covell (1995). Images of women in advertisements: Efforts on attitudes related sexual aggression. *Sex Roles* 32: 639－649.

Mintel Reports (2005). *Weight control-US-April 2005.* Chicago: Mintel Group. At http://oxygen.mintel.com/display/121269/, accessed July 11, 2006.

Monro, F., and G. Huon (2005). Media-portrayed idealized images, body shame, and appearance anxiety. *International Journal of Eating Disorders* 38 (1): 85－90.

Nudd, T. (2005). Does sex really sell? *Adweek* 46 (40) (Oct. 17),

14－17.

Pardun, C., L' Engle, K. L. and J. D. Brown (2005). Linking exposure to outcomes: Early adolescents' consumption of sexual content in six media. *Mass Communication and Society* 8 (2): 75－91.

Parnes, L. B. (2006). Remarks. 2006 Annual Advertising Law & Business Conference, Association of National Advertisers, Orlando, FL, Jan. 25. At http: //www. ftc. gov/speeches/parnes/0601lydiaanaspeech. pdf, accessed Mar. 22, 2013.

Preston, I. L. (1998). Puffery and other "loophole" claims: How the law's "don't ask, don't tell" policy condones fraudulent falsity in advertising. *Journal of Law and Commerce* 18: 49－114.

Reichert, T. (2002). Sex in advertising research: A review of content, effects, and functions of sexual information in consumer advertising. *Annual Review of Sex Research* 13: 241－273.

Reichert, T., J. Lambiase, J., Morgan, S., Carstarphen, M., and Zavoina, S. (1999). Cheesecake and beefcake: No matter how you slice it, sexual explicitness in advertising continues to increase. *Journalism and Mass Communication Quarterly* 76 (1): 7－20.

Reichert, T., LaTour, M. S., and Kim, J. Y. (2007). Assessing the influence of gender and sexual self-schema on affective responses to sexual content in advertising. *Journal of Current Issues and Research in Advertising* 29 (2): 63－77.

Roberts, T., and Gettman, J. Y. (2004). Mere exposure: Gender differences in the negative effects of priming a state of self-objectification. *Sex Roles* 51 (1－2): 17－28.

Stice, E., Schupak-Neuberg, E., Shaw, H. E., and Stein, R. I. (1994). Relation of media exposure to eating disorder symptomatology: An examination of mediating mechanism. *Journal of Abnormal Psychology* 103 (4): 836－840.

第七章
广告中的刻板印象

我们根本就不养奶牛。人们对我们俄克拉荷马州的人总是会硬套上一些刻板印象，还有，我们也根本就不坐大篷车。

——卡丽·安德伍德（Carrie Underwood）

我发现在我最爱的电视节目中加播的汽车广告越来越多了。广告中，和大家庭生活在一起的青年人喋喋不休地抱怨自己无知的爹妈；而父母呢，或是在崎岖的山地骑行，或是同时髦的朋友参加户外音乐会，正玩得开心呢。我被这样的广告烦透了。大概是我个人对广告商这样“反其道而行”的做法不买账，说实话，我更喜欢那种循规蹈矩的套路；或是，我反感的是那些愚蠢的“成年孩子”（还不赶快搬出去独自生活!）。

每当我觉得这则广告惹人厌，不得不承认广告触碰到了我的痛处。首先，我就是这些广告的目标群体（我跟广告中的前卫家长年纪相仿）；其次，这汽车听上去真的蛮适合我的。因此，这条充斥着刻板印象的广告也许运用得恰到好处。

我们可以很轻易地把广告中的刻板印象列出清单来。事实上，我也想不到哪些广告根本没用到刻板印象。尽管人们会说刻板印象它是错的，但当一位广告商只能用15—30秒来叙述一个情节，如果观众不能很快地意识到广告角色对产品的需求，那么就连阐释吃燕麦来控制胆固醇的重要性也会难上加难。某些刻板印象难道不是对他人（甚至我们自己）另一种体面的嘲讽吗?

尽管我们认为刻板印象在广告中很受用，甚至是必备的要素，但是这个话题在未来变得越来越复杂化了。这是因为：

首先，我们的社会正在变得越来越片段化了，因此像玛格丽特·莫里森（Margaret Morrison）说的一样，即使刻板印象实际上有助于人们去理解，但是重新创造一个让观众以一个正确的方式产生共鸣的并且有意义的刻板印象越来越困难了。举个老龄化的例子，现在美国50岁以上人口已经超过4 000万，在上一辈人看来，超过50岁可能意味着已经过了半辈子了，或者说已经夕阳西下了，可是现在这50岁的内涵已经变得多元了。是啊，有的人50岁已经是爷爷级的了，但是也有的人刚为人父母；有些仍是有竞争力的运动员，有的还被列为“最美某类人”，有的还是大学生；实际上，也有的是佛罗里达州的退休人员，在以学习高尔夫课程的方式来消磨时光。

其次，现在社会已经越来越商业化了，我们若想得到那些观众的注意力变得前所未有的困难。现在的数字视频录像机和其他的科技产品已经十分普遍了，广告商不是不变得更加大胆、更有针对性，不停地在你眼前晃来晃去，试图吸引你的注意，哪怕只有几秒。这似乎暗示着温和的刻板印象的时代已经终结了，如果广告商表达过于隐晦的话，那么它所传达的信息也将会遗失。

第三，在今天这个媒介融合的世界里，消费者对媒介能做什么或不能做什么已经变得更加富有经验。很多消费者用怀疑的态度看待广告商提供信息。所以它如果不是权威的，消费者可能就会忽略掉这条信息。如果一个广告商没有采用既成的刻板印象，那么受众极有可能去批评广告商“太真实”，所以如果企业想令此类的批评消音，那么就一定要继续运用刻板印象。

所以，怎样才是在广告中运用刻板印象的正确方法呢？如果拿大家一贯的共识来开涮，是否合适呢？这是否可以理解为一种技术迅速吸引了我们的注意从而使我们决定如何看待信息？所有的刻板印象都是糟糕的吗？或者好的刻板印象（例如努力工作、满怀爱国情愫的蓝领员工）有利于时下热门的人类统计学发展吗？

最后，我们需要共同探讨这个问题，即为什么在广告中刻板印象会在第一时间变成道德问题。它对我们做出关于一个人的判断之前，了解整体情况有多么重要？它是否关系到我们快速地判断一个虚构的人物（广告中的角色)？一些人可能会抱怨我们不能准确地判断一个人，甚至是广告中我们用太过于抽象化的方式去对待真实人物。因此，这是不道德的。或者就像简·马萨勒斯（Jane Marcellus）在她的文章中强调的那样，当我们相信刻板印象时，我们便开始期望人们能够按照既定的方式行动，而这可能导致人们变得目光短浅而且会忽视复杂的人际因素。而另一些人则会说刻板印象仅仅是窥视私人生活的一个入口，而不是它的定义。这里存在一些难回答的问题。刻板印象在广告担任什么样的道德角色（或且起什么样的道德作用)？这个由你来定。

思考题

1. 将你能想到的那些既定刻板印象都列出来，从最显而易见的开始(如家庭主妇、足球运动员、老婆婆等)，然后分别用一个词标注它们，再看看是否有些同学或者好友能够将描述与刻板印象联系起来？他们答对了几个？你发现了什么吗？

2. 观看你最喜爱的电视节目，然后列出节目中出现的印象，写得尽可能详细点儿，你认为这些刻板印象是必要的吗？为什么？

3. 翻翻一本杂志，如果看到了“刻板印象”，把它们标注出来。有没有某组描述特别突出？那么是哪些呢？

4. 收看你最喜欢的一档电视节目（或是网上观看），有时候你会忍不住再多看一遍，将节目中出现的广告列出来，并将广告中的主要人物形象记下来，试着描述这些形象有没有呈现刻板印象的套路。你发现了什么？

其他热议话题

1. 只有那些负面的刻板印象会让人心生不悦。

2. 广告之外的那些媒介载体中不该出现刻板印象，因为这些媒体都有足够的时间来呈现刻画的形象，而广告只有短短的几秒钟。因此，在广告中的刻板印象是必不可少的单元。

3. 那些呈现成功人士（如医生）的刻板印象总是能受到大家的一致喜爱。

拓展阅读

Gilmore, J. and Jordan, A. (2012). Burgers and Basketball: Race and stereotypes in food and beverage advertising aimed at children in US. *Journal of Children and Media* 6 (3): 317 - 332. doi: 10.1080/17482798.2012.673498.

Hirshman, E. C. (2011). Motherhood in black and brown: Advertising to U.S. minority women. *Advertising & Society Review* 12 (2). doi: 10.1353/asr.2011.0015.

O'Barr, W. M. (2012). Niche markets: Gay consumers. *Advertising & Society Review* 12 (4). At http://muse.jhu.edu/journal/advertising_and_society_review/v012/12.4.obarr.html#fig02, accessed Apr. 2, 2013.

Van Hellemount, C., and Van den Bulck, H. (2012). Impacts of advertisements that are unfriendly to women and men. *International Journal of Advertising* 31 (3): 623 - 656. doi: 10.2501/IJA-31-33-623-656.

Yeh, M. A., Jewell, R. D., and Hu, M. Y. (2013). Stereotype processing's effect on the impact of the myth/Fact message format and the role of personal revelance. *Psychology & Marketing* 30 (1): 36 - 45. doi: 10.1002/mar.20587.

〔正方观点〕

广告刻板印象的危害

简·马萨勒斯
美国 中田纳西州立大学

2011年11月版的《时尚先生》（*Esquire*）杂志中的宣传页上，蕾哈娜一丝不挂地侧身躺在镜头前，身上只贴着几片装饰性的海藻，在其反面印着 2012 款的福特野马谢尔比 GT500（Shelby GT500 Mustang）的宣传彩图。这正反两面的内容无不和蕾哈娜有关，要知道，福特公司赞助下的“Esquire 最性感女星”评选中，蕾哈娜拔得头筹。

随后，福特公司在一则广告中称：“你会如何张贴这张宣传海报，就表明你是什么样的男人。”以下三种选择：选择性感的蕾哈娜一面贴在外面的，无疑是“真正的美国血性男儿”；将汽车那面贴在外面的，也一定是“热血男子汉”；而如果贴在玻璃窗上，能够同时看到正反两面的人，说明“你真是个天才”。

这一次宣传活动招致了诸多的批评。一方面杂志内容与广告混为一谈，另一方面这种设计也暗示着女性和汽车是可以等价衡量的。当然更有争议的是，如果一个男人哪一面都不喜欢，那么是不是就说明他不够男子气概，或不算是真正的美国男子汉。这则广告贬损了女性地位，同时也将两性都刻板化并“简化”了。正如英国文化研究学者斯图亚特·霍尔（Stuart Hall）所描述的：“它会使纷繁复杂的客观事物在解读后变得粗浅。”（1997：257）

广告中的刻板印象并不受欢迎。事实上，这些刻板印象往往被视为毫无意义的创意，对推销产品起不到任何帮助。2008 年，欧洲议会（European Parliament）以 504 票赞成、110 票反对通过一项非绑定协议，报告中希望商业企业停止使用刻板印象的元素，其中主要的是针对性别上的成见。报告指出，广告中的刻板成见“通过创建角色形象来贬损、压制、丑化两性的任一方，使男女老幼不得不先入为主，从而约束了他们的思维”（Carvajal，2008）。

想要快速理解刻板印象问题，就要先了解“刻板印象”是诞生于早期的印刷时代的一个词汇。在印制过程中，人们要反复地使用金属板一遍遍地复制同一种图像。如今《牛津英语词典》上给出的解释是：它可理解为一种“过于简化的思维方式”，就如同使用金属板进行反复印刷似的。媒介学者金·希恩（Kim Sheehan，2004）将这个概念比作当代照片的冲印。“陈词滥调”（cliché）也有着类似的来历。这些“懒人”创意顷刻间遮盖了视线，刻板印象使人们的思考模式和眼光越来越同化。正如沃尔特·李普曼（Walter Lippmann）在他的经典之作《公众舆论》（*Public Opinion*，

1922）中所写的：刻板印象是“我们脑海中的映像”，其影响着我们看待我们周围的事物的方式：

> 因为，在大多数情况下，我们不是先观察后定义，而是先定义后观察。在世态万千、纷繁复杂的外部世界，我们所属的文化已经为我们对眼前事物进行分类，而我们也更易理解那些文化带来的刻板印象（Lippmann，1922：81）。

媒介理论家托马斯·比文斯（Thomas Bivins，2009：206）将刻板印象定义为“一种对我们现在文化的理想化映射，一种超越现实的美好心愿”。对人们思维的局限已经很糟，但是正如霍尔（1997：258）指出，刻板印象的使用更易出现于较为强大的社会群体之中，而较弱的群体沦为“边缘人群”，而统治群体的社会能力将继续延续，如此看来，两者差异便更为明显。对于《Esquire》《时尚先生》杂志中的福特广告，主导群体就是那些认为汽车和女性是等价物的“主流男子汉”；而在评选性感女星的活动中，女性沦为弱势群体，但是那些不买账的男性将被看作没有男子气概、没有血性的“边缘人”。

使用简明通俗的形象确实能够在瞬时更快地吸引消费者，并达到传递信息的目的，并深入人心。我们一说起“挑剔妈咪”，就会联想起主妇们习惯购买某款花生酱，或是一起探讨如何更便捷地擦地板，或是不停为淘气男孩整理他们的衣物。这暗示着家庭中的父亲似乎很少操心这些事情，而且女孩子也从不会把家弄得凌乱不堪；相反，在女孩年幼之时，就会对《青少年时尚》（*Teen Vogue*）、《都市女孩》（*Cosmo Girl*）这样的时尚杂志情有独钟。紧身裤、皮肤护理，从染眉膏到牛仔裤，姑娘们精心打理着自己。这些正如劳拉·穆尔维（Laura Mulvey，2006 [1975]：346）所说的：正是由于“男性凝视”（male gaze），才建构了“色情奇观”（erotic spectacle）中女性搔首弄姿的客体姿态。换言之，女性的价值观取决于男性的评定。因此，女人先会揣测男人的眼光，从而审视自我。而无论从哪个性别视角，女性始终都是处于客体位置，并未在这个体系中强化这种刻板印象的人物或事物，都将被人们视为不正常的。

当然会有人站出来说，一个人拥有干净完美的房子，喜欢到处玩闹，热衷于漂亮的衣物和妆容，这都没什么不妥吧。但许多广告都为人们呈现出的是一种“社交场景”（social tableaux）。这一概念最初是由文化历史学家罗兰·马钱德（Roland Marchand）提出的，是一种20世纪20年代出现的商业策略。许多场景中都在暗示着人们生活中的妈咪、小男孩或是青春期少女就是如此这般的。正如比文斯（2009：207）所言，刻板印象“呈现的只是一种文化映像，从而强化人们的某种文化期待”。他（208）向人们发问：“在我们脑海中，是不是认为爱尔兰人都是酒鬼，墨西哥人都是很懒惰，金发女郎往往胸大无脑，白人男性跳不高?”。即使许多人还是知道这种夸大其词的成见是不对的，但是其他的一些偏见虽然隐晦却很有影响，比如男人总是犯懒、单身的人渴望脱单、没有“六块腹肌”就算是肥胖。

希恩（2004）与比文斯（2009）都曾提到过有两种媒介理论可以很好地解释为何刻板印象具有强大的影响力。一种方法就是通过涵化理论（即培养理论、教养理论，涵化假设、涵化分析）解释这个过程，这种理论假设是乔治·格伯纳（George Gerbner，1973）提出的。涵化理论认为，媒体（尤其是电视媒体）有着对我们观察世界方式的极大影响力。正如丹尼斯·麦奎尔（Denis McQuauail，2009：497）所说的那样，“逐渐地，人们也就接受社交世界中呈现出的刻板、片面的本质”。例如，当看到大量的广告中清洗浴室的活只有女性在做，男性把女性客体化，并让人们都认定浴室就该由妇女清洗，这就是现实生活中再正常不过的事。这正如媒介期待理论（Media expectancy theory），认为人们不仅仅坚信塑造出的行为都是符合常理的，而且更期待我们生活中的所有人都能够沿用这样的言行。正如希恩（2004：83）所言，期待理论所表达出“刻板印象的沿用会使我们看待事物的眼光过于局限，从而忽视对象的多元性”。我们可以用理查德·戴尔（Richard Dyer，2006［1984］：353）对男女同性恋者的几条刻板化描述做个范例：“用戴克（Dyke）代指男同性恋者中的女性角色，Camp Queen，女同吸血鬼，有虐待癖的酷儿人群，彪悍的女校长，中性打扮的同性恋者等”。他在文中指出，在以前，许多男性同性恋认为自己真的就是喜欢同性的，因此长期困于自我压抑中。比文斯（2009：208）也同样指出：“如果一名年轻女性长期看到的女性形象就是那种盲目的购物狂，久而久之，她也许就真的会习惯于这种刻板印象，并会把这种印象带进现实生活。”

值得注意的是，并非所有的刻板印象在传播过程中都是直观可视的，就像口音也会被赋予成见。在宝马公司一则广告中，配音者用带有浓重美国南部口音说道："谁会想到一家德国汽车公司会建在加州的斯帕坦堡，并把那里当作自己的家?"而紧接着，画面出现了餐桌前的工薪阶层，足球运动员站在到处是工厂（这些工厂生产的是高端汽车）的广阔大地上。无独有偶，英国石油公司（BP）的一则广告灵感正是源于2010年的墨西哥湾漏油事件，广告中的配音采用了南方口音，这也算是一次危机公关。在这两则广告中，"入乡随俗"和南方口音无不力图体现着广告的"美国精神"，以避免外来企业不被认可的风险。然而，如果外企不再"边缘化"，那么地方口音就会带来恶意和不友好。正如语言学家丹尼斯·普利司通（Dennis R. Preston）所言：

> 正是由于美国大众文化尊重那些自食其力者、空想家、酒鬼、近亲通婚者、南部种族歧视人群，所以人们关于粗人、乡巴佬、罪犯、不安分的纽约客的定义才有了深入的了解。就连与之关联的英语词汇都有相似的特性，这也不足为奇（Preston n. d.）。

在人们印象中，英式发音也透露出社会阶层与教育背景。在政府雇员保险公司（GEICO，Government Employees Insurance Company）推销汽车险的小职员往往操着一口伦敦东部口音——在查理斯·狄更斯（Charles Dickens）名著《雾独孤儿》中曾描述到这一地区一度穷困，是工薪阶层聚集地。虽然这样的口音对于许多人来说非常有吸引力，但不包括对"英伦腔"锱铢必较的那一部分；伦敦东郊地区具有复杂多样的文化背景，曾经人口拥挤、贫穷潦倒、罪恶滋生，但是如今已经是友好富庶的礼仪之城了。对于了解英国各个地区的文化差异的人来说，真正"英伦腔"的标准绝不伦敦口音，而是那种古板沉闷的上层阶层口音。不同于美式口音（以及英西南的康沃尔口音），伦敦口音并不会引起人们对地区文化过多的兴趣。如果在英国产品广告中出现了美国南部乡村的口音，生活在美国（尤其是南部）的人会作何反应?

或许你还对本文的观点有所质疑。

有时，刻板印象有助于人们适时运用历史视角看待问题。让我们来看看在 2006 年一则广告中清洁浴室出现的非裔美籍女性角色吧。难道只是碰巧选中了黑人演员吗？或是，她身上是否有雷蒙德・威廉斯（Raymond Williams）口中的"文明先祖"（1961：53）（曾现于早期媒体报道）的影子，才让她的出现在当下的媒体中显得如此自然？

去商店（或者只要移步到厨房柜），看看杰迈玛阿姨煎饼粉（Aunt Jemima）的黑人妇女图像。她拥有着灿烂的笑容、洁净的白领和戴着珍珠耳环，当今任何职业女性都会很自豪地扮上这样的穿着来进行工作。但是在过去，她的形象却截然不同。从 19 世纪 90 年代，当该产品被推出，直到 20 世纪中叶左右，她还是一个绑着头巾、体态超重的黑人妇女——这也即是内战前南部的经典保姆形象。事实上，杰迈玛阿姨第一个模板实际上就是一名 59 岁的旧时奴隶：南希・格林（Advertising Age，n. d.）。在 1919 年发行的《主妇家庭杂志》（*Ladies' Home Journal*）广告上，杰迈玛阿姨品牌戏称："阿姨的小木屋变得比汤姆叔叔（Uncle Tom's）的更加有名气——而后者所参照的当然就是哈丽特・比彻・斯托（Harriet Beecher Stowe）的那部反奴隶制小说——《汤姆叔叔的小屋》。"

早在对种族歧视习以为常的那些年代，在日用品广告中，操着方言的黑人保姆形象相当普遍。在 1928 年的一则"飞掠"（Flit）杀虫剂广告中，一名女性用着蹩脚的英语介绍着："这么个轻便的小玩意儿相当于以往（暗指奴隶时代）六个小保姆呢。"在 1931 年的《福布斯》杂志一则广告中，极力推荐商人们"克拉琳达"（Clarinda）（另一位绑着头巾的保姆形象），而这样的标识采用的是全新的凹版印刷技术，以此来推销自己的产品。广告提到："新鲜，美味，享受，诸如此类的词就算讲上千遍万遍，也无法同镜头及克拉琳达一样生动形象地描绘。"广告中以彻斯桑伯恩咖啡（Chase and Sanborn）为例，来展示克拉琳达售卖的产品。当人们开始对种族主义变得越来越敏感的时候，这种"黑人保姆"类型的形象才得以改变。但是曾经的一切就完全消失了吗？如果真如人们所想，那么对于当今的美国文化，为什么带点儿乡土腔调的黑人大妈们做起浴室清洁剂（抑或治疗便秘的药）的广告来，就看似再正常不过了呢？即使在当今，她们早就不再围着头巾了；那么谁又是这般文化的先驱呢？

人们对（被动）其他群体也同样有着刻板印象。正如黛布拉・梅尔斯金（Debra Merskin，2001：160）写道，"商业标识人物诸如杰迈玛阿姨

（煎饼粉），拉斯特斯大叔（麦乳精）及本大叔（大米）暗示着黑人们曾一度卑微的职业，如今又以视觉符号体现了出来”。同样地，她说道：疯马牌麦芽酒（Crazy Horse Malt Liquor）、红酋长牌砂糖（Red Chief Sugar）及其苏蜂蜜（Sue Bee Honey，2001：160），都同样暗示着我们过去曾经美洲原住民遭受的压迫。如今原住民的形象仍然继承着这样的刻板印象，因为人们打小就熟知了他们那股子“印第安气息”。针对此类非裔种族的案例，这种刻板印象文化目的无非就是令白人对重建时期之后依存的种族差异感到更加自在，负罪感更少一些罢了（Merskin，2001：160）。这类日常的应用已经在“不断暗中地强化了人们刻板印象的信念”（160）。这同样也适用于被客体化的任何其他群体。

如果广告系的学生想试着突破刻板印象的禁锢，那么就要牢记戴尔对刻板印象和社会类型的区别，后者“具有开放性的定义，更加转瞬即逝和灵活”，能够给自由、选择和自行定义更大的空间（1984：355）。运用社会特征的视角，我们能够更多元地观察周围的人们。相反，刻板印象则会限制和排斥不符合常态的思维方式。“你很想去试着探究自己的社会特质，但是常常被强制地刻板化了”（Dyer，1984：355）。戴尔表示“即便是光荣下岗，刻板印象也不会就此消失”（353），他也呼吁人们对刻板印象的社会意义进行思考。希恩（2004）认为，无论刻板化的形象是正面还是负面的，配价（情绪化影响）和变更频率因素都能够对刻板形象有些缓解。然而，我们也应当注意，刻板印象也会因人而异，正如上文中提到的“伦敦腔”。

广告创建了一个充满想象的世界，这也教我们如何来看一个真实的世界及如何审视自我。正如安东尼·科特斯（Anthony J. Cortese，1999：12）所言，广告“似乎已经悄然溜进我们的潜意识中”，来试图“告诉我们的个人角色是什么，我们该成为什么样的人”。正因为如此，刻板印象无法在广告中容身。它们正在慢慢削弱我们独立思考的能力，也让我们的独立个体特质丧失殆尽。正如李普曼（1922）所言，正因为我们先入为主地下了定义，所以在我们接下来去审视周围的过程中，我们什么收获也没有。因为广告有如此之多的社会影响力，而这些广告缔造者要有一种责任意识，要采用一种非助长不平等的权利结构的和谐方式推销产品。在21世纪，这样的责任意识才是真正具备创意与担当的广告精英的一道标尺。

参考文献

Advertising Age（n. d.）"Aunt Jemima". *Special report: The advertising century.* At http://adage.com/article/special-report-the-advertising-century/aunt-jemima/140176/, accessed Mar. 22, 2013.

Bivins, T.（2009）. *Mixed media: Moral distinctions in advertising, public relations, and journalism*, 2nd edn. New York: Routledge.

Carvajal, D.（2008）. Europe takes aim at sexual stereotyping in ads. *New York Times*（Sept. 9）. At http://www.nytimes.com/2009/09/10/business/media/10adco.html, accessed Mar. 22, 2013.

Cortese, A.（1999）. *Provocateur: Images of women and minorities in advertising.* Lanham, MD: Rowman & Littlefield.

Dyer, R.（2006 [1984]）. Stereotyping. In M. G. Durham and D. M. Kellner（eds.）, *Media and cultural studies: Key works*, rev. edn. Oxford: Blackwell, pp. 353 - 365.

Gerbner, G（1973）. Cultural indicators — the third voice. In G. Gerbner, L. Gross, and W. Melody（eds.）, *Communication technology and social policy*. New York: Wiley, pp. 555 - 573.

Hall, S.（1997）. *Representation: Cultural representation and signifying practices*. Thousand Oaks, CA: Sage.

Lippmann, W.（1992）. *Public opinion.* New York: Macmillan.

Marchand, W.（1985）. *Advertising the American dream: Making way for modernity*, 1920 - 1940. Berkeley: University of California Press.

McQuail, D.（1994）. *Mass communication theory: An introduction.* London: Sage.

Merskin, D.（2001）. Winnebagos, Cherokees, Apaches, and Dakotas: The persistence of stereotyping of American Indians in American advertising brands. *The Howard Journal of Communications* 12: 159 - 169.

Mulvey, L.（2006 [1975]）. Visual pleasure and narrative cinema. In

M. G. Durham and D. M. Kellner (eds.), *Media and cultural studies: Key works*, rev. edn. Oxford: Blackwell, pp. 342 - 352.

Preston, D. R. (n. d.). Language myth #17: They speak really bad English down south and in New York City. PBS. At http://www.pbs.org/speak/speech/prejudice/attitudes, accessed Mar. 22, 2013.

Sheehan, K. (2004). *Controversies in contemporary advertising.* Thousand Oaks, CA: Sage.

Williams, R. (1961). *The long revolution*. New York: Columbia University Press.

〔反方观点〕

刻板印象是一种必要且恰当的广告策略

玛格丽特·莫里森
美国 田纳西大学

你根本就算不清一个普通人每天究竟会看多少广告。沃克尔·史密斯(J. Walker. Smith)是期货公司的负责人、一家出色的市场调查公司——扬克洛维奇研究中心(Yankelovich)的前任主席，同时也是第二章一篇文章的作者，写道：20世纪70年代每个人每天大概要看500支广告，而如今我们每人每天看到的是5 000支(Johnson，2009)。很明显，我们不能对所有这些广告都投以关注。而广告主也只有几秒的时间来获取消费者的注意力。为了成功获取眼球，广告主们往往会采取各种各样的方法。他们在目标消费者经常使用的传播媒介上投放广告(如在ESPN网站上或美国富国银行在《华尔街日报》上投广告)。他们尽可能使他们的广告与目标消费者相关联(比如，很多大学生般年纪的男孩喜欢啤酒和美女，因此我们经常可以看到啤酒广告上出现极具吸引力的姑娘)。他们会使用易记的标题、流行的音乐、快速的编辑和隐喻的手法来达到吸引人们关注的目的。

而且他们也经常使用刻板印象。

是的，就是刻板化的形象。而且离开它，大部分广告都会失败。

那么，什么是刻板印象呢？让我们从头说起。刻板印象（stereotypes）一词源于希腊语（立体声或坚固的）和罗马语，最开始指的是一种利用金属板进行印刷的方式。随着时间的推移，词语的意思也发生了改变。今天我们用“刻板印象”指基于一些预先的设想，对一群人的简单化概括。

我们使用刻板印象来帮助我们理解生活的方方面面，成为人们对生活的速记。举例来说，像牛仔靴和国企徽章这样的物品会向他人传达出它们的拥有者是什么样的人（我们可能马上联想到前者是一位乡村音乐的爱好者，后者是一个极度爱国的人）（Cheryan et al.，2009）。因为我们生活的世界本身就很复杂——所有你生活中暴露的信息，所有出现在你生活周围的刺激物，以及你每天遇到的无数的事物，就像数不清的广告信息——你开始意识到刻板印象是在帮助你理解世界中起到了非常重要的作用。

所以刻板印象从人类诞生之初就出现在我们周围，帮助我们组织起对世界的思维方式。

有很多理论都曾论述大脑是如何处理知识的，包括广告。其中图式理论（schema theory）对理解刻板印象的影响十分有帮助。一个图式就代表了一个认知的框架或者概念，帮助人们组织和解释信息。图式益处良多，让我们在巨大的信息面前有捷径可走（就像面对铺天盖地的广告信息）。然而，这些心理框架也可以使我们忽略相关的信息，转而相信另一些正是我们之前已经先入为主的信息。举个例子：

> 偏见就是图式的一个案例，它阻止人们去了解世界真实的一面，并且禁止他们接收新的信息。由于对某些人群有固定的信念，这些已存的图式会使得人们错误地解读现实情况。当有一件大事发生改变了既有的信念，人们可能会提出另外的解释，这个解释会支持他们已有的计划而不是采取改变他们信仰的方式（Cherry，n. d.）。

因为，那些能够加强我们对世界已知的形象，更容易吸引我们。图式能够加强刻板印象并且使得我们很难接受或记住新的信息，因为这些信息内容与我们先前的认知不符。对其他群体已在的误解也很难去更正，因为通过刻板印象误解的印象正不断地加深。同样地，我们对不同的人群（心理学上称之为外团体）的认知也变得困难。这正是刻板印象一词通常使人联系起各种负面信息的主要原因。白人没有节奏感，非裔美国人擅长打篮球，所有的亚洲人都会功夫，中东人讨厌美国人，德国人冷酷又严格。……这些都是比较常见和长期的对种族群体的消极偏见。这样的例子还有很多，但是刻板印象同样也有积极的一面。母亲总是慈爱、诲人不倦的，孩子生来是天真的，最好的朋友是忠诚的并且会对你鼎力相助，无论你做什么你的狗狗都爱你，付出就会有回报。上述所有都是具有积极含义的刻板化思维。

刻板印象简化了现实，而广告商们利用它们来使你形成一种印象，并且确实行得通。让我们以电视为例：广告主只有大约 30 秒的时间来阐释他们的产品，其中的某些产品可能十分复杂（就像科技产品，如电脑，或者有品种繁多、价格高昂的奢侈品），想要在短时间内把它们的特性说清楚确实不易。人们需要捷径，此时刻板印象就展现了它的强大威力。如果一个广告商通过刻板印象给你提供一个线索，那么这则广告就成功地传达了一个有效信息。比如，在豪华车广告中使用的古典音乐，结合演员们穿着昂贵的服饰，向观众暗示这辆车是尊贵之选。在你的期望中富有的人穿着十分考究，而且驾驶着昂贵的汽车。相似地，时装品牌广告中的都市青年和说唱音乐，则在告诉你这个品牌具有“街头特性”并且是时髦的。广告主们希望这些特点能够与他们的产品联系起来；他们采用一种非常特定的策略来创造出极具个性特质的品牌来足够吸引特定的市场群体。

一、广告中常见的刻板印象

美国是一个土地辽阔且复杂多元的国家，接纳着许许多多不同的人群，因此也存在着各式各样的刻板印象。下面我们就来讨论广告中常出现的刻板印象：

小孩：在儿童广告中，男孩通常扮演粗鲁或好斗的形象。他们更多展现的是体育运动或运动员的角色，呈现出比女孩更独立的特点。而女孩们则扮演着更秀丽或阴柔化的角色。她们经常呈现玩过家家或煮饭和洋娃娃玩耍的形象（相反的是，男孩子们则与玩具人一起玩），女孩子喜欢粉红色，她们比男孩子更关注外貌和是否受欢迎。如果一个女孩和一个男孩一同出现在广告中，女孩通常都比较矮小，凝视着男孩或者扮演听从于男孩的角色（Browne，1998）。

肤浅或无能的男人：这是啤酒广告中经常出现的人物形象，年轻的男人经常呈现喜爱胡闹的轻浮姿态。他们已经达到可以喝酒的年龄，然而他们的精神状态似乎退化了。如果一个金发碧眼的美女愿意给予他们一点点的关注，他们瞬间就会把朋友抛之脑后了。无能的男性也经常在广告中出现，谁没有在广告中见过一个被他计谋过人的配偶弄得团团转的丈夫呢？男性通常扮演在家中无所事事的白痴，哪怕是最简单的家务活，他们都无法完成（除非他们使用了广告中的产品）。

老年人：上年纪的消费者经常在广告中扮演身体虚弱、心理脆弱的人群。他们似乎与外界脱离，并且可能并不引人注目。

女性：显然，男性并不做洗熨的家务活，因为几乎所有的家务洗涤剂广告都瞄准了女性。尽管大部分女性都会外出工作，但是她们仍然被描绘成负责处理家务的一把好手，也比男性对家庭的食材挑选和一日三餐更加上心（除非是烧烤，烧烤中男性具有主导权）。

种族：广告可以塑造种族的刻板印象并让这种印象代代传承下去。美国土著人在广告中经常呈现出狂野、落后和没有文化的特点，要不就是些生活在原生态大自然的人群。非裔美国人通常是出色的运动员以及顶级的歌唱家和舞者。美国黑种女人好像时不时就会生气、大声吵闹。而当亚洲人出现在广告中时，他们通常是一些科技专家人才或者其他具有智力天赋的人。他们出现在为商务做导向或科技产品的广告中，却很少出现在本国的环境中。西班牙人通常就是一群具有活力、有趣或者暴躁的人（但是会是体贴的爱人）。当白人与其他种族的人群一起出现在广告中时，白人通常扮演掌权者，并且常常处于画面的最前方。另外，大部分奢侈品广告都出现了白人的身影，由此创造出一种特权的刻板印象。

如此看来，显而易见的是，广告中的刻板印象是十分具有说服力的。为什么人们需要在意刻板印象这一元素呢？因为刻板印象创造出了一种期望，这种期望是希望一个群体中的大部分成员都会去实践。如果你所向往的就是一种刻板化的场景，那么群体的成员就会成为你脑海中的刻板印象。想一下，比如一个青少年在小镇中长大，从未见过亚洲人，但是他认为他们可能都很聪明，因为他们都能计算机编程，至少，这是广告中传递给他的信息。想象一下，当他发现一个转学到他们学校的亚洲学生除了擅长艺术以外，只是一个很普通的人，他该多么惊讶。更进一步说，想象一下那个亚洲学生因为这些刻板印象产生的压力。在他身处的环境，他接触到的很多信息（刻板印象）都表示亚洲人很聪明，并且在科技上是十分出类拔萃的人才，他会认为成为艺术家的这个梦想会很荒唐。

二、使用刻板印象的正确方法

我们已经讨论过刻板印象是什么，以及它们为什么在广告中如此重要。我们也已经讨论过与它们相联系的负面事物。接下来我们需要关注的是：刻板印象可以被合理、负责任地使用吗？如果可以，怎么使用？

我相信是可以的。但是首先，我们有必要区分什么是好的刻板印象，什么又是坏的刻板印象。刻板印象能够在自然而然的过程中，为人们制造某种期望。然而通过刻板印象在判断个人行为是否得当时，却是鞭长莫及的（Mooij，2005）。通常情况下广告信息是十分少的，因此广告商只能利用刻板印象来吸引人们注意力和产生认同意识，但是这也可以造成危害。让我们来看一个案例：老年人被刻板印象塑造成虚弱的和衰老的，而在现实生活中，很多老年人身体都非常健康硬朗。但是假设你是一个保险商，查看保险的申请单的时候，你只需看到单子上的申请人已逾耄耋之年，就可以作出判断了。一个内涵片面的刻板印象会使你拒绝这样的申请，导致对申请者的伤害。

对广告主来说最好的事情就是合理、有效地运用刻板印象。这在如今商业市场中显得极为有效，因为有效的刻板印象能够使得广告与目标消费者产生联系。比如，在9·11事件之后，很多关于中东人的负面形象开始出现。当你看到有穆斯林的故事时，他们通常是围着长头巾留着胡子的表情严肃的男性。如果我们准备对穆斯林人群宣传一个产品，我们可能就会创造出一个打动人心的刻板印象：穆斯林男人对他的小女儿满脸的笑意，或和他的家人正在享受一次快乐的宴会。这个新的刻板印象如果被经常看到，可能可以取代原来的那个。

如果广告设计者能够站在目标消费者的视角来进行广告效果分析，那么就能避免采用片面的刻板印象。在这些情况中，可以向目标群体展示多种思路和初稿，并向他们问如下问题：这则广告或是设想主要讲的是什么？广告中有暗含着其他别的意味吗？如果提早发现了正在传递信息中的错误和指向不明，就可以让你以及你的客户避免一个大灾难。

如果你正打算在广告界大展拳脚，对你来说刻板印象将会变得十分重要，因为它们对广告至关重要。而秘诀在于要学会合理、规范地使用它们，既要尊重他人，又要避免沿用某群体的负面印象。

参考文献

Browne，B. A. (1998). Gender stereotypes in advertising on children's television in the 1990s：A cross-national analysis. *Journal of advertising* 27 (1)：83 - 97.

Cherry，K. (n. d.). What is a schema? At http：//psychology. about. com/od/sindex/g/def _ schema. htm，accessed Mar. 22，2013.

Cheryan，S. ，Plaut，V. C. ，Davies，P. G. ，and Steele，C. M. (2009). Ambient belonging：How stereotypical cues impact gender participation in computer science. *Journal of Persnality and Social Psychology* 97 (6)：1045 - 1060.

Johnson，C. A. (2009). Cutting through advertising clutter. CBS News (Feb. 11). At http：//www. cbsnews. com/stories/2006/09/17/sunday/main2015684. shtmal，accessed Mar. 22，2013.

Mooij，M. k. de (2005). *Global marketing and advertising: Understanding cultural paradoxes*. Thousand Oaks，CA：Sage. O

第八章
直销药物广告

> 我真的希望另一半能够保持规律的作息，早睡早起，随身带着钱包，会布置装饰画，就算他依赖药物控制胆固醇和脱发，我也真的一点儿都不介意。
>
> ——米蒂·卡林（Mindy Kaling）

你在杂志上和最喜爱的电视节目或是 Facebook 主页中经常会看到这些广告，其中有一些是有些强制意味的。在广告暗示我们得去找医生把把关，看看我们自身需不需要些药物降低胆固醇，或是护眼的维他命，或是治疗慢阻肺的特效药（这病在广告之前，我甚至都没听说过）。

在我们对直销药物广告做常规分析之前，传统的观念中，对病人来说，医药科学实在太复杂了，那些对你需要吃什么药了如指掌的人，恐怕只有是你的家庭医生。时代变了吧。

对于这个复杂问题的态度，可谓百家争鸣。首先，贝斯·巴尔内斯（Beth Barnes）提出的见地条理清晰，对广告传递过量药物信息（也包括误导性信息）提出严厉的斥责。而迈克尔·卡佩拉（Michael Capella）从对立视角，认为广告就是一种信息，所以，直面消费者的药物广告信息内容言之有理。最后，戴比·特莱斯（Debbie Triese）以及全燮正（Wan Seop Jung）又对卡佩拉的观点进行了补充，他们认为，直销药物广告就是一次有效的科普。

这三篇文章展现了直销药物广告问题的复杂的学术观点和分析，但是谁更占上风呢？“你认为(决定）呢”？

思考题

1. 花几分钟时间，将你听说过的药品名称都列出来。然后，回想一下这些药品的广告。在你看来，这些广告对你的药品记忆有影响吗？说出你的理由。

2. 你认为，有没有一些能够适合出现在电视广告中的药品呢？如果有，又是哪些药品适合？除此之外的药品就不该广而告之吗？你认为有哪些？你是怎么做出判断的？

3. 看几个钟头的电视，当看到有药物广告宣传的时候，记下这些药名和这则广告的基本内容。记录 5—10 款药品，然后调查这些药品推广需要的花费是多少，以便能够直观地对比出彼此的竞争性。你有什么发现吗？

其他热议话题

1. 电视广告中只能出现不带有“性需求”的药物（比如，西力士和伟哥等壮阳药就不得出现）。

2. 电视中的直销药物广告根本没必要将全部可能性的副作用一一列出，反正根本没有人关注这些。

3. 那些即将失去专利保护的药品需要积极地向消费市场宣传产品信息（同时也打开了授权学名药的市场）。

拓展阅读

Jung, W., Rhee, E., and Kim, J. (2012). The influence of message framing and message familiarity on direct-to-consumer (DTC) antidepressant advertising. *Journal of Communication in Healthcare* 5 (1): 23 - 31. doi: 10.1179/1753807611Y.0000000019.

Krezmien, E., Wanzer, M., Servoss, T., and LaBelle, S. (2011). The role of direct-to-consumer pharmaceutical advertisements and individual differences in getting people to talk to Physicians. *Journal of*

Health Communication 16 (8): 831 - 848. doi: 10.1080/10810730.2011.561909.

Mackert, M. (2011). Health literacy knowledge among direct-to-consumer pharmaceutical advertising professionals. *Health Communication* 26 (6): 525 - 533. doi: 10.1080/10410236.2011.556084.

〔正面观点〕

处方药的 DTC 广告会对患者不利的原因，医生最清楚

贝丝·E. 巴尔内斯

美国 肯塔基大学

直销制药（DTC）广告是一个巨大的产业。即使现在并未达到美国直销药物广告花销的最高水平，在 2012 年前三个季度中，生产商还是斥资 24 亿美元用来对处方药的广告宣传（Nielsen，2012）。这等巨额的花销也让制药行业成为该时期第五大广告类别。

世界上只有两个国家才允许 DTC 广告的推行，美国就是其中之一，另一个是新西兰（Richards & Luchsinger，2005）。在 2003 年 3 月 31 日到 2004 年期间，有 34.5 亿美元就花在了这类广告上。在 1997 年，当美国食品和药物管理局（FDA）采取措施，协助制药公司更容易地通过电视、印刷广告以及网络平台，直接向消费者宣传他们的产品，就是为了发布更多的信息，来引导那些接触媒体的病人做决定（Kaiser Family Foundation，2003）。但是，传递的信息有时候并不等同于知识。本文将解释为何 DTC 药物广告实际上是伤害了病人而不是帮助了他们。

一、医患关系

病人和他们的医疗保健提供商之间存在一个很微妙的关系，这种关系建立在患者对医生训练有素的绝对信任上，他们相信医生能够用最有效的

方法诊断患者。如果DTC广告导致了患者对他们的医生的猜忌，这种类型的广告实际上侵蚀了医患关系。在1998年，官方对直销（DTC）药物广告条款的执行松弛了一些，DTC广告开始迅速激增。其后，美国医师协会发布的一则报告中称，“患者点名就要那些广告中出现的某种药物产品，这让医生们感到非常困扰”（American College of Physicians，1998）。辛格和史密斯（Singh and Smith，2005）发现，他们所调查的成年人中，40%的人都会向医生询问广告上的药物，而17%的人则特别要求用某种品牌的药进行治疗。一组为全国医学会（National Medical Association）的非洲裔美国成员医生组成的调查显示，DTC广告遭到很多投诉。其中，322医生参与了回答，约76%的人表示“广告让人们误认为药物比它实际功效管用得多”；76%的人说广告“在相关危险性和实际药效的问题上迷惑了受众”；65%的人认为“广告引起了病人对治疗的不信任”；54%的医生表示，“由于广告的原因，他们在开药方的时候觉得压力特别大”（Arnold，2007）。

布拉德福德和同事（Bradford，2006）仔细审查了治疗骨关节炎患者的就诊记录。他们比较了广告支出和两个骨关节炎药物——西乐葆（Celebrex）和万络（Vioxx）这两份访问数据，最终得出，这些骨关节炎病人就诊人数的增长同两个药品广告的增长是相关的：一旦一个病人来到医师的办公室，很显然可以看出，直销制药广告往往改变COX-2抑制剂用在治疗中出现的频率……总之，COX-2抑制剂的直销广告似乎已经影响到医生的做法以及病患者们（Bradford et al.，2006：1376）。

2010年，弗罗施（Frosh）等人在一篇文章中将先前的研究作了总结，并在结论中指出：“总之，医生并不像他的患者总是肯定直销药物广告的价值，他们更担心的是这样的广告会让更多的人寻医问诊，向他们提出一些自以为管用的药品清单。”

说到病人，但无论通过广告或者上网检索，他们好像懂得了不少，但是，他们却没有经历过一些医学上的专业训练。他们可能不理解有关医药研究的所有议题，潜在的副作用等。无论开不开出这些品牌的药物，医生都必须尽力去说服病人，告诉他们虽然已经看到了广告，但这些药可能不适合他们，这不仅因为这些药价格较高昂，更是有可能侵蚀病人对医生的信任。这是医生的终极责任。

二、信息质量

对于在 DTC 广告和 DTC 网站上提供的信息有用性，在这个层面存在诸多问题。就像上面提到的，联邦贸易委员会在 1997 年放松了对电视 DTC 广告的限制，做出的主要改变是不再要求 DTC 电视广告包括所谓的简洁概要（Macias and Lewis，2003 - 4）。所谓概要是指一系列 “副作用，禁忌，效用”的简单罗列（FDA，n. d.）。

若不是包含在概要里的信息，病人可能只看到电视广告里好的一面，甚至可能被误导，尽管所有的广告都是片面的，但是拿一个没有任何一个负面作用说明的药品的潜在利益来说，它几乎提供不了任何有用信息来帮助患者来决定是否购买。这样的话，潜在的危险指数很高，潜在的影响也非常深远，在此基础上，患者就会根据自己看到的广告来对药物做出购买决定。然而，根据上述的研究，许多事例也都证实确实如此。

对一个药物电视广告的内容分析研究中，弗罗施和同事（Forsch et al.，2007）发现，许多广告的研究严重依赖情感诉求，并且这些感性化因素往往会推翻广告的言辞。很少有广告研究去涉及药物治疗的特定身体状况或是使用广告药物的风险所在，弗罗施和同事指出：

> 通过含糊地划分需要该产品的目标群体，直销药物广告用暗示的方式来说服人们，告诉他们如果根据产品销量，而不是那些说明治疗收益成效的信息，那么消费者可能将置身于一定的危险之中（2007：10）。

那么含有“概要”的 DTC 广告怎么样呢？一本杂志的处方药广告，人们关注的概要信息就被印在了背面页尾，或是更多情况下用了一种小号字体来罗列，我们似乎都见过这样的情况。信息肯定是存在的，但它的形式用于患者合适吗？辛格和史密斯（Singh and Smith 2005：376）发现，“如果拿药物来做广告，消费者会产生不适感，他们没有充分的能力去衡量这样的广告是否属实，也没有意识用其他多重的途径去获取更多的信息”。

而 DTC 广告问题愈演愈烈了。食品和药品法律研究所（Food and

Drug law Institute）将对在 2011 年 1 月至 2012 年 8 月间主要违反食品药品管理局规定的常见问题作一总结，其中四大问题突出，包括：广告中对药品的风险信息遗漏或不明；广告中虚传药效；夸大药效来误导消费者；超出 FDA 规定的药品类别范畴（Abrams，2012）。如果广告中都不能保证自己的药品在 FDA 允许的范围之内，这广告的价值又何在？

众所周知，网络是人们增加信息量的有效途径。马西亚斯和刘易斯（Macias and Lewis）进行的一个药品说明网页的内容分析研究，发现信息内容是重要的影响因素。在他们测试的 83 家网站上，只有 21%的关于药物是明确含有误解成分的，并且 23%的会提及一个药品对于治疗的成功率，只有半数的网站里有一些药物持久性的信息，而 52%的会告知患者在初次服药后开始起效的估算时长。

广告信息是用来为观众提供信息，并说服他们购买的，销量优异的信息确实能够刺激观众购买产品。马西亚斯和刘易斯（2004/3）研究发现，52%的网站会提供不同类型的促销手段，例如折扣、返利、优惠券免费样品，或商品的增值优惠，只有 47%的网站研究采用更多的信息（包括视频、音频或印刷材料）来促销。在这 83 个网站中，只有 3/4 为预期药物使用者提供前瞻性计划。因此，访问处方药品网站的病人们，是很难从这些混杂着经济或其他刺激手段的促销中得到完整信息的。这种情况非常不利于人们基于可靠信息做出决策。

三、处境困难的消费者

许多处方药物广告的目标观众就是那些年迈的消费者。他们所患病症很可能刚好是广告药物声称能够治疗的病症，因此他们对这些广告信息的关注度最高（Richardson and Luchsinger，2005）。德罗姆和同事（DeLorme，2006）发现，年长群体确实对 DTC 广告比较关注，但是他们认为这些广告对其他人的影响比对自己产生的影响更大，这是典型的第三人效应。

巴卡和同事（Baca，2005）研究了大学生们对 DTC 广告的反应。他们发现，自认为自己健康状况比较差的学生对 DTC 广告最感兴趣，受广告影响也最大；而认为自己健康状态良好的学生们对 DTC 广告的兴趣不大，对广告内容也不大赞同。

FDA 在其官方网站也表示，药物直销广告确实带给消费者许多反思的问题。在板块“处方药广告的消费者问卷”中，官方列举出 13 条关于药品广告消费者和医师共同回答的问题（American College of Physicians，1998）。由于问题的主题内容分化得非常广泛，也非常详尽，要做完这份问卷需要花些时间。

这一系列证明说明，年长者和健康状态不佳者是受广告影响最大的两个群体，并引发 DTC 广告的道德性问题。在美国长久以来有个传统就是通过立法（Levin，2006）或行业自身规范（OAAA，2006）来尽力避免弱势群体或处境困难群体受到具体产品相关广告的侵害。为何要对处方药物区分对待？如果最易受到影响的群体也是最易受到伤害的群体，那么就不该为这些群体提供保护吗？

四、经济影响

在致联邦贸易委员会医疗论坛的一份声明中，医疗管理研究和教育基金会的国家研究所主任史蒂文·芬德利（Steven D. Findlay）指出，反对 DTC 广告的最重要观点之一就是认为 DTC 广告会导致一定花费，然后对广告药物的价格产生影响（Findlay，2002）。芬德利的分析表明，当医疗保险和处方药物医疗方案覆盖面显著增加时，对 DTC 广告的约束开始放宽，广告信息量将会增长（Findlay，2002）。

广告力度最大的前 50 种药物的销售量，在 1999—2000 年上升了 32%，而其他所有药物加在一起才 13.6%。而广告力度最大的这 50 种药物的销售增长量占 1999—2000 年药物零售业 208 亿美元销售增长量的一半左右（47.8%）（Findlay，2002：3）。

于是，芬德利（Findlay，2002）表示，医疗保险公司及食品和药物管理局需要采取措施以保证消费者在继续获得合适药品的同时，不会受 DTC 广告的影响而购买不必要的药品。

辛恩和沐恩（Shin and Moon，2005）直接发问：“对美国民众来说，最佳手段吗？DTC 广告是把近 30 亿美元的医疗交流费用花费出去的”具体来说，他们（Shin and Moon，2005：398－399）是出于如下担心：“处方药物的 DTC 广告所传达的信息，可能会误导观众过分依赖这些药物，但是这些药物的价格包含了广告成本，即使观众们知道有些药物同样有效且价格更低，但仍然会去购买广告中的药物。”

五、食品与药品管理局的监管

如果直销药品广告要健康发展下去，那么来自食品药品管理局的高级监管就显得十分必要。2006 年一项研究是关于美国政府问责局（US Government Accountability Office）施行 FDA 条例，结果揭示出 FDA 在程序中出现的一些问题。而对这项研究中显示 FDA 的不足之处，就是 FDA 仅仅审查了递交的宣传资料的一部分罢了，既不能代表整个审查宣传材料的系统过程，也拖延了审查的进度。另外，审查的最终效力取决于企业履行 FDA 承诺的记录，因此这样的效力实际上很弱（GAO，2006）。而且如果 FDA 未能及时进行审查，那么其监管的效力自然也是令人生疑的。为此，直销药物广告要么被禁止，要么是在 FDA 正常监管下实行限制。

六、小　结

也许前 FDA 专员、现加利福尼亚大学旧金山分校教员戴维·凯斯勒（David Kessler）是最有资格对 DTC 广告的负面作用发表评论。凯斯勒和道格拉斯·莱维博士（Kessler and Douglas A. Levy，2007：5）将情况总结如下：

有些消费者根据电视广告中的信息做出健康决策，并最终购买了他们并不需要的药品，把钱花在疗效并不一定比普通药物强的名牌药物上，甚至会丢掉健康习惯，而原因就是他们错误地认为他们有了药品就有了一切。

而当然，还有很多好处，比如增加了消费者的信息，这些信息是唯一真正有用的，当然前提是对其进行适当的解释。如果患者没有医学知识和全方位的必要信息，来判定这药是否就能对症下药并起效，DTC 广告确实弊大于利。

参考文献

Abrams, T. (2012). OPDP update on oversight of prescription drug promotion. Presentation at the Food and Drug Law Institute, Washington, DC, Oct. 1, 2012. At www. fda. gov/downloads/AboutFDA/…/CDER/UCM330855. pdf, accessed Mar. 22, 2013.

American College of Physicians (1998). Direct to consumer advertising for prescription drugs: Position paper of American College of Physicians (Oct. 9). At http: //www. acponline. org/acp _ policy/policies/direct _ to _ consumer _ advertising _ for _ prescription _ drugs _ 1998. pdf, accessed Apr. 8, 2013.

Arnold, M. (2007). Black docs warm to DTC ad benefits. *Medical Marketing and Media* 42 (4): 26.

Baca, E. E., J. Holguin, Jr., and A. W. Stratemeyer (2005). Direct-to-consumer advertising and young consumers: building brand value. *Journal of Consumer Marketing* 22 (7): 379 - 387.

Bradford, W. D., A. N. Kleit, P. J. Nietert, and T. Steyer (2006). How direct-to-consumer television advertising for osteoarthritis drugs affects physicians' prescribing behavior. *Health Affairs* 25 (5): 1371 - 1377.

DeLrome, D. E., J. Huh, and L. N. Reid (2006). Perceived effects of direct-to-consumer (DTC) prescription on self and others: A third-person effect study of older consumers. *Journal of Advertising* 35 (3): 47 - 65.

FDA (US Food and Drug Administration) (2011). OPDP frequently asked questions (FAQs). http: //www. fda. gov. =/AbouyFDA/CenterOffices/OfficeofMediacalProductsandTobacco/CDER/ucm090308. htm, accessed Apr. 8, 2013.

FDA (US Food and Drug Administration) (2012). Evaluation of consumer-friendly formats for brief summary. Division of Drugs Marketing, Advertising, and Communications, Office of Medical Policy, Center for

Drug Evaluation and Research, Food and Drug Administration (May 2011). At http: //www. fda. gov/AboutFDA/CentersOffices/OfficeofMedical ProductsandTobacco/CDER/ucm258483. htm, accessed Apr. 5, 2013.

Findlay, S. D. (2002). DTC Advertising: Is it helping or hurting? Statement before the Federal Trade Commission healthcare workshop, Sept. 10.

Freidman, B. (2012). Is the Federal Drug Administration (FDA) embracing social media? *Socialmediatoday* (Oct. 15). at http: //socialmediatoday. com/bradfriedman/910606/federal-drug-administration-fda-embracing-social-media, accessed Mar. 22, 2013.

Frosch, D. L. , P. M. Krueger, R. C. Hornik, P. F. Cronholm, and F. K. Barg (2007). Creating demand for prescription drugs: a content analysis of television direct-to-consumer advertising. *Annuals of Family Medicine* 5 (1): 6 - 13.

Frosch, D. L. , Grande, D. , Tarn. D. M. , and Kravitz, R. L. (2010). A decade of controversy: Balancing policy with evidence in the regulation of prescription drug advertising. *American Journal of Public Health* 100 (1): 24 - 32.

GAO (U. S. Government Accountability Office) (2006). Prescription drugs: Improvements needed in FDA's oversight of direct-to-consumer advertising. At http: //www. gao. gov/assets/260/253778. pdf, accessed Mar. 22, 2013.

Greene, J. A. , and Kesselheim, A. S. (2010). Pharmaceutical marketing and the new social media. *New England Journal of Medicine* 363: 2087 - 2089.

Kaiser Family Foundation (2003). *Impact of direct-to-consumer advertising on prescription drug spending* (June). <http: //www. kff. org/rxdrugs/6084 - index. cfm>.

Kessler, D. A. , and D. A. Levy (2007). Direct-to-consumer advertising: Is it too late to manage the risks? *Annuals of Family Medicine* 5 (1): 4 - 5.

Levin, P. (2006). *Tobacco*. National Association of Attorney General. At http://www.naag.org/tobacco.php, accessed Mar. 22, 2013.

Macias, W., and L. S. Lewis (2003/4). A content analysis of direct-to-consumer (DTC) prescription drug web sites. *Journal of Advertising* 32 (4). Accessed through EBSCO host.

Nielsen (2012) Top 10 U.S. Advertisers of 2012 - Product Categories. At http://blog.nielsen.com/nielsenwire/media_entertainment/Nielsen-tops-of-2012-advertising/, accessed Mar. 22, 2013.

OAAA (Outdoor Advertising Association of America) (2006). The OAAA Code of Industry Principles. At http://www.oaaa.org/government/codes.asp, accessed Mar. 22, 2013.

Richardson, L., and V. Luchsinger (2005). Direct-to-consumer advertising of pharmaceutical products: Issue analysis and direct-to-consumer promotion. *Journal of American Academy of Business* 7 (2): 100-5.

Shin, J., and S. Moon (2005). Direct-to-consumer prescription drug advertising: concerns and evidence on consumers' benefit. *Journal of Consumer Marketing* 22 (7): 397-403.

Singh, T., and D. Smith (2005). Direct-to-consumer prescription drug advertising: A study of consumer attitudes and behavioral intentions. *Journal of Consumer Marketing* 22 (7): 369-78.

〔反方观点 1〕

药品直销广告为医疗保健消费者提供重要信息

迈克尔·堪培拉 美国 维拉诺瓦大学

查尔斯·泰勒 美国 广告学会前任会长

自从美国处方药直销广告在 20 世纪 80 年代初出现，它对消费者的影响就一直引发着争议。处方药是一种对公众健康有巨大影响的药物品种。因此，考虑处方药广告的经济、社会的重要影响力，有些人认为处方药直销广告有以下优点：患者可以做出更多明智的决定，提示消费者潜在的副作用，提升医疗保健的经济价值，改善药物疗法的患者依从性，并且改善医患关系。

这些观点是以古典学派为根据的（广告即信息），它们强调的是广告的信息价值（Farris and Albion，1980）。这个学派认为广告告知给消费者产品属性，能够让他们做出更好的选择，作出更合适的购买决议，避免消费者买到他们本不需要的产品。另一个遵循广告即信息原则的观点是，消费者可以比较相互竞争的产品，如果行业新手宣传的是消费需求点，那么他们就可以成功。因此，学派鼓励行业竞争，而且由于广告的原因，商品价格也可以适当地调低。

在本文中，我对直销广告争议中的两个的主要论点进行了文献归纳和概括：

（1）直销广告是否让消费者更加了解处方药的药效？

（2）消费者是否和医生有更进一步的互动，或者说广告是否只是引导消费者买了他们不需要的产品？

一、广告即信息学派理论

广告即信息学派也拥有一些著名的研究者，包括特尔塞（Telser，1964）和麦考利夫（McAuliffe，1987）。这个流派的观点强调了广告在给消费者提供产品特点、价格、质量等信息，并丰富消费者见识时，扮演着积极的角色。对这个学派而言，广告所涵盖的附加知识既减少了消费者搜索成本，又敦促商家改善他们的产品质量。谈到产业集中，信息学派预测到，广告实际上是使创新产品和特点与消费者进行有效沟通，以此来促进新产品进入市场。通过让具有优势的新产品快速进入市场，公司才能够进行大规模开发并且提供更实惠的价格。因此，根据信息学派的观点，广告有降低商品价格的效果。

二、直销广告传递的有效信息价值

信息学派无疑会认为，无论是新上市的药品还是在销药品，直销广告都会在告知消费者药品优点上扮演着积极的角色。从这个观点来看，直销广告是帮助消费者对待小疾病和治疗方案方面，变得更有通识。从这个逻辑可以得出，消息灵通的消费者能更有效地和他们的医生沟通，并且能够更有效地理解药物性能并合理使用药物。根据这个观点，经过改善的医患沟通和患者依从性会带来更好的治疗效果。

三、直销广告和告知消费者信息

在过去的 10 年，数个研究项目考察了处方药直销广告对消费者的影响。大部分的工作都聚焦于直销广告是有助于消费者更好地了解信息，还是给他们错误的消费引导。在后文，我们会参照美国的研究，详细举出关于直销广告对消费者和医生产生影响的经验性实例。凭此，我们从研究结论来验证信息流派的观点。

四、美国直销广告的案例研究

直销广告对消费者的影响力已经引起了社会的广泛关注，包括政策制定者和学者。比如说，美国食品药物监管局（US Food and Drug Administration）在 1999 年和 2002 年曾进行全国性电话调查，专门考察这一问题。这些调查的研究结果表明，直销广告激发消费者去搜寻他们健康和药物产品信息，这也包括与之相关的用药风险（Aikin et al.，2004）。比如说，在 2002 年，那些表明直销广告促使他们查询更多信息的人当中，61%的人说查询的就是药物副作用。

2002 年调查的样本包括 943 位回应者，他们在过去的 3 个月中曾去咨询过医生。研究结果表明，在两项调查中，接近 45%的回应者说明，处方药广告确实让他们去主动搜寻更多的信息。除此之外，1999 年的调查中有 27%的研究回应者、在 2002 年的调查中有 18% 的回应者有过和医生交流的经历，并且表明直销广告确实引导他们向医生咨询医疗状况，这是以前他们没有过的。

另外，在一项食品药物监管局对 500 个医生的调查中显示，多数医生反映直销广告在他们和病人的互动中扮演了积极的角色。大多数医生特别指出，正是由于直销广告提供的信息，让病人提出更多有见解的问题。另外，许多医生认为广告使得病人更好地参与到医疗保健当中去。与此同时，当病人要求开特定品牌名称的处方药时，8％的医生感受到“很大的压力”，20％的医生感觉到“有点压力”。然而，在这种情况下，大多数医生都会提出一些备选方案，例如一些较小副作用或者价钱便宜些的其他更合适的药品。

从1999—2000年，一项使用每月拟合数据的方法，对降低胆固醇的他汀类药物直销广告的研究中，卡尔菲（Calfee）和它的同事们（2002）估计直销广告是有需求效应的。作者们并没有发现直销广告水平和新的他汀类处方药呈数据意义上的相关关系。然而，确实发现了处方药广告的刊登增加了胆固醇病患的医疗成功率，表明了良好的信息供应确实对改善治疗有帮助。总而言之，作者认为直销广告没有不良作用，比如说关于降低胆固醇的药物市场的多余的处方药。明哲斯（Mintzes）和他的同事们所从事的一项调查结果同样支持直销广告对医生开处方没有不良影响的观点。特别地，这些作者既考察直销广告和患者对处方药需求的关系，也考察患者需求和医生决定开什么处方药的关系。研究结果显示，12％的被调查患者主动要求开特定处方药。在这些被患者要求的特定处方药中，42％的药是由广告刊登给消费者的。然而，只有9％的患者从医生那里得到了他们提出的特定处方药，广告刊登过的只占其中的4％。

在2001年和2002年一个对3 000个成年人的全国电话调查中，韦斯曼（Weissman）和他的同事们（2003）报道说接近86％的消费者在前一年中看过或听过直销广告。大约35％的回应者说在访问医生时受到处方药直销广告的促进去谈到这些药物或健康问题。几乎有1/4的病人从医生那里得到之前没有过的新的诊断。关于直销广告，作者们没有能找到对病人较大的负面效果。由此得出结论，处方药广告并没有广泛分布的负面效应。

梅因（Main）和同事们对全国30份流通杂志做了一个内容分析，调查关于直销广告是否给消费者展现了关于处方药的信息、需要治疗的疾病的信息以及药品的风险和成效的信息。这些数据来源于1998年、1999年以及2000年的12月出版发行的杂志，也包括这些时期的195份直销广告。研究发现广告确实包括了处方药的信息、需要治疗的疾病的信息以及药品的风险和成效的信息。根据广告诉求的类型，作者们发现直销广告更倾向于情感营销而不是理性营销。

这种类型的最大数据样本是医疗档案系统搜集的 21 000 个成人样本调查，通过每年邮寄 20 页的自我管理问卷调查给那些有样本代表性的美国人进行统计。2002—2003 年的结果显示，分别有 36％的人因为受到直销广告的影响而预约医生，大约有 39％的人寻找额外信息。另外，在 2002 年有 12％的回应者、2003 年有 13％的回应者由于处方药的直销广告的原因去询问医生关于特定的药品（White et al.，2004）。这些发现，如同作者所总结的那样，与食品药物监管局最初提到的，医生对患者提到特定药物时的压力是一致的。

胡和贝克（Huh and Becker）在总结前人的研究结果后表述道，直销广告的目的是去做以下 4 个任务中的一个：① 搜寻更多关于这个药品的信息；② 和医生讨论这个药品。③ 和药剂师讨论这个药品；或者④ 和家人和朋友交流这个药品的药效。在同一篇文章中，胡和贝克分析了来自 343 个回应者的关于食品药物监管局的邮件调查，并且得出了直销广告是消费者搜寻药物信息的主要相关因素，但是和医患交流的关系并不大。因此，作者们得出结论，“消费者并不会因为直销广告盲目地去医生那里开药方，而只是更多地从其他渠道搜集信息”（Huh and Becker 2005：463）。

总而言之，关于消费者对处方药广告的认知调查显示，消费者是有认知倾向的。比如说，赫泽恩斯坦因（Herzenstein）和他的同事（2004）在食品药物监管局对 1 081 个成年人的全国电话的调查数据中发现，消费者对直销广告是有良好倾向的，尤其是当他们搜寻更多的信息并和医生讨论治疗选择的时候。研究者同样发现，消费者对直销广告的态度越好，他们越可能去搜集额外药物信息或向医生询问药物信息。

在一项对 21 岁及以上的成年人，有 288 个中西部参与者的邮件调查中，辛格和史密斯（Singh and Smith，2005）发现消费者普遍对处方药广告有良好的感性认识。他们还发现，消费者通过了解直销广告的信息增长知识后感觉自己更有能力了，甚至由于这个，他们担忧起任何试图管制直销广告的政府性行为。

最近的研究表明，基于网络的直销广告对消费者同样具有教育价值，由于广告使他们可以参与到他们自己的健康保健管理中（Macias and

Lewis，2005）。的确，网络提供给消费者巨大的优势，因为它减少了获取相关药物信息的搜索代价。比如说，在一个2001年的针对90个可进入的处方药直销广告网站的评述中，马西亚斯和路易斯（Macias and Lewis，2005）陈述道，43%的网站都有一个帮助医患沟通的形式。同样，94%的网站都是鼓励医生或者药剂师和患者关于药物进行有效沟通。

最新的一个研究，里竹卡和京（Lizuka and Jin，2005）总结道，直销广告促进患者对医生开一些不必要的处方药的“压力”，这个观点是不准确的。作者们花了72个月考察了囊括151种药的数据，发现直销广告确实鼓励了更多的患者去寻找医疗方法，但并没有因为明确要求某种品牌的药而给医生施加过度压力。因此正如前面的研究所表明的，里竹卡和京声称直销广告确实成功地促进了患者去和医生讨论他们的健康状况，却并没有要求特定的药物（e. g. Calfee et al.，2002；lizuka and Jin，2005；White et al.，2004）。

上述的发现得到了《预防》（*Prevention*）杂志（Thomaselli，2006）的一项9年的趋势调查的大力支持，它认为药品直销广告帮助强化了预防疾病的意识，培养了消费者对治疗方法进行选择，加强了信息搜寻能力，并且鼓励患者对处方药的依从性。特别地，2006年3月2日—3月19日的全美1 504个成人样本调查显示，41%的消费者曾在看过处方药广告后和他们的医生进行了交流，比前一年增长了7%；而且，直销广告增加了信息搜索的行为，从2003年的回应者中去进一步搜寻更多信息的人增长了11%（Thomaselli，2006）。

在一项文献综述中，卡尔菲（Calfee，2002）认为直销广告给消费者提供了多项优势。比如说，首先就是给消费者提供更有价值的信息，包括处方药的风险信息。其次，直销广告引导患者去搜集更多的信息，主要是从医生那里。再次，促进患者去谈论他们之前没有谈论过的病情。最后，根据卡尔菲的话，直销广告可能会改善病患药物治疗的依从性。这个结论并不令人惊讶，考虑到之前的内容分析就显示消费者对医药产品有信息欲求（Kopp and Bang，2000）。因此，像卡尔菲研究者总结的那样，直销广告满足了消费者增长的药物信息需求。

除了卡尔菲的研究调查之外，其他的研究也同样总结道，增长的直销广告确实改善了某些疾病的医疗状况，以及患者的药物依从性，这些都是和总体的患者健康状况的改善相互联系的（e. g. , Calfee et al. , 2002; Auton, 2006）。总而言之，我们的美国文献综述给“广告＝信息”学派的观点提供了有力的证据支撑。不断地产生有说服力的证据表明，患者更好地被告知处方药信息，对直销广告有更良好的态度，并且被鼓励和医生进行有建设性地谈话。与此同时，并没有现存的研究来支持这样的观点：大部分数量的消费者要求他们并不需要的处方药，或者他们因此给医生开处方带来了过度的压力。

五、讨　论

以上观点的文献综述，总概括来说，“广告＝信息”学派获得了大量的来自关于处方药直销广告影响的实证主义研究的支持。研究问题的方向聚焦在以下几个方面：广告是否引导消费者获得更多的处方药信息；是否让消费者更多地与医生互动，而不仅仅是要求医生开一些他们本不需要的处方。在这个话题上的，来自美国的实证主义研究证据是有力支持信息学派的。最值得注意的是，直销广告向消费者提供了非常有用的信息，并且让消费者相信他们已经更好地了解了处方药的药效（e. g. , Weissman et al. , 2003; Huh and Becker, 2005; Macias and Lewis, 2005; Singh and Smith, 2005）。另外，消费者更倾向于主动找医生交流去了解广告上的药物产品的其他信息（Weissman et al. , 2003; Aikin et al. , 2004; Herzenstein et al. , 2004; Thomaselli, 2006）。伴随着这样的证据，表明患者更有可能去和他们的医生讨论药物，而不是直接要求开某种处方。我们的发现是和罗代尔出版社的《消费者与广告趋势》的主编凯里·西尔弗(Carey Silver）的发现是一致的，他关于直销广告的影响，声明道：“这个有效效应是医生依然是主导地位，但是患者依然知识渊博。同样有证据表明，直销广告改善了正在治疗中的小病并且提高了药物依从性（Calfee et al. , 2002; Auton, 2006）。”

除了一些提供给消费者的信息的积极作用的证据之外，提供给消费者的信息的消极作用的证据的份量明显不足。迹象表明，医生并没有感觉他们在被患者要求开特定处方药时有过度的压力，实际上，他们相信患者们将会提出更多有见解的问题。相反，实证研究并没有显示类似于消费者误诊或者浪费医生时间等的普遍问题。值得注意的是，证据表明，医生作为一个博学的专业的媒介地位并没有受到损伤。证据显示，患者依然非常依赖医生的建议（e. g. , Calfee, 2002; Mintzes et al. , 2002; White et al. , 2004）。

总而言之，本文试图去考察“广告＝信息”学派对各界关于处方药直销广告思考背景下引人注目的预言。实证研究的述评提出了一个有说服力的证据，直销广告对消费者带来的好处是和信息学派的观点相符合的，且是内容充实的。证据表明消费者是喜爱直销广告的，并且通过它获得了药物效用信息，以及因此更多地和医生进行有效互动。也有证据表明通过养生法可以改善一些疾病的治疗。与此同时，实证研究却并没有呈现有力的相反效果的证明，比如说直销广告对消费者的误导或者患者对医生开处方药施加过度压力。

参考文献

Aikin, K. J. Swasy, J. L, and Braman, A. C (2004). Final report: Patient and physician attitudes and behaviors associated with DTC promotion of prescription drug. Washington, DC: US Department of Health and Human Services, Food and Drug administration, Center for Drug Evaluation and Research.

Auton, F. (2006). Direct-to-consumer advertising (DTCA) of pharmaceuticals: An updated review of the literature and debate since 2003. *Institute of Economic Affairs* 26 (3): 24 - 32.

Calfee, J. (2002). Public policy issues in direct-to-consumer advertising of prescription drugs. Journal of Public Policy and Marketing 21 (2): 174 - 193.

Calfee, J. Winston, C, and Stempski, R. (2002). Direct-to-consumer advertising and the Demand for cholesterol-reducing drugs. *Journal of law and Economics* 45 (2): 673 - 690.

Farris, P. W. and Albion, M. S. (1980). The impact of adverting on the price of consumer products. *Journal of Marketing* 44 (3) 17 - 35.

Herzenstein, M., Misra, S, and Posavac, S. S. (2004). How consumers' attitude toward direct-to-consumer advertising of prescription drugs influence ad effectiveness, and consumer and physician behavior. *Marketing Letters* 15 (4): 201 - 212.

Huh, J. AndBecker, L. B. (2005). Direct-to-consumer prescription drug advertising: understanding it's consequences. *International Journal of Advertising* 24 (4): 441 - 466.

Lizuka, T and Jin, G. Z. (2005). The effects of prescription drug advertising on doctor visits. *Journal of Economics and Management Strategy* 14 (3): 701 - 727.

Kopp, S. and Bang, H. K. (2000). Benefit and risk information in prescription drug advertising: A review of empirical studies and marketing implications. *Health Management Quarterly* 17 (3): 39 - 56.

Macias, W. and Lewis L. S. (2005). How well do direct-to-consumer (DTC) prescription drug web sites meet FDA guidelines and public policy concerns. health marketing Quarterly 22 (4): 45 - 71.

Main, K. J., Argo, J. J. and Humann, B. A. (2004). Pharmaceutical advertising the USA: Information or influence? *International journal of advertising* 2: 119 - 142.

McAuliffe, R. E. (1987). *Advertising, competition, and public policy : Theories and new evidence.* Lexington, MA: D. C. Heath.

Mintzes, B., Barer, M. L., Kravitz, R. L, Kazanjian, A. Bassett, K. et al (2002). Influence of direct to consumer pharmaceutical advertising and patients' requests on prescribing decisions: two site cross sectional survey. *British Medical Journal* 324 (7332): 278 - 279.

Singh, T. and Smith, D. (2005). Direct-to-consumer prescription advertising A study of Consumer attitudes and behavioral intentions. *Journal of Consumer marketing* 22 (7): 369 - 378.

Telser, L. (1964). Advertising and competition. *Journal of Political Economy* 72 (Dec): 37 - 562.

Thomaselli, R. (2006). DTC ads prompt consumers to see

physicians. *Advertising Age* 77 (May 6): 30.

Weissman, J. S. Blumenthal. D. Silk, A. J. and Zapert, K. (2003). Consumer'reports on the health effects of drect-to-consumer drug advertising. *Health Affairs* (Jan-June), 82 - 95.

〔反方观点 2〕

想要精力充沛就需更多的健康知识

黛比·特莱斯　佛罗里达大学
全燮正 迪拜大学

美国人现在越来越愿意和他们的医护人员讨论他们在广告中看到的处方药物，这些药物的主治病症从消化不良到性功能障碍，五花八门（Treise and Rausch，2007）。研究表明，这些药物广告不仅会影响人们对广告药物的看法，还会影响人们对药物针对病症的看法（Zachryet al.，2003）。据估计，观看电视时间只达到平均时间水平的美国人，在一年之内从电视这种渠道上观看 DTC 广告的时间也会达到 30 个小时以上（Rabin，2004）。另外，来自 2011 年一项调查的数据显示，人们平均每天从不同媒体上能够看到 9 个药物广告（Krezmien et al.，2011）。评论家们会问，这会不会太多了？

食品药品管理局早已觉察到了直销药物广告的价值。处方药物自 20 世纪 80 年代就向公众销售。然而，FDA 在 1997 年放松了 DTC 广告的投放限制，理由很简单：政策的约束性太强，会使消费者无法获得产品信息（D'Souza et al.，2003）。

美国代表消费者群体的历史最为悠久的非营利性集团——美国消费者联盟（National Customers League，2003）开展的一项研究表明，绝大多数消费者认为他们通过电视渠道免费了解信息的过程不应受到限制，同时表明电视广告促使 57％的观众试图了解更多信息。因此，很显然，DTC 广告有可能会成为提升消费者能力和健康知识水平的最具影响力的手段之一。

这些限制放松之后，药品广告支出开始急剧上升，随之而来的便是争论和批评。自此之后大多数关于 DTC 广告的研究表明，DTC 广告为消费者带来了大量非常重要且出乎意料的好处，远超过 FDA 当初的想象。实际上，美国卫生局在 2002 年发布的一份报告总结道：

> 许多资料都表明，只要广告遵守 FDA 相关规定和准则，并将消费者交给医生治疗，那么大多数消费者和医生以及食物和药物管理局便会支持 DTC 广告。人们认为 DTC 广告利大于弊（NHC，2002：2）。

一、直销广告都有哪些效益

过去研究表明，消费者可享受到如下益处：

（1）对疾病、症状和治疗方法有更多了解，使健康决策基于更多可靠信息之上，提高了对卫生保健的参与度，对卫生保健担负更多责任，比如更加遵守处方药的注意事项。

（2）能够让人们与医护人员进行更富建设性、信息量更大的讨论。

（3）使病人愿意就诊并谈论在观看 DTC 广告之前羞于启齿的病症。

（4）DTC 广告有助于提高人们的健康知识水平。

下面将对上述的效益依次进行讨论。

二、疾病和医疗知识的教育和普及

人们已经围绕 DTC 广告对消费者和医生的影响进行了多次研究。这些研究的结果令人吃惊，并证明消费者对健康的关注度上升（Aikin et al.，2004；Cline and Young，2004；Holmer，2002；Treise and Rausch，2007）。实际上，FDA 在 2003 年的一次研究（Aliken et al.，2004）随机采样了 500 名美国医学协会（AMA）的医生，结果发现他们中有 72%不同程度地认为（有些人部分认同，有些人非常认同）DTC 广告增加了他们的病人对潜在疗法的了解，高于 NHC 的 67%（2002），同时有 80%认为病人不同程度地了解（部分人有所了解，部分人非常了解）广告中药物可治疗哪些疾病。相同的FDA和AMA研究也发现，有58%的医生不同程度地认为（有些人部分认同，有些人非常认同）DTC广告提高了病人对自身保健的参与程度。

而消费者知晓更多所带来的一个不利方面，就是带给为病患开药的医生更多的压力。在FDA研究中82%的参与医生表示，他们的病人们明白（比较明白或非常明白），只有医生能够确定某一药物是否适用他们；91%的人表示如果医生不赞同，则病人们不会试图影响治疗过程。因此，很显然，病人们认为医生在医疗决策方面仍然是最终的决策者。更为重要的是，受访的医生中只有8%表示他们承受了很大压力；实际上，72%的受访者表示他们只承受了轻微压力甚至没有压力。当被问到有没有看过DTC广告的病人在与其交流时提出问题，82%的医生表示没有（FDA，2003）。假设有位医生遇到一位病人要求他开些麻醉药，可按照法律这位病人不得使用麻醉药，于是这位医生拒绝了病人的请求；那么，假如又有病人要求他开具功能性勃起障碍或抑郁症广告药物时，难道这位医生就得听从病人的要求为他开药？

FDA和AMA研究非常明确地提出，要促进提高病人们的医疗知识，因为在要求使用具体品牌药物的病人中，88%就符合被该药物治疗的病理状况。因此，对于那些认为DTC广告使他们难以与病人交流进而质疑DTC广告的18%受访医生来说，他们认为他们遇到的最大问题就是需要花费时间来纠正病人关于药物的错误看法。如果88%的病人都能够从他们要求的药物中获得治疗，那么花这点时间只是很轻微的牺牲。

虽然原因尚未明确，但是DTC广告似乎可使病人更加遵守医生开具的药物疗法，并可促使病人合理使用药物（Calfee，2002）。2003年的FDA研究发现，受访的医生中有57%不同程度地认为（部分认同到非常认同），DTC广告可使病人们遵守治疗要求。2002年的NHC研究结果也许可以解释这一现象。该研究表明，使用处方药物的病人中有一半病人表示他们对药物的安全性更加放心。

此外，数百万美国人患病自己却浑然不知，比如糖尿病、抑郁症、高胆固醇，如果耽误治疗，可能会对自己、家人和社会造成严重后果（Holmer，1999）。这些疾病中有许多可通过处方药进行治疗，且往往是广告宣传的药物，这可能会促使他们获取更多关于这些药物及这些药物治疗症状的信息。

为了增强消费者的知识素养和疾病意识，直销广告总能够帮助患者发觉疾病的早期症状。一系列关于直销药物广告的潜在作用的研究表明，广告能够使消费者更乐于同医生探讨病理，更主动地寻医问诊，这样，对于自身的疾病也能够及早发现（Yuan，2008）。

在对1 000个成年人的调查中，国家消费者联盟（2003）发现，DTC广告从表面上看，消费者掌握更多医疗知识后产生的一个负面影响就是，医生在向病人开具广告药物时承受更多压力。然而，FDA中有82%的病人会采取一些应对措施，比如与他们的医生交流（47%）或从其他各种途径获得更多信息，比如通过药剂师、书籍和网络来判断药物是否适合于他们或他们的家人。

三、与医护人员进行更富有建设性、更广泛的讨论

不错，DTC广告可能会使医疗人员花费更多的时间与病人探讨药品，但是并不是所有的医疗人员把这看成坏事。实际上，默里（Murray）等人表示，从病人角度来说，有81%的病人与医生讨论广告药物时医生给予积极响应。2007年的一项研究（Treise and Rausch）发现，护士群体作为医护行业正在壮大的一个群体，利用DTC广告来“重新启动”与病人之间关于医疗健康的对话。此外，2003年的FDA研究表明，被采访的医生中有51%的人员认为DTC广告有助于他们与病人讨论健康话题，有56%的医生不同程度地认为（有些人部分认同，有些人非常认同）DTC广告提高了病人的问题质量。其他研究也发现，DTC广告可改进病人和医生间的关系（Bonaccorso and Sturchio，2002；Young and Cline，2003）。大家印象中的医患关系并不是平等的，因为曾经在卫生知识上占主导的是医生，由他们来控制治疗的药物和治疗的方案。这样的关系下，患者在寻求广告中的处方药物时，总是极不自信的。1995年的一项研究表明，在许多患者看来，医生在患者询问或是提出治疗需求时，会认为自己不被信任，甚至被轻视（Petroshius et al.，1995）。然而，直销药物广告的出现，使医患关系顺利破冰（Berger et al.，2001）。通过掌握的知识，广告使患者能够更主动地参与病情的讨论。

四、释放效应

DTC 广告的一个作用在于消除或减轻病人们对疾病或病情的恐惧，使以前不愿和医护人员谈论病情的病人们也愿意和医护人员讨论病情。

许多时候，抑郁症病人不愿就医或讨论病情。他们可能看过 Zoloft 广告。在该广告中，他们描述了抑郁症的症状：感觉难过，精力不振，睡眠质量差，充满畏惧和担忧等情绪。病人进来后会说："你知道，他们在这个电视广告中讨论的部分病症，我身上也有，我正在和这些病症做斗争。"因此，这可以给予他们自由，并促使他们就医，谈论他们自己意识到的情况。广告给予了他们表达自己想法的自由（Treise and Rausch，2007）。

五、医疗知识有所普及

DTC 广告在提升医疗知识普及方面还具有一定作用。医疗知识普及已经成为国家的一项首要任务（US Department of Health and Human Services，2000），既要提高医护人员准确评估病人医疗知识的能力，又要提高医护人员的个人处理能力（Rausch and Treise，2005）。2004 年医药研究所的一项研究表明，美国有 9 000 万人（大约是美国成年人口的一半），难以理解并运用健康信息；相关估计表明，医疗知识缺乏导致美国医疗系统每年损失 58 亿美元（Alspach，2004）。已经证明，医疗知识普及可产生多种效益，比如"自身健康状态评估更加准确，医护成本下降，掌握的医疗知识更多，住院时间缩短，使用医疗服务的频率下降"（Speros，2005）。埃尔林（Erlen）表明。"功能性医疗知识不足的问题非常突出但又不为人所知，且是医护行业的重大障碍"（2004：151），这会降低人们的自我价值感，使人们容易受到他人决定的影响，而且他人的决定自己并不理解。

卫生健康知识对于人们保健非常重要，而且，相关研究指出，患者如果掌握更丰富的卫生知识，就能够作出更有益于健康的决策，就能够在医患关系中处于更主动的位置。因此，当患者得到的信息的差异性，这一问题就会变得复杂。艾弗利（Avery）和其同事认为，"结合医学进步与医疗差异，我们开始重视制药行业的飞速进步促使用药的差异性"（2007：1）。

然而正如研究者所言，“正是由于制药行业喜欢宣传新一代的药品，在创新层面，直销广告实际上在慢慢减少了将药物使用的差异性”（5），并且广告还会带来极具危害的医疗差异。他们在研究中也发现，对于非裔美国医师和患者，直销药物广告确实对处理医疗差异有着十分积极的作用。

因此，普及医疗知识非常重要，DTC 广告可以提供机会与医护人员交流，在这些场景下病人们会更加积极敞开心扉。如果抓住这些 DTC 广告机会，则医护人员既可以向病人普及医学知识，又可以向病人提供个性化的医学训练，增进病人和医护人员的沟通效果和病人医疗效果。这些努力还将产生多种附带性积极作用，比如可以改善病人和医护人员间的关系，提高全国范围内病人们的医疗知识、满意度和健康水平。全国消费者联盟主席在谈到 DTC 广告时表示：“医护领域的总体趋势就是使病人们对自己的健康肩负更多的责任。现在，病人们在求医时掌握的医疗信息更多了。”（Holmer，1999）

参考文献

Aiken，K. J.，J. L. Swasy，and A. C. Braman（2004）. *Patient and physician attitudes and behaviors associated with DTC promotion of prescription drugs: Summary of FDA research results.* Washington，DC：US Department of Health and Human Services，Food and Drug Administration，Center for Drug Evaluation and Research.

Alspach，G.（2004）. Communicating health information：An epidemic of the incomprehensible. *Critical Care Nurse* 24（4）：8 - 13.

Avery，R. Kenkel，D.，Lillard，D.，Mathios，A.，and Wang，H.（2007）. Health disparities and direct-to-consumer advertising of pharmaceutical products. Paper presented at Beyond Health Insurance：Public Policy to Improve Health，Nov.，University of Illinois at Chicago.

Berger，J.，Kark，P.，Rosner，F.，Packer，S.，and Bennett，A.（2011）. Direct-to-consumer drug marketing. *Mount Sinai Journal* 68：（197 - 202）.

Bonaccorso，S. N.，and J. L. Sturchio（2002）. Direct to consumer advertising is medicalising normal human experience. *British Medical Journal* 324: 910 - 911.

Calfee, J. E. (2002). Public policy issues in direct-to-consumer advertising of prescription drugs. *Journal of Public Policy and Marketing* 21: 174 - 193.

Cline, R. J. W., and H. N. Young (2004). Marketing drugs, marketing healthcare relationships: A content analysis of visual cues in direct-to-consumer prescription drugs advertising. *Health Communication* 16: 131 - 157.

D'Souza, A. O., B. T. Lively, W. Siganga, and M. H. Goodman (2003). Effects of direct-to-consumer advertising of prescription drugs: Perceptions of primary care physicians. *Journal of Pharmaceutical Marketing and Management* 15: 61 - 75.

Erlen, J. A. (2004). Functional health illiteracy. *Orthopaedic Nursing* 23 (2): 150 - 153.

Holmer, A. F. (1999). Direct-to-consumer prescription drug advertising builds bridges between patients and physicians. *Journal of the American Medical Association* 281: 380 - 382.

Holmer, A. F. (2002). Direct-to-consumer advertising: Strengthening our healthcare system. *New England Journal of Medicine* 346: 526 - 528.

Krezmien, E., Bekelja Wanzer, M. B., Servoss, T., and LaBelles, S. (2011). The role of direct-to-consumer pharmaceutical advertisements and individual differences in getting people to talk to physicians. *Journal of Health Communication* 16 (8): 831 - 848.

Murray, E., Lo, B., Pollack, L., Donelan, K., and Lee, K. (2004). Direct-to-consumer advertising: Public perceptions of its effects on health behaviors, health care, and the doctor-patient relationship. *Journal of the American Board of Family Practice* 17: 6 - 18.

NHC (National Health Council) (2002). Direct-to-consumer prescription drug advertising: Overview and recommendations abstract. At http: //www. healthy skepticism. org/global/library/item/1978. accessed Apr. 6, 2013.

Petroshius, S., Titus, P., and Hatch, K. (1995). Physicians attitudes toward pharmaceutical drug advertising. *Journal of Advertising Research* 35 (6): 41 - 51.

Pines, W. (2000). Direct-to-consumer advertising. *Annuals of Pharmacology* 34: 1341 - 1344.

Rabin, K. (2004). DTC advertising for prescription medicines: Research and reflections as the second decade ends. *Journal of Health Communication* 9: 561 - 562.

Rausch, P., and D. Treise (2006). Direct to consumer advertising: Enhancing patient-provider communication and health literacy. Presented at the Association for Education in Journalism and Mass Communications annual conferences in San Francisco on August 3.

Speros, C. (2005). Health Literacy: Concept analysis. *Journal of Advanced Nursing* 50 (6): 633 - 640.

Treise, D., and P. Rausch (in press). The prescription pill paradox: Nurse practitioners perceptions about direct to consumer advertising. *Journal of Pharmaceutical Marketing and Management* 17 (2): 35 - 60.

US Department of Health and Human Services (2000). Healthy people 2010: *Understanding and improving health*, vol. 1. At http: //www. cdc. gov/nchs/data/hpdata2010/hp2010 _ general _ data _ issues. pdf, accessed March 22. 2013.

Young, H. N., and R. J. W. Cline (2003). "Look George, there's another one!" The volume and characteristics of direct-to-consumer advertising in popular magazines. *Journal of Pharmaceutical Marketing and Management* 15: 7 - 21.

Yuan, S. (2008). Public responses to direct-to-consumer advertising of prescription drugs. *Journal of Advertising Research* 48 (1): 30 - 41.

Zachry, W. M., J. E. Dalen, and J. R. Jackson (2003). Clinician's responses to direct-to-consumer advertising of prescription medications. *Archives if Internal Medicine* 163: 1808 - 1812.

第九章
超利基市场与广告

我们努力运营 Facebook，就是在帮助人们更有效地交流和沟通。

——马克·扎克伯格（Mark Zuckerberg）

今天早晨当我查看我的 Facebook 页面的时候，我注意到两条广告。其中，一个标题写着《安全去除赘肉》，真令人反感，但是从实际上说，这个广告可能就是针对我这个年纪的；另一条广告是用一种我甚至无法识别出的语言（它看上去像德语，但绝对不是德语）。就目前为止，Facebook 仍然需要一些努力才能达到对广告目标的超精准定位。

关于能正中靶心的精准利基广告问题争论更多的是围绕受众的隐私权问题。它的实施逻辑是这样的，广告商向我推销商品，而推销方式在试图说明我的购买行为和购物取向是具有一定的内在分类规律的，有的公司在某些方面对我的了解，甚至超过了一个完全的陌生人了解我的程度。我对此感到很反感。

很明显，在新的网络世界中，广告应该是怎样的，答案很难预料。但是，涉及广告时，不论人们对隐私有怎样的认知，精准定位营销广告已经在我们身边驻足，尤其是在网络世界。

最终，总有人不得不为网络内容付费。当许多公司不断地尝试不同的市场模型，通常结果都是：人们付费订阅，心甘情愿地成为广告的目标，或者两者兼具。在有些领域已经开始尝试付费模式，但是由于消费者习惯于免费开放的网络，付费模式的进展明显受到局限。

所以就剩下广告了。本章中的讨论聚焦于 Facebook——一个无所不在的存在，甚至我们是否使用 Facebook 已经不算是一个问题，问题是它是如何渗透进我们生活的。

网上拍卖

我们的商业生活远远延伸到了 Facebook 之外。比如说，我们不断地在网上购买更多的物品，而且经常是在同一个拍卖网站。虽然 Ebay 可能是线上最著名的拍卖网站，但是在努力俘获顾客的心智上这家公司并不孤单，如 Quibids、BidMax、Bidcandy、ZBiddy、AlwaysAtAuction 等公司总在寻找这样或那样的方式将我们的购买方式转移到互联网上去。

根据 eBay 的网站数据，2011 年它就有 9 700 万的活跃用户。对于一个成立于 1995 年的网站，甚至是以互联网标准来衡量，其增长都是相当迅速的。据报道，eBay 的网站有 620 亿美元的商品在 2010 年售出，然而这仅仅是 eBay。这真让人难以置信。

数字时代其他的生财之道

正当网络发展成为一个商业市场，Google 已经冲在了最前锋，想方设法帮广告商接近他们的顾客。随着 Google 的内容广告和其他项目的扩展，越来越多的公司在网络上投放更多的资金用于广告宣传。根据 2012 年 3 月 12 日乔・曼迪斯（Joe Mandese）在《网络媒介日报》（*Mandese's Online Media Daily*）的报道，数字广告从 2007—2011 年，从美国广告总体的 10%增长到了 18%。另外，曼迪斯在 3 月 13 日发布了一个假设性的报道，是关于一个日益受到重视的现象：受众成为“可预测性”的数据分析目标。这个报道最终只会引起人们更广泛地关注隐私问题。

明显地，这产生了一个权衡利弊的问题。我们都知道数字世界必须弄清楚怎样赚钱才能生存，即维持生计之道。但是，随着技术的提升，公司继续去寻找更好的方式来发现顾客到底想买什么以及怎样提供目标广告，我们也将继续探讨值得牺牲多少隐私来换取我们所爱的数字世界。

Facbook 上的广告一直处于争议的风口浪尖上。乔・鲍勃・赫斯特和汤姆・韦尔（Joe Bob Hester and Tom Weir）都是广告界具有丰富的媒介策划经验的大人物，他们对 Facebook 上的广告有着不同的见解，这些广告到底是极好的设想还是我们隐私的潜入者。到底哪种观点是对的呢？由你来决定。

思考题

1. 随便想出一个你的熟人，这个人你不是特别了解，但是熟到足够让你告诉他你的真实想法。上网看看，在一个小时内能找到多少关于这个人的信息。你编辑好他的信息之后，和他分享结果，然后看看他的反应。对于你可能会找到的信息你是否感到惊讶？为什么？

2. 对那些每天出现在你的 Facebook 头条上的广告进行持续一星期左右的追踪观察。这些信息是否提到和你相关的内容？他们真的有精确地展现你喜欢的商品和服务吗？

3. 在 Facebook 上查看你的好友列表，有多少人和你是陌生人？试着回想你当时同意加入他们朋友圈的原因。是什么让你和这些陌生人成为朋友呢？

4. 直到下个星期（或者下个月，如果你愿意大干一场），将任何超过 10 美元的东西都列一个清单（不包括食物）。当你整理完这个清单时，查看一下 eBay 或者其他拍卖网站上它们的价格。你能在上面用比杂货店更低的价格买到这些商品吗？你还有其他的发现吗？

其他热议话题

1. 对于市场营销人员在社交媒体的使用应该施加更严格的规制。

2. 社交媒体能够十分有效率地让公司的产品服务接触目标市场，而传统广告已经不再必要。

3. 人们将自己呈现在 Facebook 以及其他社交媒体上的方式，准确反映了他们自己如何看待自己。

4. Facebook 不应该以广告为基础，应该给用户一个选择机会，让他们自己选择到底是广告还是订阅更适合。

拓展阅读

Anderson，B.，Fagan，P.，Woodnutt，T.，and Chamorro-Premuzic.

T. (2012). Facebook psychology: Popular questions answered by research. *Psychology of Popular Media Culture* 1 (1): 23 - 37.

Debating, B., lovejoy, J. P., Hord, A. k., and Hughes, B. N. (2009). Facebook and online privacy: Attitudes behaviors and unintended consequences. *Journal of computer Mediated Communication* 15: 88 - 108.

Taylor, D. G., Lewin J. E., and Strutton, D. (2011). Friends, Fans, and followers: Do ads work on social networks? How gender and age shape receptivity. *Journal of advertising Research* 51 (1) (Mar.): 258 - 275.

参考文献

Mandese, J. (2012). From iAd to launching pad new "predictive" data platform could be organizing principle mobile advertising has been waiting for. *OnlineMedia Daily* (Mar. 12). 590 accessed mar. 26. 2013.

Mandese, J. (2012). Big 5 outpace ad industry two to one, emphasis on digital cited. *OnLineMediaDaily* (Mar. 13). At http://www.mediapost.com/pubications/article/170026/#axzz2O5zu590, accessed Mar. 26, 2013.

〔正方观点〕

超定向和社交网络：为什么 Facebook 的广告能成为广告之最

乔·鲍勃·赫斯特
美国 北卡罗莱纳州大学

社交网络是广告投递线上平台的首选，鉴于其拥有超过 25%的美国展现量，Facebook 是唯一一个最大的全美广告展现量的发行商。到了 2011 的第三季度时，Facebook 的展现量比 Yahoo!、Microsoft、Google 以及 AOL 的总和还要多（comScore，2011）。拥有超过 8 亿全球受众的

Facebook 预测，将要在 2011 年把他的广告销售额扩大到 38 亿美元。为什么 Facebook 能做到呢？因为 Facebook 联合社交网络可以进行精准定位营销，“将最初的‘社交媒体——共享’模式转换到了潜移默化，这是比电视广告更出色的品牌营销：简直是升级版本的口碑营销”（Hof，2011a）。

一、超定位营销

不论你是在看电视节目、阅读杂志、听收音机，又或者浏览网页，你将看到的广告都明显不是针对你的。这是因为传统的媒体广告是基于目标受众的集中度，广告商选择媒体中介的依据是，媒体的受众大部分为适合这个产品的特殊消费人口、特定消费心态、特定生活方式或者特殊的使用记录。然而一些信息传递给了并不符合要求的受众，最终被浪费了。当目标受众非常宽泛的时候（比如说 25—54 岁的成年人），符合此范围的受众比例也非常高，但还是有浪费的部分。但目标受众范围比较窄的时候（比如说带着孩子的 25—34 岁的已婚居家女性），广告通常为了达到足够的目标受众都被迫产生更多的媒介浪费。

“超级锁定”大大地减少了这种浪费。这个词最初由 MySpace 提出，意指给那些基于特定标准、被社交媒体分类成特定兴趣的群体来推送广告（Riley，2007）。Facebook 和其他社交媒体持有用户的最基本信息（Gold，2009），比如：注册信息（用户注册一个账号时填写的），档案信息（用户填写的个人爱好、电影、音乐、书籍等），以及行为数据（用户在浏览网页、喜爱的界面、评论等时留下的）。根据 Facebook 的广告指南（Facebook，2012），可以解释成：以受众为目标的、“包括和他们的朋友的互动以及他们关注的品牌、明星以及关心的事”，并且包含以下关键词：

（1）定位、语言、教育和工作；

（2）年龄、性别、生日和恋爱状态；

（3）爱好和兴趣比如说“野营”“徒步”“背包客”，而不是“帐篷”和“露营者”；

（4）连接的朋友（已经链接你的主页或手机客户端的好友）；

（5）连接（你的网页关注者）。

霍夫（Hof，2011）完善地总结道：“Facebook 对于广告客户的价值定位准确地说，就是他可以提供更多的用户数据——不仅仅是和其他网站一样的行为数据，而是用户自己提供的精准的个人数据。”有着这么多的数据和个性化的内容，广告就可以变得越来越精准。然而 Facebook 走得更远，直接将广告整合进了社交关系网的体验当中。

二、社交网络

到了 2011 年的年末，研究公司 comScore 报道称，社交媒体是最受欢迎的网络活动，几乎每 5 分钟的上网时间就有 1 分钟被社交媒体占据，并且连接了 82% 的世界网络用户；而最受欢迎的社交媒介 Facebook，达到了 55%的世界受众人口，并且每 7 分钟的上网时间就有 1 分钟被 Facebook 占据，每 4 分钟的社交媒介时间就有 3 分钟是用在 Facebook 上。

除了和朋友互动，Facebook 用户还能通过关注某品牌的账号和该品牌 APP 互动或者登陆品牌签到，这些有机的品牌互动能够促进 Facebook 的广告发展。它是这样运作的。某品牌发了一个类似变相广告的帖子，Facebook 把这个称为“广告类品牌故事”，这个帖子就显示在 Facebook 界面的右边栏目中的“赞助商”标示下面，以此来吸引目标受众。如果你的一个朋友，苏西（Suzie），点击了“点赞”这个按钮，就会有一行文字出现：“苏西喜欢某品牌”。此外，随着苏西朋友们递增的评论和回复，这个标签也会叠增在每一条反馈中。平均每个人都有 130 个粉丝。但他们为某个品牌点赞，这便会传到所有的好友反馈中，所有的朋友可能会传得更远。当玛氏巧克力（Mars）宣传他们的 M&M 咸饼干时，给了 4 万粉丝试用品，每个人都传达给至少两个人，于是 12 万份试用品在 48 小时内就被传完了（Hof，2011a）。

尼尔森研究中心（Nielsen）表示，这种社交广告是非常重要的，因为它非常有效。当你的朋友在广告中，你就有双倍的可能性去记住它，相对于传统媒体来说，你更有可能点击进去，购买欲也会加强 4 倍（Hof，2011a）。

三、最优化

除了能够提供更有效的广告给特定的精准定位目标群体之外，

Facebook 会根据广告的表现形式提供多种竞争标准和不同价格，以此用价格尺度优化广告客户的广告。其中的一些标准包括：

(1) 社交比例：广告夹带关注者好友的展现量比例；

(2) 点击率：用户点击广告的次数；

(3) 展现量：广告被展示给用户的次数；

(4) 点进去的频率 (CTR)：在所指定时间内，展现量除以点击次数的数值；

(5) 每次点击的平均成本 (CPC)：基于点击次数的广告成本。

通过这些标准和人口统计信息，广告商能够了解到哪种广告形式表现最好并且重新调整广告预算，以此竞争最佳表现的广告形式。

四、关于消费者

上文中，我们已经从广告商视角概括了 Facebook 的优势。而消费者也能从 Facebook 广告上获得潜在的有利信息。最近的一则关于麦肯世界集团 (McCann World group) 的报道揭示了 71%的消费者是愿意分享网上购物的品牌信息的，更有 86%的消费者认为这些信息是可以产生巨大效应的。部分的分享意愿是基于数据类型的。如一个美国女士在报道中说道：“我的购物信息并不代表我自己。”(McCan Truth Central，2011；11)

首先，由于精准定位营销和社交媒体广告，Facebook 的用户更容易暴露于与他们日常兴趣和定位密切相关的广告中。你只需看看自己 Facebook 主页上的广告就明白了。再回顾一下你当时在档案中填充的信息，就大概会理解为什么你会看到这些广告了。当系统存在缺陷的时候，你也会被与你毫不相关的广告打扰。随着更多的品牌入驻 Facebook 广告位，这种情形也将会被改善。此外，Facebook 将会继续改善它的广告数据运算法则。

相对于其他网络界，Facebook 的界面没有那么混乱，甚至比传统媒体的界面要整洁很多。Facebook 的用户通常只会在页面右边的专栏才能看到广告推送。没有弹出式广告，没有扩张式横幅广告，或者其他令人讨厌的普通横幅广告。简单的文本设计更类似于谷歌的关键字广告 (AdWord)，而不同于传统的横幅广告。

Facebook 用户实际上能够操控他们所看的广告。如果你看到不喜欢的广告，点右上角的小叉就可以隐藏，或者可以隐藏同一广告商的一系列广告。另一方面，如果你想看更多的广告，点击“查看全部”的按钮链接，来看“你可能会喜欢的广告和品牌故事”。

最后，凭借广告收入 Facebook 才能够给用户提供免费的服务。Facebook 每年的总流通收入，大部分都来自广告收入，这项收入估计有 50 亿美元并且仍在增长。这种商业模型是伴随着许多传统媒介的发展而产生的，广告提供大部分的收入，让用户享受免费体验（电视和收音机），或者低消费体验（杂志和报纸）。时不时就会有传言声称 Facebook 将要开始收费，但是 Facebook 一直反复强调他们并没有如此打算。

一些人认为，Facebook 有一项隐性的收入，那就是被侵犯的用户隐私。然而，考虑到在 Facebook 上可获取的信息类型和 Facebook 的隐私政策，这样的质疑很难成立。Facebook 在其隐私政策里写得非常清楚：你拥有自己的私人信息，除非经过你允许，否则不会被共享。一旦你的数据被挪用，Facebook 会通知你要么就是个人身份信息已经被移除的数据。针对个人的信息被用于广告的情况，政策声明指出：

> 我们仅仅会将去掉姓名和个人身份消息的数据提供给我们的广告合作伙伴或客户，或者是和其他人的数据合并，表示不再和你相关。同样地，我们如果从广告合作伙伴或客户那里获得你的数据，我们只保留 180 天；随后，我们在将其与他人数据结合时，这样的信息内容已经不再和用户相关（Facebook，2011）。

用户在社交媒体广告中也同样对自己的名字有掌控权。你可以编辑社交媒体上的广告设置，当你点赞一个帖子，这个含有广告的信息将不会显示到你朋友的界面上。

五、未来的展望

Facebook 的成功也得益于有其他社交媒体连接广告和提供经验。比如说，推特宣布一项计划，2011 年让广告商将广告放在那些与其粉丝信息的相似用户的界面上，这就意味着你即使不转发推特账户的信息，还是有可能接收到广告，因为推特认为你是品牌粉丝群的相似用户（Kafka，2011）。

何去何从？我们很难去预测未来。在风云变幻的广告行业或社交行业，谁能预见到 20 年之后会出现怎样戏剧性的变化呢？精准定位营销和社交网络的联姻也许逝者如斯，不过这也不太可能。另一方面，同样不可能的是，“我们将会看到那些没有与社交媒体合作的广告的灭绝”。精准定位营销和社交网络，就像“升级版口碑营销”一样常驻。

参考文献

ComScore（2011）. It's a social world：Top 10 need-to-knows about social networkingand where it's headed（Dec. 21）. At http：//www. Comscorecom/Press _ Events/Pres entations Whitepapers 2011it _ is a social world to p10 need-to-knows _ About _ social networking，accessed Mar. 26，2013.

Facebook（2011）. Data use policy. At http：//www. facebook. com about privacy/，accessed Mar. 26. 2013.

Facebook 2012. Facebook advertising guidelines（Dec. 17）. Athttp：// www. facebook. com ad _ guide lines php accessed Apr. 3，2013.

Gold H.（2009）. Hyper-targeting register users. ClickZ. At http：// www. clickz. com/clickz/colum063/hypertargeting-registered-users，accessed Mar. 26，2013.

Hof，R.（2011a）. Facebook's new advertising model：You forbes（Nov. 16）. At http：/www. forbes. com/sites/Roberthof/2011/11/16/ face-books-new-advertising-model-you，accessed Mar. 26，2013.

Hof，R.（2011b）. What Facebook's FTC privacy settlement means to marketers. Forbes.（Nov. 29）. At http：//www. forbes. com/sites/roberthof/ 2011/11/29/what-facebook-ftc-Privacy-settlem ent-means-to-marketers/，accessed Mar. 26. 2013.

Kafka，P.（2011）. Twitter ramps up its ad plan again with ads you haven't plan-aganwith-ads-you-havent-asked-to-see, accessed Mar. 26, asketosee2013.

McCann Truth Central (2011). The truth about privacy: Executive summary. McCann. Truth Central. At http://www.scribd.com/doc/69322060/The-Truth-About-Privacy, accessed mar. 26 2013Athttp://www.scribed.com/doc69322060/the-truth-about-privacyaccessed Mar. 26 2013.

Riley, D (2007). Myspace to announce self-serve hyper targetedadvertising network. Tech crunch (Nov. 4). Ahttp://techcrunch.com/2007/11/04/myspace-to-announce-self-serve-advertising-network/, accessed Mar. 26, 2013.

Shih, C. (2011). Beyond targeting: The convergence of social and advertising. On line Media Daily (Oct. 25). Athttp://Iwww.mediapost.com/pubiications/article/161149beyond-targeting-the-convergence-of-social-and-ad.html, accessed Mar. 26, 2013.

〔反方观点〕

升级版的《1984》：老大哥不仅关注着你，他是在向你推销

汤姆·威尔
美国 南卡罗莱纳大学

欢迎回到大洋洲。很遗憾，乔治·奥威尔没有机会看到我们今天能够窥探人们生活的程度。在《1984》（Orwell，1949）他提出设想，不断传播党派消息的"电视屏幕"，也能透视你的起居室，监视着你的一举一动。我们的电脑帮助我们来了解这个世界，但是它们也能看到我们的生活，我们的活动、消费商品、阅读内容、观赏对象和思考状态。真相部（Ministry of Truth）已被营销部（Ministry of Marketing）所取代。一旦

一方已经控制了生活的各个方面，便消除了所有的具有个性的想法。现在，商家已经占据了生活的各个方面，意在窥探我们的私生活，而且已经到了令人难以想象的程度。我们听到过“无知就是力量”。毫无疑问，那指的就是消费者的无知为商家汲取了力量。好了，就先说到这。欢迎回家。

一、现状概述

美国专利局（the United States Parent Office）在2010年10月5日为雅虎授予了专利。专利号为7，809，740 B2。而它的专利权就是“用来规范用户行为定向体系中的用户档案生成”。申请表内容描述如下：

> 用户行为定向体系规定了网络活动中的用户档案问题。这套体系中包含了一系列的计数体系模型，计数体系用来为用户评分。用户一系列网络活动的事件信息常作为一个整体为人们接受。此体系可以自动选择相对应的模型来生成对用户配置的计分。这种模型包括计分参数的三个维度：近因，强度和频率。在特定的活动中，行为目标体系可为用户数据进行评分，比如说一些品牌广告和对广告的直接回应等这些活动，但是，一个模型的计分规则则可用于一个类型的活动。行为目标体系已被网上用户广泛使用（Chung et al.，2007）。

什么？一项广告商的用户行为定向专利？开玩笑吗？我们不得不跳出眼下的死角，走向我们一个前所未有的未知深渊。以下为更详细的阐述：Facebook和其他小众一些的社会媒体网站，已得到了千万人民的广泛使用。但是，它们也充当了反面角色，在一定程度上打乱了成千上万市场营销人员对广告的预算。因为用户注册过多项个人信息，市场人员可以用这个将目标群体设定得非常细致和具体，包括网页浏览内容、个人喜好和一些市场人员未曾预料到的形形色色的网络使用者。当然，这种现象给人带来的第一反应就是窃喜，因为可以将其理解为创造了一个定位目标的绝佳机遇，但是，如今这种现象已成为一个关注问题（Fullerton et al.，2011）。因为这种广泛的个人行为定向在很大程度上侵犯了个人隐私。

Facebook 社交网站的活跃用户达 6.18 亿人（Facebook，2012）。而其中有一半人每天都会登陆此网站。平均每个用户有 130 位好友，80 个社区页面、社区群和个人事件。在个人数据库中由使用者自愿提供的个人信息量，以及个人档案和电邮中的个人信息量都是相当惊人的。由于公司有权查看个人信息，Facebook 为广告商提供了一个前所未有的商机。广告商可以利用这个机会向他们认为可以接受其产品的用户发送信息。尽管 Facebook 没有与广告商分享个人信息，但是这个网站能够通过定位、人口统计、喜好、关键词和其他他们掌握的信息来搜索用户们的数据信息。不仅如此，他们还可以根据个人数据库信息来识别个体，使广告商根据他们的行为来决定推广视角。研究结果表明，广告商可以根据他们的推算向网络使用者以及使用者的相关者传送他们的广告信息。

这种现状已彻底改变了市场细分的方式，并且使得成千上万的人们接纳了广告，而这些广告只是结合了一些预估的因素。无论是对市场营销者还是消费者，伦理道德问题变得严肃起来。从人们使用 Facebook 的方式来看，也向人们传达一个信息——Facebook 已成为人们生活的中心部分。通过一些人自己的照片墙，或访问朋友的照片，这些观察得出这样一个结论：人们将大量的时间花在了 Facebook 上。但是，有些研究结果表明 Facebook 也能给人们带来一些好处，比如可以增进双方的情谊或增加社会资本（Ellison et al.，2007）。

至 2010 年，年龄处于 18—24 岁的成年人中约 98%会使用社交媒体，比例远远超过了其他年龄段的人数。虽然说比例不如 98%高，但是 65 岁以上的人们使用社交媒体的比例也占到了 73%（Ellison et al.，2007）。在这种环境下，Facebook 掌控着局面，尤其是在年轻群体中颇为明显。由于广告商想与一些潜在顾客建立联系，所以其他的社交网站不断涌现。这种潜在的市场难以估摸。

Facebook 上的所有好友均有可能被广告商查看他们的个人数据库，这些朋友圈包括父母、兄弟姐妹和其他的家庭成员（Experian Marketing Services，2011）。谷歌的免费邮箱项目，也就是指谷歌邮箱，如果广告商进行合法注册后，可以通过浏览一些关键词来查看别的用户的信息内容。对我而言，这个已经越过底线了。

关于 Facebook 和 MySpace 使用者的隐私研究表明，Facebook 相对更能保护使用者及其朋友的个人数据，而且相对乐意分享个人信息（Dwyer et al.，2007）。那么，Facebook是否保护了个人隐私，这还有待验证。

Facebook在隐私控告辩护中自豪地提及他们的隐私政策，并且声称：从语言约定俗成的层面来讲，没有任何东西是隐私的。关于个人信息的安全问题，Facebook向全球安全顾问董事会（global Safety Advertising Board）就此问题提出过咨询（Facebook，2011）。

我们开始意识到社交网站对行为定向体系的大范围使用进行的反冲。Facebook也在就侵犯其成员个人信息与联邦贸易委员会（Federal Trade Commission）进行协商。网页浏览记录保持90天的声明引起了人们的焦虑，尽管人们可以对这一声明进行选择性使用。

社会科学研究开始对Facebook网络使用者的个人信息及其隐私问题加以关注。对个人隐私和个人信息的访问权也提出了很多质疑（Acquisti and Gross，2006）。在未来，研究预测，在网络关系中，信任和隐私问题比人际关系更重要（Dwyer et al.，2007）。

最近，我就他们的社交媒体使用情况，采访了来自4所不同大学的学生。虽然样本不是随机的，但是430位回应者表示他们通常都选择Facebook，差不多约占了总人数的99%，并且在这些学生中，94%的学生已使用Facebook 3年或3年以上。

为了得到个人在网络社交中获得隐私的期待值，我向参与者提出一个问题：他们是否收到过来自陌生人的好友请求。结果令人意外，因为有69%的学生收到过。将近45%的学生坚信他们的信息是被保护的并且隐秘的。1/3的学生表示个人的信息在未得到允许的情况下被浏览过，甚至有的不止一次。最后，当问到他们的个人信息被广告商浏览和关注时，47%的学生表示他们不希望这样的事情发生。

在怎样的情况下，收集一个人的个人信息就转变为侵犯一个人的隐私空间？这种目标定位是否真的带有强烈的侵略性？那么这种行为与广告商通过娱乐生活杂志获取潜在消费者有什么区别呢？

将广告投放于杂志来寻找顾客源与将广告投放于Facebook使用者首页，两者存在很大的差距。因为Facebook用户是广告商经过检测其信息后确定了的消费者。

为了做市场调查，收集私人购买信息已经成为一种长期以来普通接受的惯例。大家都知道，女性比男性更喜欢一种特定的猫食品牌，广告更喜欢直接吸引前者。但是它跟我们所讨论的行为定位不同。我常让传媒班的同学回答这样一个问题：如果我存有你们 6 个月的杂物小票，你对此有怎样的想法呢？思考这个问题其实在启发他们，因为这个问题在向他们传递有多少的个人信息已经流向市场营销者。每次做这个练习，我的学生很快回复我说，会了解到他们的性别、年龄、饮食习惯、生活方式、是否有宠物、发型以及发色，还有一些他们认为是极其隐私的信息等。当我问他们将这些信息与市场营销者分享，他们是否介意？他们的反应都是非常介意的。而事实呢？其实你每次点击登陆 Facebook，你都会将这些信息与他人分享。

二、未来趋势

坦白地讲，当你点击“同意”按钮时，你最后一次通读隐私政策是在什么时候？是不是记不起来了？我也想不起来了。我好像从没读过隐私政策，所以我觉得每个人不一定都是读完隐私政策再做出“同意”。我们自愿分享给个人和组织的信息量，大到让人吃惊。

我们都对隐私权有一种或对或错的认识，致使我们做了一些愚昧的事情。我们封闭了双眼，充耳不闻，认为自己的隐私是安全的。事实上，我们错了。我们抱怨身份信息失窃，但是我们一直在默认将大量信息存储在我们不认识或不信任的人可以触及的地方。年轻人与老年人对隐私的期望值完全不同，随着年龄的增长，人们越来越在意自己的隐私，因为他们有越来越多的事情需要隐藏，可能由于他们越来越世故，也或许是由于他们有更大的能力来破解市场营销者对个人数据收集的伎俩。

许多消费者依然生活在一个无忧无虑的网络世界里，却没有意识到他们的每次行动都被监视，每个信息都被储存下来了。我们居住在一个几乎无隐私可言的世界里，结果令人惊异。意识到这一点颇为重要。市场营销者能够并且将会了解到任何他们想了解的关于你的信息。你可能会说你没有什么可遮挡的，所以不害怕，但是请三思。

可能某一天你的生活将会传遍整个网络。如果你是一位雇主，你可以找到有前途的员工的所有的资料；如果你是一位政治家，或者即将成为一名政治家，最好格外小心你在 Facebook 留下的每一次痕迹；政府、学校、网络服务、广告商都会受到信息自由流动的影响。

可能奥威尔是正确的。毕竟大洋洲是一个安逸的地方。没有人会将所有信息遮挡得严严实实。我相信他们是赞同我的说法的。我不再是一个自说自话的个体，这么说更符合我。谁会需要这些信息呢？我可不想整日担忧挂念甚至去找我自己的相关资料，因此我将我所有的信息留给商家好了。自由即束缚。

参考文献

Acohido, B. (2011). Facebook tracking is under scrutiny. USA Today (Nov. 16) At http://usatoday30.usatoday.com/tech/news/story2011-11-15/facebook-privacy-tracking-data/51225112/1, accessed Mar. 26, 2013.

Acquisti, A and Gross, R. (2006). Imagined communities: Awareness, information sharing, and privacy on the Facebook. In P. Golle and G. Danezis (eds.), *Proceedings of 6th Workshop on Privacy Enhancing Technologies*. Cambridge: Robinson College, pp. 36-58.

Chung, C. Y., Koran, J. M., Lin, L. J. and Yen, H. (2007). U. S. Patent Application No. 20070239518, Class 705010000. Washington, DC: U. S. Patents and Trademark Office.

Dwyer, C., Hiltz, S., and Passerini, K. (2007). Trust and privacy concern within social networking sites: A comparison of Facebook and Myspcae. In *Proceedings of the Thirteenth Americas Conference on Information Systems, Keystone Colorado, August* 9-12 2007. At http://csis.space.edu/-dwyer/research/DwyerAMCIS2007.pdf, accessed Apr. 3, 2013.

Ellison, N. B., Steinfield, C., and Lampe, C. (2007). The benefits of Facebook "friends": Social capital and college students' use of online social network sites. *Journal of Computer-Mediated Communication* 12 (2007): 1143-1168.

Experian Marketing Services (2011). The 2011 social media consumer trend and benchmark report. At http：//www. experian. com/assets/simmons-research/brounchures/2011 - social-midia-consumer-report. pdf，accessed Mar. 26，2013.

Facebook (2012). Key facts. At http：//newsroom. fb. com/Key-Facts，accessed Mar. 26，2013.

Fullerton，J.，Kendrick，A.，and Weir，T. (2011). Advertising student opinion of ethicalissues-online behavioral targeting-controversial issues. *Journal of New Communications Research* 5 (1)：61 - 76.

Orwell，G. (1949). *1984*. New York：Penguin.

第十章
娱乐媒体的广告和植入广告

我从电影中学到了我想学的一切。

——奥黛丽·赫本（Audrey Hepburn）

当我们谈植入广告时，我们通常是指带有品牌符号的物件（包括产品、包装、标志和公司名称），有意地植入电影中或电视剧中——最近又出现在一些其他形式的娱乐中。一些植入性广告需要付费，而有些植入节目中的品牌产品基于的是创意编导的自行决定。

尽管这早已不是什么新鲜话题，植入性广告带来的利益仍日益增长，然而这并不是什么新的现象，电视机出现早期，广告商赞助整个电视节目，因此，该赞助品牌就会贯穿整个电视节目。卡夫电视剧场（Kraft Television Theatre）、通用电气橄榄球赛（General Electric College Bowl）、奥马哈野生动物王国（Mutual of Omaha's Wild Kingdom）都曾是最著名的三个典例。

阿斯顿和沙尔捷（（D'Astous and Chartier，2000）的研究列出了广告商想将他们的商品植入娱乐性节目的三个原因：首先，看电影会使人高度集中，这种高度集中的注意力会使消费者转而注意到产品；第二，电影拥有巨大的消费群体。就算它不是一部票房大卖的佳作，在经过国际化的销售和包装后，许多人都会有意无意地看到商品的植入广告。而这对于观众越来越少的电视而言，观众的曝光度显得至关重要；第三，"自然的"产品植入广告能够使得观众不易排斥，而露骨的广告展示有时候则会引起他们的反感，而一个心情舒畅的观众很可能发展成为一个自愿的购买者。

然而有些人认为使用植入广告是一种“偷偷摸摸”的广告形式（悄悄地渗透到电视节目，无人察觉它是一则广告）并且也是失德的。还有一些人认为这是一种具有创意的可行方案。有时候对一些品牌产品的巧妙使用，甚至可以制造消费者中狂热的追随。通常影迷们会重复的看电视节目并参与到角色中，以至于当电视网络决定取消节目时，他们会觉得需要去挽救节目。比如说，全国广播公司压根还没有发出可靠信息说继续推出第二季的《超市特工》（*Chuck*），影迷们就开始买赛百味三明治，并且相互告知“这就是恰克给我的”。很明显，全国广播公司和赛百味延续和拓展了他们的合作关系。比如说，赛百味通常会设立在学校的自助餐厅，而学校又包含了教职工和学生群体。

大量事实证明，产品找到合适的投放平台便会更受青睐。《美国偶像》及其赞助产品可口可乐就是最早收益的典型代表。那么《X因素》（*X Factor*）的赞助商如果是百事可乐，会不会很怪？（你或许真的参加过百事赞助的粉丝体验大赛）《超级减肥王》（*The Biggest Loser*）似乎总说詹妮·奥真的已经很瘦了（我猜你一定觉得她只是比卜杜更瘦才对）。还有，拜托请你在外工作时不要使用塑料瓶装水，会给环境带来污染的，所以请使用布里塔净水器（Brita）。如同《超级减肥王》，这些产品无疑是在自我展示，但是许多人认为当训练者停下来去讲述一种产品（真的很频繁），看上去就像是在演戏，这也是一则很好的植入广告反面教材。

我们再谈一谈饮食频道和家庭卫视频道。如果产品和节目之间拥有很好的契合度，这些频道就可以进行植入式广告。每当我在看到厨宝产品时（其实我更希望看到她使用自带的工具），我都在怀疑艾娜·加藤（Ina Garten，电影《赤足天使》演员）和美国厨宝（KitchenAid）之间是否有什么协议。此刻我会觉得自己就是一个大厨，因为我家厨房里就有我最喜欢的名人的同款厨具。我敢说，如果艾娜告诉我厨房需要一把亨克尔斯牌的刀（Henckles），我便会立即买一把回来（当然，就算我已有一把，我还会再买一把回来）。

在电影和电视剧中植入广告仅仅是个开始。法鲁基（Frauki），一名巴基斯坦设计师，他对植入广告和产品研究颇深，商品经常被植入在音乐和棋盘游戏（比如大富翁中的星巴克）中甚至在鸡蛋中。根据新闻报道，2006年哥伦比亚广播公司宣称它计划将3 500万枚鸡蛋投用于EggFusion公司。哥伦比亚称其为一则鸡蛋广告（egg-vertising）。不管它是一则植入广告还是仅仅是绝妙的市场营销手段，它都是一个促使人们充分发挥创造性思维来促销产品的经典案例。植入广告将带来双赢的局面，这没什么好奇怪的。

设想一下，如果单从产品的角度出发，它没有带来盈利，又会如何呢？比如说在最近的一部电影《追降航班》（*Flight*）（2012），丹泽尔·华盛顿（Danzel Washington）饰演了一名爱喝酒的飞行员。电影中在他不应该喝酒时，他喝了百威啤酒。安霍伊泽布希公司（Anheuser-Busch）并不愿意让华盛顿“代言”了他们名牌的啤酒，因为这种植入将他们的产品拍成了负面效果，因此他们要求商标画面从电影中剪掉。但是令人意想不到的是，电影导演无须得到商家允许（先不说有没有金钱交易）就将广告植入了电影当中。无论这种“被动消极的”植入广告是否就真会产生负面影响，这都足以引发争执。可能安霍伊泽布希公司也是在做一些无谓的担忧吧。一些研究结果显示，消极环境下的广告植入可能会使消费者产生更强的品牌回想以及对产品强烈的需求。我想我们所有人都有一点点叛逆吧。

当我们每天都被广告轮番轰炸时，商品的植入似乎显得无伤大雅。鸡蛋的例子就是有力的证明，有更多的观众成了媒体消费者（在有商品需求时观看了广告），那么传统商业危在旦夕，因此越来越多的广告商寻找不同的方法将他们的产品植入电影、电视剧以及音乐中。随着人们对推特、Facebook、照片上传网（Pinterest）和其他社交网络内容需求的增加，人们可以谈论品牌相关话题，为品牌网页点赞，获取品牌广告中帅气演员的截图等，很明显，产品促销的攻势只会持续增加。

詹姆斯·邦德系列（James Bound）的电影《天幕杀机》（*Skyfall*）收获了 4 500 万美元的广告植入收益。有一个叫“邦德范：真正牛货”（Bond lifestyle：The real thing）的网址，列出了邦德电影中用到的所有东西（而且都附带品牌的网址）。这个清单特别长，但是在《天幕杀机》中植入的产品包括喜力啤酒（明显充满争议，因为根据邦德的喜好，这种啤酒邦德不喜欢喝）、路虎汽车、索尼手机、欧米茄男士海马系列防水石英腕表，都是老百姓梦寐以求的奢侈品。

所有在《天幕杀机》中植入的产品都是苦心孤诣的劝服吗？或者说，这仅仅是一种广告策略吗？

不管你认为植入广告是否是一个好创意，广告商都在为投入的合理广告费深思熟虑。有些人提出了按照“屏幕显示时间计费”的方式，有的按“产品前景”的方式，还有的人试图通过总评分析准量化品牌植入对不同的媒体平台进行比较来作出决定。尽管提出了很多方法，但很多人依然认为操控电影中的植入广告难度很大（抑或是在最近的电视中、电脑游戏，甚至很多平装书中）——暂且不说产品植入带来的影响。无论媒体设计师是否懂得计量植入广告的数目，但是他们都正在努力完善这种体系。

在媒体设计方面，植入广告作为一种有效措施越来越普遍，但是不可避免地是，人们开始质疑这种现象的道德伦理问题——从实用角度看，植入广告也有侵犯个人隐私的嫌疑（“我付钱看电影，为什么要为电影中的广告再次付费?”）。当产品公司购买植入广告但没有取得票房佳绩，或者广告场景被导演使用其特权切掉了，这又该怎么办呢？如果电视节目在播出几集之后不受欢迎了又该怎么办？如果大多数广告策略大量涉入电视节目中，媒体设计师又该怎么规划？

为什么植入式广告如此重要？如杰安・普莱斯葛鲁夫（Geah Pressgrove）和凯西・理查德森（Kathy Richardson）观察的那样，作为一种广告策略，植入广告会随着电视和其他电子产品的流行变得越来越重要。由于消费者能够轻松地选择跳过广告的方式，广告商也在积极寻找一种创新方式来保证产品信息的传达。据估算 85％以上的观众都会选择略过广告信息（通过远程控制、硬盘录像机，或者其他操控程序）。因此广告商必须寻找一个新式途径使他们的产品信息传播出去——否则，他们便可能即将消失在电视观众的视野了。将产品植入节目是确保观众接触产品的一种合理方法。

如普莱斯葛鲁夫和理查德森所指出的，植入广告已出现，但是他们真的有失伦理吗？这个由你决定。

思考题

1. 看一部最喜欢的电视节目。仔细观看并且试着找出一些品牌产品。你找到了多少？你认为植入广告的出现是广告商让导演这么安排的吗？

2. 跟朋友租一部电影光盘并且仔细观看，看完后，让你朋友写下有印象的品牌产品。然后回头再看一次电影，每当遇到植入广告就记下来。你朋友是否抓住了大多数广告？如果没有，又是为什么？基于这种试验，你认为植入式广告是一个不错的点子吗?

3. 看一部纪实片列出节目中的所有产品。选取一档可能包含许多产品品牌的节目，比如在家居设计或食物网站的节目。找出网站上出现的所有产品，仔细观察广告商是否与节目相关。比如，你可能会看到《铁人料理》中类似植入的商品。你发现了什么?你认为是个不错的广告策略吗?请说明你的理由。

其他热议话题

1. 所有植入娱乐媒体的产品都需要清楚地标明。

2. 所有植入娱乐媒体的产品需要征得广告商的允许。

3. 无论产品是以积极或消极的方式呈现，这都不重要。基本上，所有的广告都可以称得上是合理的广告。

拓展阅读

A-B (2012). InBew wants to ground Bud's appearance in "Flight". *Advertising Age* 83 (41): 1.

Gillespie, B., Joireman. J., and Muehling, D.D. (2012). The moderating effect of ego depletion on viewer brand recognition and brand attitudes following exposure to subtle versus blatant product placements in television programs. *Journal of Advertising* 41 (2): 55-65. doi: 10.2753/IOA0091-3367410204.

Lehu, J. (2007). Branded entertainment: *Product placement and brand strategy in the entertainment business.* London: Kogan Page.

Matthes, J., Wirth, W., Schemer, C., and Kissling, A. (2011). I see what you don't see. *Journal of Advertising* 40 (4): 85-100.

Redondo, I. (2012). The behavioral effects of negative product placements in movies. *Psychology of Advertising* 40 (4): 85-100.

Steinberg, B. (2012). Why so many brands want to be on "Modern Family" ... and so few will. *Advertising Age* 83 (4): 2-36

参考文献

D'Astous, A. and Chartier, F. (2000). A study of factors affecting consumer evaluations and memory of product placement in movies. *Journal of Current Issues and Research in Advertising* 22 (2): 31 - 40.

〔正方观点〕

植入广告是一种出色的广告策略

杰安·普莱斯葛鲁夫
美国 西弗吉尼亚大学

植入式广告、品牌娱乐、产品融合、广告娱乐性，不管人们对它怎么称呼，植入式广告是一种策略。而且从传统市场的角度来说，它已成为吸引消费者注意力的有效方式。从 1975 年开始，PQ 传媒就开始追踪记录“品牌娱乐”。据 PQ 传媒报道，在 2011 年植入广告费用高达 42.6 亿美元，比前几年提高了 10.2%。公司还预测在未来几年，费用将持续增长(PRWeb 2012)。蓬勃发展的企业为其特别关注的娱乐节目提供了重要的资本保障，也是一种适时将市场信息渗入流行节目的品牌战略，同时也为那些愿意看娱乐节目的消费者降低了花销。

本文将简要阐释为何在娱乐媒体中植入广告能够加强媒介体验。首先，我总结了在娱乐媒体进化过程中合作伙伴扮演的重要角色；其次，我对植入广告就市场调查和产品销量的影响举出了几个实例；然后对于争夺消费者注意力的品牌策略，我解释了植入广告的优点；在结论部分，通过举例来说明植入广告仍将为娱乐媒体的一个重要组成部分。

一、植入广告的历史

在 20 世纪 80 年代中叶，一个可爱的外星生物因为追寻里斯巧克力豆

(Reese's Pieces，好时旗下产品）来到艾利特家里，而在此之前，合作品牌就一直支持娱乐媒体产品。事实上，植入式广告在19世纪凡尔纳冒险小说中就出现过。这部小说就是著名的《八十天环游地球》（*Around the World in Eighty Days*），就是与一些船运公司合作的。当代媒体的植入式广告的起源也追溯到19世纪90年代的动漫中。当时利华兄弟公司（Lever Brothers）将他们的赞助商的产品香皂植入到一些早期电影中（Hudson and Hudson，2006）。随着时间的流逝，娱乐媒体进化得到可能，很大程度上归功于公司和娱乐界意识到合作的双赢性。

在初始阶段，植入式广告为研究室和电视网提供了一条合作路径，即通过引进资助者来降低产品成本（Newell et al.，2006）。讨价还价最终屈服于公司财政对产品消耗成本的承受能力。到了20世纪20年代，为了迎合电影的流行性，植入式广告成为电影的一部分也是电影的支柱；到了30年代，广告商和广告代理已经与大量的广播节目保持合作；到了50年代晚期，合作企业策略性地在许多电视节目中将广告与节目相融合（Turner，2004）。由于电视节目早期就连接了消费者和零售商品公司（如宝洁公司和联合利华），赞助活动对节目的影响非常明显。你看，"肥皂剧"（soap opera）就是以"肥皂"命名的。如今这些赞助商不再那么重要，但在21世纪霍尔马克公司（Hallmark）依然在电视网络中沿用这种传统形式的赞助，比如Lifetime。

二、植入广告产业

今天，从"追随者的支持"的弱小公众传播模型到国内票房电影和电视剧里，再到游戏中更实用的植入，娱乐媒体中的植入式广告无处不在。但是有些批评者认为植入式广告是可耻的、侵害他人利益的，或者对喜欢节目的一种冒犯。这些策略已成为一种使市场营销者与消费者紧密联结的有效措施。难以揣测的观众、先进的技术、娱乐节目的转换和传播都使得这种植入广告越来越重要。广告商不得不在策略上创建联系，创造情感连结，并且引导消费者消费。

为了例证植入广告在销售上能达到的重要程度，以下是一些银幕广告，这些广告为合作伙伴赢得了巨大的红利（CNBC，2011）：

《ET 外星人》(*E. T. The Extra-Terrestrial*)(1982):斯皮尔伯格起初计划在电影中使用 M&Ms 巧克力豆,但是被食品巨头玛氏集团(Mars.)拒绝了。玛氏集团损失的就是好时集团(Hershey's)所得的,随着《ET》成为当时票房最高的一部电影,好时凭借 100 万美元的赞助获得了 65%的利润增长。

《乖仔也疯狂》(*Risky Business*)(1983):这部电影不仅就此开启了汤姆·克鲁斯(Tom Cruise)的演艺生涯,也拯救了雷朋旅行者太阳镜(Ray-Bon's Wayfarer),这款眼镜当年就卖掉了超过 36 万副。

《壮志凌云》(*Top Gun*)(1986):当这部电影一夜之间轰动时,飞行员太阳镜销量提升了 40%。通过在影院大厅的信息宣传获得了美国海军是武装力量最重要的角色的认知,并大大提高了招募的效率。

《黄金眼》(*Golden Eye*)(1995):皮尔斯三部电影均为詹姆斯·邦德的冒险故事,皆由宝马公司赞助,在电影放映的当月,宝马 Z3 收到来自运动爱好者的 9 000 个订单。

《偷天换日》(*The Italian Job*)(2003):这部电影以很低调的方式上映,电影合作公司宝马公司提供了 30 辆迷你库珀(Mini Cooper),此后迷你库珀宝马车销量提高了 22%。

《变形金刚》(*Transformers*)(2007):这部电影中对通用汽车广告的植入,使得雪佛兰科迈罗(大黄蜂)流行起来。这款车此前从未投入生产,而如今由于消费者需求攀升,公司开始生产此款汽车,并且已经卖掉了超过 6 万台。

在娱乐媒体中植入广告的成功案例也说明,当人们对虚幻的产品产生的需求量超过了其真实的生产量和发售量,通常就成了反向植入式广告。最经典的例子就是 1994 年《阿甘正传》热映之后,"巴布捕虾公司"连锁餐厅真的就在现实生活兴起了;从热播电视剧《办公室》(*The Office*)(Sauer,2011)中史泰博公司(Staple)又创造出米福林牌纸品(Dunder Mifflin);康迪公司(Cap Candy)出品的比比多味豆(Bertie Bott's Every Flavor Beans)也是源自《哈利波特》的原著和电影(Edery,2006)。

更多企业的营销部开始涌入网络领域,产生了一系列的影响。2006 年,美国服装公司(American Apparel)在模拟游戏《虚拟人生》(*Second Life*)中发售自品牌牛仔衣服,几个月后,又在其实体店面陆续发售

(Lavallee，2006)。同样在 2006 年，喜达屋国际酒店集团（Starwood Hotel and Resorts）在《虚拟人生》游戏中延伸出其子品牌“雅乐轩”(Aloft)，之后又出现了实体店（Wasserman，2007)。

三、植入广告的优点

美国 1/3 的家庭所面临着动摇的经济局势、数码产品的竞争和硬盘录像机的推广，企业便加强了在娱乐媒体中的广告植入，而这种商标策略的益处是非常显著的。很多人表示他们不在乎传统广告对娱乐节目的干扰性，而且，这些人们会很快列举出最喜欢的电影、电视节目、录音节目和游戏中出现过的商品。这些节目成本通常很低，因为有广告商的赞助。总之，当观众不想看到出现的商业广告（选择快进）时，他们便会对节目中的剧情相互讨论。这种对节目的忠诚，反商业的情绪，自然使得广告植入能够顺利进展。植入广告对市场营销者和广告商的好处具体如下：

（一）投资回报

你如果问朋友他们最近有没有观影聊天、快进节目视频、略过了精彩剧情或中止游戏？他们可能回答“最近都没有”。这类群众就是商业策略和企业营销人员最希望遇到的。这也就简单地突出了植入式广告优于其他形式广告的一个好处：钱花在了可以触及顾客的地方。换句话说，制作一些有趣的、零碎的、令人印象深刻的电视广告的成本可比植入式广告的费用高得多，而且还抬升了商品的成本。而且这种投资活动还延续了电影、电视台、节目或游戏的寿命。

（二）对现实主义和故事真实性的深入刻画

剧中人物对汽车、衣物、工具的选择；以及在特定餐厅的吃东西；情节中对技术的融合，不仅使市场营销者更能接触到消费群体，而且使脚本编者无须华丽的解释，增加了对人物刻画的深度，并加强了艺术情境的刻画。这种视觉线索顺利推动故事延展，缺少了这些商品是行不通的。

（三）广泛认可和品牌形象发展

数十年来，市场营销者已经意识到明星代言人的巨大感召力。用一种植入式广告的形式，当你最喜欢的明星使用某种产品时，大众在潜意识中是给予认可的。通过适合娱乐节目内容和名人的商品，这种认可在目标人群之间建立一种强烈的情感连接。这种品牌与节目的强强联合增强了产品的感情定位效果。个人感情与娱乐媒体也有了进一步的交流，有效地提升了产品在消费者思维中的感情定位。

（四）提升品牌知名度

在《荒岛余生》（*Cast Away*）中的国际联邦快递，情景喜剧《宋飞正传》（*Seinfeld*）中的薄荷糖，《改头换面——家庭再造》（*Extreme Makeover: Home Edition*）中的西尔斯百货（Sears）；《美国偶像》中的可口可乐，《黑衣人》（*Men in Black*）中的雷朋太阳镜（Ray-Ban），这些列举出来地出现在娱乐媒体中的产品对很多人而言都很熟悉。这些品牌通过巧妙的植入，提升了产品反响和品牌知名度。进一步来讲，消费者已经意识到，比那种插播广告，那些融入节目中的产品和服务者有广泛的感知价值（Gupta and Balasubramanian，2000）。

四、总结和展望

随着持续发展，娱乐媒体中植入广告带来的巨大益处预示着这种广告手段将越来越普及。如同早期市场营销者所言，植入式广告是一种极其有效的当代市场营销策略。随着这种商品策略的不断完善，市场营销者就会在其投机活动中受到更多启示，获得更多经验，对产品也会精益求精。以下是对未来走向的展望：

（一）测量标准的效力

在过去的20年里，尼尔森媒体研究中心（Nielson Media Research）一直致力于追踪记录广电节目中的植入广告，衡量植入广告有效性的唯一标准是品牌反响。然而这种评价方式不完善，因为这并未表明消费者是否有购买产品的计划或行为。进一步说，尼尔森（2011）发现，在10大最出名的品牌融合案例中，有3例就出现在《生活大爆炸》（*The Big Bang Theory*）中。事实证明，一档节目中包含了如此之多的植入广告，比起植入的商品或品牌的易记性，更告诉我们观看节目的群体特征。

（二）植入式广告的不同形式

一些学术研究表明，当观众知道有人在向他们推销产品时就会产生排斥感，导致植入式广告必须悄无声息地进行（Mandese，2006；Wei et al.，

2008)。然而，面对公开流行的植入广告策略，反讽类的广告植入为聪明的广告商和后期制作公司开辟了一条罗马大道。在2012年几个反讽类的广告成为病毒性传播的成功范例。其中，第一起成功的例子就是NBC的电视剧《我为喜剧狂》（*30 Rock*）。剧中借斯奈普饮料（Snapple）对合作公司一番“讽刺”；另一起是国际金融公司的《喜剧大暴走》（*Comedy Bang! Bang!*），讽刺性掀起了一阵浪潮，虚幻性产品的植入广告引起了对大众甲壳虫（VW Beetle）的争议。喜剧中心频道（Comedy Central）播出的《科尔伯特报告》（*Colbert Report*）风靡一时，主人公用了将近7分钟时间嘲讽广告商标，这种凸显纳贝斯克小麦薄饼（Wheat Thins）事实上是在履行与合作商的协议。

（三）“反讽”植入式广告的影响

另一个值得关注的趋势，就是植入广告负面形式的市场调查研究的前景。虚构的产品在娱乐性媒体中的融入，为很多公司提供了一种重视公共利益超过商业生产的思维方式。

（四）植入式广告的有效性

从20世纪90年代起，学者开始调查研究消费者对植入式广告的态度(e. g, Nebenzahl and Secunda, 1993; Ong and Meri, 1994)。电子游戏和网络植入广告的先进性，提升了娱乐媒体和受众个性的契合度，跨界推广和品牌节目、植入广告的时间长度以及听众形式等领域的发展。在这些领域，市场营销者和调查学者仍然需要学习研究来完善植入式广告的商业策略。商家在植入式广告的投资日益增长，因此植入式广告效率性的研究也呈现了向上发展的势头，这将会使我们更好地了解植入式广告的现状和未来走势。

参考文献

CNBC (2011). 10 big successes in product placement. At http://www.cnbc.com/id/43266198/10 Big successes in product placement, accessed Mar. 26, 2013.

Edery, D. (2006). Reverse product placement in virtual worlds. *Harvard Business Review* (Dec.). At http://hbr.org/2006/12/reverse product placement in virtual worlds/ar/1, accessed Mar. 26. 2013.

Gupa, P. B. and Balasubramanian, S. K. (2000). Viewers' evaluations of product placements in movies: Public policy issues and managerial. *Journal of current issues & Research in Advertising* 22 (2): 41.

Hudson, S. and Hudson, D. (2006). Branded entertainment: A new advertising technique or product plcement in disguise? *Journal of marketing Management* 22 (5 - 6): 489 - 504.

Lavallee, A. (2006). Now, virtual fashion: Second life designers make real money creating clothes for simulation game's players. *Wall Street Journal* (Sept. 22). At http: //www. americanapparel. net/presscenter/articles/20060922wsj. html, accessed Mar. 26, 2013.

Mandese, Joe (2006). When product plcement goes too far. *Broadcasting & Cable* (Jan. 1). At http: //www. broadcastingcable. com/article/102250-Whe _ Product _ Placement _ Goes _ Too _ Far. php, accessed Mar. 26, 2013.

Nebenzahl, I. D and Secunda, E. (1993). Consumers' attitudes toward product placement in movies. *International Journal of Advertising* 12 (1): 1 - 11.

Newell, J., Salmon, C. T., and Chang, S. (2006) The hidden history of product placement. *Journal of Broadcasting & Electronic Media* 50 (4): 30 - 48.

Nielsen (2011). Nielsen's tops of 2011 advertising. *Nielsen Newswire* (Dec. 20). At http: //www. nielson. com/us/en/newswire/2011/nielson-tops - 2011 - advertising, html, accessed Apr. 2, 2013.

Ong, B. S. and Mei, D. (1994). Should product placement in movies be banned? *Journal of promotion Management* 2 (3 - 4): 159 - 175.

PRWeb (2012). New PQ media data: Global product placement spending up 10% to $7. 4 billion in 2011, Pacing for 11% growth in 2012, as wireless technology, changing consumer habits & looser regulations compel brands to invest in alternative marketing solutions. *PRWeb*. At http: //www. prweb, com/release/2012/12/prweb10204688. htm, accessed Apr. 2, 2013.

Sauer, A. (2011). At the movies: The greatest reverse product placements of all time. Brand Channel (Dec. 2). At http: //www.brandchannel.com/home/post/2011/12/02/At-the-Movies-Greatest-Reverse-Product-Placements-Of-All-Time.aspx, accessed Mar. 26, 2013.

Turner, K. (2004). Insinuating the product into the message: A historical context for product placement. In M. L. Galician (ed.), *Handbook of product placement in the mass media: New strategies in marketing theory, practice, trends, and ethics.* Binghamton, NY: Best Business Books, pp. 9 - 14.

Wasserman, T. (2007). Forward thinkers push reverse product placement. *Brandweek* (Jan. 29). At http: //www.aef.com/industry/news/data/2007/7008, accessed Mar. 26, 2013.

Wei, M. L., Fischer, E., and Main, K. J. (2008). An examination of the effects of activating persuasion knowledge on consumer response to brands engaging in convert marketing. *Journal of Public Policy & Marketing* 27 (Spring): 34 - 44.

〔反方观点〕

植入广告不会带来更多的媒体体验

凯西·布里顿·理查德森

美国 佐治亚州贝里学院

在娱乐节目中植入商业广告是否丰富了人们的媒体体验？当然没有。正如当今的受众和消费者生活环境中的商业品牌随处可见，我们早已从电视节目、电影、网络游戏以及视频中，已经对植入式广告有所熟知，因此品牌的植入并不会为人们带来更多的体验。然而，它虽然不会为人们带来什么糟糕的感受，但这个体验过程也不会有多舒适。法官桌案上出现的饮料罐，烹饪节目中大厨对赞助品牌酱汁的大加赞赏，在激烈的竞技游戏中一闪而过的招牌，无不都是强行植入的广告，虽然在表面上好像就是参与在了受众的活动中，但是其中隐藏的意图就是劝服甚至干扰人们，有时候这种做法不免过于刺眼，而显得滑稽可笑、令人生厌。在植入广告极力推销产品的同时，也许就已经得罪了他们的消费群体。因此，无论是对于受众群体，还是商家的品牌策略，都需要对植入式广告注意下列4点：① 过于显眼的品牌标志频繁干扰受众活动的进行；② 无处不在的植入广告已经剥夺了高科技赋予消费者的自主选择权利；③ 植入广告直接能够接触到那些极易受到影响的年幼受众群，而对此监护人很难去防范；④ 植入式的品牌宣传很容易让有害产品品牌也深入人心。

一、是广告宣传还是美学艺术

品牌产品可以参与到现实生活中的戏剧、喜剧节目或是电子游戏当中，我们从宝马汽车（BMW）或丰田普锐斯（Toyota Prius）广告中的人物形象中，就能清楚地看到企业所表达的动机和价值取向。广告中人物服装、装备、喝的酒、手提包、运动鞋还是入住的酒店，都尽其可能地传达着一种生活方式，或者说，一种动机。而当主角停下“日常的”活动转向一段设定15秒钟的广告宣传镜头，开始大谈商品慢慢展示出商标，那么这些出现在节目、电影、电子游戏、视频、音乐、个人博客以及社交网站上的商品，就不是故事背景那样简单了。2006年一项研究发现，在黄金时段每3分钟的电视节目时间至少会有一个品牌出现，10%出现在通过节目中人物提及的方式进行的品牌植入（LaFerle and Edwards，2006）。根据《华盛顿邮报》的报道，这被演员公会（Screen Actors Guild）质疑就是一种“强制的形象代言”（Byrne，2006）。娱乐节目中产品的植入已经成为品牌宣传活动的重点项目，例如，2011年11月18日，《今日美国》大张旗鼓地宣传将于2011年12月上映的电影：《碟中谍4：幽灵协议》（*Mission Impossible: Ghost Protocol*），介绍道，“宝马公司的明星座驾将加盟新一部《碟中谍》”，并详细介绍了即将在电影中出现的宝马i3新款车型。那么，在艺术和编辑方面，对于制片人、导演、主题曲歌手、编剧以及原著作家带来的影响不好说，但在案例研究或学术期刊和报纸中的发文中，当决策者不遵守品牌的协议时，就会有偶尔招致诉讼或赔偿协议（例如，见

Nitins 公司 2005）。

几乎没有人会说，在厨房的场景中出现的一个注明商标的包裹，或在一个电影或节目的拍摄过程中成为背景画面的餐厅标志，会令人分心。然而，植入广告也可以是很直接的。例如，在有线电视真人秀节目《天桥骄子》（*Project Runway*）中，护发素、化妆品，以及首饰配件等通常是由主持人提姆·盖恩（Tim Gunn）提到，随之品牌标志出现在镜头里，同时参加比赛的设计师们被鼓励和（或）要求使用这些产品装扮他们的 T 台模特。这些产品的出现与实际的情节需要和竞争有关，但也有其他的情况，比如节目和电影中的广告植入的同时，情节就淡化了，大多数的情况下，赞助产品都是在脚本设定中以不经意情况下出现的。《我为喜剧狂》（*30 Rock*）电视连续剧在一些剧本中就利用这种讽刺植入产品的方式，将品牌呈现在观众面前。

不受品牌影响的情节是什么样的尚未清楚，但当品牌协议得到遵守时，消费者和观众会注意到他们的所见所闻，这些被内化和顺化的广告是否阻碍了创作和导演的创造力和一致性？我们不可能知道它们的全部影响，但这些广告对节目的影响是可观察的，而且是如此的明显以致节目的自发性和真实性都被削弱，并且娱乐节目的独特让位于平淡无奇的叙事与讲故事的混合，两者都没能提供全面服务。

二、领先的技术

大多数人都会认为，植入在娱乐节目中的广告范围逐渐扩大，市场营销人员尝试用新的手段接触当今的观众群体，因为科技的普及，这些受众对传统广告有了更多自主控制的可能。DVR 帮助人们录制节目、跳过广告，网页或者下载程序提供没有广告的筛选机制，并且观看的流动性使得观众们有了时间、地点和空间上的自由，这也令营销人员更难去寻求到消费者接受广告的渠道。因此，将商业信息嵌入屏幕、脚本和台词中似乎是一个接近消费者更加合适的办法。

从某种意义上来说，个人技术掌握可能会使广告变成一个受邀的信使，为那些想获得愉悦、通晓、觉醒或者劝服的观众带来他们想要的信息。在电视节目或电影放映前或网页缓冲前段，这些人很可能乐于去看商业广告，而那些不愿意观看商业广告的人将会选择跳过、换台，或者迟点到达影院。节目商业险的必要性在两个或者三个维度的电视世界中更为凸显，但是在一个大多数观众直接为节目付费的时代，技术允许他们自行选择或者关闭节目，并且生产商和分销商能够找到其他获利的方式。植入广告削减了消费者和观众的选择自主性，使人们在观看节目只有一种选择。

对于广告植入，大多数成年人都有足够见识或者批判力，因此他们注意得到并且削弱植入品牌的影响力。然而，选择性的娱乐接触通常意味着观众们已经去除了批判性的消费价值观，而采取一种积极可接受的态度。当他们希望暂停批判性消费判断的时候。他们会谨慎地选择电影或者电视节目，寻求满意的节目，同时停止一切怀疑，而使自己沉浸在有趣的故事情节中。另外，他们会非常注意产品的描述和与故事之间叙述的关联度。

三、对于孩子的保护

这样一个过程对成年人来说必定是困难的，但对于那些没有足够媒介素养去解码传统广告的孩子来说，更加具有挑战性，更不用说那些隐藏了传统“广告信息”信号的品牌。从市场营销者和广告商的角度来看，儿童和其他人的深度参与，从角色、情节和行动等方面，这就为品牌与快乐喜悦的元素关联起来，提供了开放的机会。交叉促销，往往伴随着电影和电视元素的产品植入，这些元素应用到了快餐连锁店儿童餐的玩具或在孩子的卧室的服装或装饰、玩具、书，由此创建一个无缝的品牌流，因而具有广泛和深刻的说服力和经济影响。天真的观众，无论是儿童或成人，可能自己都意识不到，越来越多的销售玄机隐藏在娱乐活动中，观众具有越高的媒介素养，越容易对此表示质疑和警觉。

六七岁的孩子已经被证明和年长些的儿童一样，能够准确地记忆他们看过电影中的品牌（Auty and Lewis，2004）。想想看，谁会不记得《奇迹34街道》(*Miracle on 34th Street*）中那个装饰着圣诞老人的商店，谁会不知道诱惑 E. T. 从它的藏身之处出来的糖果品牌。同样，孩子们通过尼克频道（Nickelodean)、迪士尼以及卡通广播和电视游戏塑造的角色记住了那些服装、玩具以及其他小玩意儿。当产品的营销商通过人物角色制造周边商品时，取得的效果更加明显。这些产品被放在玩具商店的货架上，以及百货商店的儿童区域和大型卖场。例如，多拉探险家床单、汉娜·蒙塔娜家具、小查和蔻弟系列T恤等，这些产品的销售强化了儿童节目的商业性和节目植入广告的力量。

在调查的过程中，家长们表示，无论是明显还是不明显，他们都反对产品广告植入到孩子的节目、游戏以及书籍中，并且他们坚称这种植入广告应该被标志出来，这样他们就可以做出有关孩子是否接受的明智选择（Hudson et al.，2007）。国家广告部门商业促进委员会（National Advertising Division of the Council of Better Business Bureaus）表示他们将会审查孩子电视节目中的植入广告（Edwards，2005）；并且在规定要求上不会禁止植入，但是允许观众们为孩子们讲解更多的信息内容，从而使孩子们发现潜在植入的说服性广告，以及其他同等主题中的类似信息。

四、铤而走险的劝服

对于这种电视或者其他媒体中"非常规的"广告形式，观众们也表示对植入式广告非常担心（Gupta and Gould，1997；McKechnie and Zhou，2003；Brennan et al.，2004）。有关枪支、烟草和酒精的植入广告可能并不出现在儿童的节目中，而是在电影的内容里。例如，电影里吸烟角色的数目和讨论的特殊品牌，就招致了消费者权益集团对加强监管的提议（Lipman，1989）。传统广告中，被美化的饮酒和吸烟通常没有相关的警示标签，这就给营销者提供了一种不同的接触和劝说消费者的路径。

或许更大的危险存在于霸权影响下的无处不在的商业化。促销和品牌化融合于大众媒体的任意一种形式中，它通过在每场交易中的消费改变了媒体和信息。当几乎所有的文化传播方式，包括电影、戏剧、纪录片、电视节目，都承载着商业的认可，它有助于传播唯物主义霸权，即广告不仅重申了艺术美学的价值，而且使观众陷入了反复挑选商品的怪圈。克里奇摩尔（Kretchmer）曾提及她所指的"广告娱乐"（advertainment）的出现，描述其为"模仿传统媒体形式，但仅仅是作为一种特定促销广告代理的娱乐内容"（2004：39）。简而言之，植入广告将艺术、娱乐和观众们都全部地和商品结合在一起。

是否每种商品的植入广告对消费者而言都是不好的？显然这是错误

的。现实中的品牌植入可能会在增加场景中的深度，在脚本中添加更多幽默，为产品生产打下基础。但是作为消费者的观众，应该拥有他们选择是否愿意接受广告或者购买商品选择的权利。标注广告植入的方式，对广告不会有很大的影响，但是却赋予了观众和消费者更多的权利。

参考文献

Auty，S. and Lewis，C. （2004）. Exploring children's choice：The reminder effect of product placement. *Psychology & Marketing* 21 （9）：697－713.

Brennan，S. P.，Rosenberger，P. J.，and Hementera，V. （2004）. Product placement in movies：An Australian consumer perspective on their ethicality and acceptability. *Marketing Bulletin* 15 （1）：16－13.

Byrne，B. （2006）. And now，a （scripted） word from our sponsors. Washington Post （July 16），N7. Edwards，Jim （2005）. Regulators take another look at product placement. *Brandweek* 46 （36）（Oct. 10）：15.

Edwards，J. （2005）. Regulators take another look at product placement：FTC，NAD consider moves to regulate growing practice. *Brandweek* （Oct. 10），15.

Gupta，P. B. and Woodyard，C. （2011）. BMWs star in upcoming "MI." *USA Today* （Nov. 18），3B.

Hudson，S.，Hudson，D.，and Poloza，J. （2008） Meet the parents：A parent's perspective on product placement in children's films. *Journal of Business Ethics* 80：289－304.

Kretchmer，S. B. （2004） Advertainment：The evolution of product placement as a mass media marketing strategy. In M. Galician （ed.），Handbook of product placement as a maass media marketing strategy. In M. Galician （ed.），*Handbook of product placement in the mass media*. Binghamton，NY：Best Business Book，pp. 37－54.

LaFerle，C. And Edwards，S. M. （2006）. Product placement：How

brands appear in television, J. (1989). Outcry over product placement worries movie, ad executives. *Wall Street Journal* (Apr. 7), sect. 2, p. 5.

Mckechnie, S. and Zhou, J. (2003). Product placement in movies: A comparison of Chinese and American consumers' attitudes. *International Journal of Advertising* 22 (3): 349 - 374.

Nitins, T. (2005). Are we selling out our culture: The influence of product placement in filmmaking. *Screen Education* 40: 44 - 49.

第十一章 早期开放式新闻环境中的广告

报纸上的广告还是可信的。

——*托马斯·杰斐逊*（Thomas Jefferson）

当我早晨醒来，没有什么能比冲壶咖啡，用遥控器换到《早安乔》节目（*Morning Joe*，MSNBC的晨间新闻谈话节目）更让人神清气爽的了。我也算是这档节目的忠实观众了，在推特上，我关注了乔·斯卡伯勒（Joe Scarborough）和米卡·布热津斯基（Mika Brzezinski）这两位主持人，我喜欢他们的犀利式幽默，甚至，我对星巴克成为节目赞助商也非常支持。我完全赞成这种构想，你想，看早间新闻的时候不就得喝着咖啡嘛！这会儿星巴克该出场了，不是吗？

任凭人们如何看待未来的新闻业，但不可否认的是，新闻消费正在日益增长。然而在大多数情况下，广告支出却在逐渐减少，尤其是诸多媒体正在分散广告花销。人们就会一刻不停地关注自己的推特、菲利博（Flipboard）、电子邮箱、品趣志（Pinterest，世界上最大的图片社交分享网站）的个人动态，然而，我们也会偶尔间还是会看看晚间新闻，甚至读读报纸（即使我们还有很多不知道的事件，但是好像绝大多数的新闻我们都已经看过了）。在这样的环境下，还有什么媒体能赚到钱呢？人们早已习惯免费的新闻了，不仅仅意味着人们不愿意为获取资讯破费，也意味着新闻机构也不再愿意为供应商花销了。不妨试想下，正如新闻学专业的“幸运儿”拿到了无薪的毕业实习机会，而新闻传播者也充分利用了“公民新闻”的环节。

答案似乎很简单，“叫这些广告商付费就好了嘛”。但是，这样的“最佳答案”现在也不再是唯一的了。分析专家曾估计 2011 年谷歌单单在广告收益就将达到 360 亿美元，虽然这并不全是以牺牲传统媒体业务为代价，但很有可能是其中的一大部分。因此，传统广告的收益持续下滑，广告商必须物色新的业务项目进行合作；而媒体内容供应商也必须为广告进一步打开大门——而在多年以前，这还是人们无法设想的。

正如巴尔内斯（Barnes）和比尔鲍尔（Bierbauer）在下面的两篇文章中阐述的观点，在他们看来，广告空间的异化已经由来已久，而某些人还认为它从未消失过。但在最近几年，事情有了根本性的转变。人们一直不希望媒体赚得盆满钵满，这样就可以继续在无边无际的信息海洋里徜徉了。也就是说，人们认为曾是早期所谓“自由”领域中的广告（比如报纸头版这样的新闻圣地），对于媒体来讲是一笔少之又少的收入。

在新的媒体经济环境下，广告支撑着新闻媒体；几年前我们甚至还想象不到，然而现在广告无孔不入。对此，人们的态度会是怎样？由你来做评判。

思考题

1. 观看一两个小时的《早安乔》节目，记录下星巴克被提及的频次（别忘了算上主持人在切入广告时常说的“由星巴克提供”）。你发现一共有多少次？它的出现干扰到你看节目了吗？

2. 观看一些其他类型的新闻节目（比方说，可以对比一下本地早间新闻和《与马修一起刨根问底》节目），并将冠名的品牌作一统计，能否找出其间的不同之处吗？

3. 回忆一下诸如《今日秀》（*The Today Show*）这样的新闻节目中出现过的广告品牌，从中选出一个商品品牌，在你看来这样安插在节目中的商品算不算是一种植入式广告。在这些调查之后，思考这些广告是否影响到了你对这些商品的认知。

4. 翻阅多家报纸，可以是《今日美国》、你们当地报纸，或者像《华尔街日报》这样的国家性报刊。尝试比较报纸头版位置的广告，你发现了什么相似之处和不同之处吗？

5. 还是同样的几张报纸，现在来看社论部分，你是否发现这些文章基于的是通讯稿？好像有些描述确实来自通讯稿。如果社论和通讯稿几乎是一致的，你的意见是什么？

其他热议话题

1. 有些产品就是比其他产品要多具备新闻价值，那么这些产品就能够顺理成章地出现在新闻节目之中。

2. 视频新闻稿（广电媒体所用）以及新闻通讯稿（纸媒所用）并不是产品植入，也不应该被看作是产品植入。

3. 推特应当被看作是一种新闻网站，因此，推特就不应该为赞助商提供服务。

拓展阅读

Farhi, P. (2011). Despite law against it, stealth commercials frequently masquerade as TV news. *Washington Post* (Dec. 6). At http://www.washingtonpost.com/lifestyle/style/despite-law-against-it-stealth-commercials-frequently-masquerade-as-tv-news/2011/12/05/gIQANXaxaO_story.html, accessed Mar. 26, 2013.

La Ferle, C. and Edwards, S. M. (2006). Product placement: How brands appear on television. *Journal of Advertising* 35 (4): 63 - 86.

Richardson, K. B. and Pardun, C. J. (2012). The greatest entertainment ever sold: Branded entertainment and public relations agencies' role in product placement across media. Paper presented at the Association of Education in Journalism and Mass Communication, Chicago, IL.

Stelter, B. (2009). Starbucks is now the official joe of the "Morning Joe". *New York Times* (June 1). At http://www.nytimes.com/2009/06/01/Business/media/01joe.html?_r=0, accessed Mar. 26, 2013.

〔正方观点〕

这还是新闻吗？变味的新闻依然合理

贝丝・巴尔内斯
美国 肯塔基大学

在与一些资深媒体人交谈，无不提到在他们变化迅速的学科遭受着一系列挑战，这些变化将会在不久之后被称为“广告空间异化”（ad creep）。也就是说，广告将会逐渐从新闻内容延伸至其他之前从没有涉及的空间。

近年的发展使一些话题再度引起了人们的重视，广告对新闻内容产生的影响已经不再是什么新鲜话题。布朗（Brown）和巴尔内斯（Barnes）通过考察学生与从业者针对广告对广电新闻的影响的看法后发现，其中新闻相关人士非常关注这一问题。尽管业内如此关注，然而正如下述的案例，新闻编排与广告宣传的界限依旧模糊不清。但我们就可以说这绝非好事吗？

广告在传统新闻媒体的支出开始削减，报纸、广播电视节目也在试图用新的方式吸引广告商的再次加盟。这些新方式中，其中一个就是为广告商提供植入式广告的机会，而因为社论与广告内容巨大的鸿沟，这在之前是绝无仅有的。

一、关于报业

正如先前几家报刊，如《纽约时报》在 2009 年 1 月开始将广告刊登在了头版底部（Perez-Pena，2009）；此后，2010 年 9 月起，《华盛顿邮报》也效仿了此举（Calderone，2010）。每当一家主流大报开始将头版位置让给广告，编辑室的媒体记者和编辑无不为这场灾难、这次失德行为而痛心疾首。(Shafer 2009)

新闻学者和印刷史学者都深知，报纸头版的广告以及混淆在新闻中的广告早在美国 18 世纪—19 世纪就已经普及了（Shaw，2007；Shafer，2009）。新闻与广告的内容纠结不清，但这并没有妨碍美国报业的发展，现在亦是如此。

我们不能说《纽约时报》和《华盛顿邮报》将头版出售给了广告商，报纸的读者就会放弃订阅。正如一些主流商业报刊和出版物的订阅量连年下滑，因此只能转向刊登头版广告。但是，这些报纸的“出卖自己”的行为并没有赶跑读者。事实上，根据2011年9月报刊发行统计局（Audit Bureau of Circulation）提供的报告，在过去的6个月，《纽约时报》是美国发行量最大的三大报之一（Lulofs，2011），《华盛顿邮报》则排行第8位。而发行量位居前两位的《华尔街日报》和《今日美国》，其刊登头版广告的时间比《纽约时报》和《华盛顿邮报》还要久（Shaw，2007）。头版广告的刊登并没有使大量的读者流失，或许读者还未曾发现这一变化；更可能的是，他们注意到了这样的变化，但却不当回事，或是说，这不影响他们订阅报纸。

那么，头版刊登的广告具有怎样的吸引力呢？最基本的一点也正是广告商们选择购买版面的原因：依靠报纸的公信力。报社依靠编排和日积月累起来的信誉，又被登载在报纸上的广告共享了；又因为报纸会在其头版上登出最为重要的事件报道，因此在头版的广告似乎也更能受人关注。

因为版面位置的优越性，几年来广告商始终愿意以阔绰手笔来购买版面，头版位置的曝光度也吸引了盼望引起人们关注的广告商（杂志期刊往往会将封底版面充分用作广告植入，也就是人们常说的“第四封面”，无论是封面内页还是封底内页的广告位，其价格都十分高昂）。然而值得注意的是，不少报社选择将头版的广告安插在了页脚的位置，可谓“神不知鬼不觉”。换句话说，这样报纸在摆上报摊和报亭时，头版的广告是不容易被人发觉的。

面临前所未有的挑战，报刊要为广告商提供新的选择，于是他们会将自己的头版其他位置出售给广告商。有些报纸将头版和封底的部分版面，甚至整版版面出售给广告商；《华盛顿邮报》最开始出售的是就头版底部位置（Calderone，2010）。这些广告与头版刊载的新闻报道内容已经大相径庭，因此报纸所具的公信力在广告宣传它的产品时，就不一定行得通了，但至少头版的广告已经足够引人注目了。此外，一些报纸允许让广告商在头版的刊头位置（也就是报纸标题位置），用明艳的标注来宣传商品。

(Shafer 2009) 与占用头版版面的广告相比，这种刊头宣传并不值得发扬，但是这种方式使得广告在报摊和报亭能够显而易见。

无论是头版页脚位置的广告、覆盖版面的广告，还是出现在标题的宣传“贴士”，都是一种显而易见的商业宣传方式。没有读者（或是新闻从业者）会因为它出现在新闻报道之间而感到不适。广告信息过分占据头版，过分侵占重要报道的空间，已然上升成为一个道德问题。但如果说现在头版的广告比内页的广告更干扰读者阅读新闻，却是讲不通的。

当广告和内容的分界变得模糊，问题也就自然浮出水面。2009 年《洛杉矶时报》中一则关于电视剧《洛城警事》(*Southland*) 的广告被故意设计成了一则新闻，并刊登在了头版，因而《洛杉矶时报》招致了猛烈的抨击（Schotz，2009)。当然，即使这则广告已经注明了“广告”的字眼，但它的编排和设计实在是太像头版中的一条事件新闻了。声讨此次《洛杉矶时报》文字游戏的队伍中还包括了社会资深新闻从业者道德协会（Ethics Committee of Society of Professional Journalists)，这也是新闻界的权威监管机构。协会主席安迪·肖茨（Andy Schotz）如是写道：“我们的新闻业必须做到诚实。我们是为我们的读者、听众、观众而服务的。不允许以任何包括盈利为目的的方式，伪造新闻报道，来欺骗、愚弄受众。”

鉴于读者因为公信力而选择了阅读报纸，因而广告商想到借助公信力的力量来宣传自己的商品，NBC 认为此举还可以使《洛城警事》这档电视剧获益。听上去真有些难以理解。一旦广告玷污了新闻产品的公信力，那么从长远来看，新闻机构将会逐渐流失自己的信誉，进而丧失自己的受众，而最终使自己的新闻产品无法吸引到广告商的目光。比起赚更多的钱，广告商更应当促进、协助新闻媒体巩固信誉。头版广告、植入广告和刊头宣传标语，无不招致谩骂和怨言。新闻报道与广告内容的“不分彼此”也自然激起广泛的呼声：无论是新闻工作者还是读者本身，都应该拥有分辨这些广告内容的认知能力。

二、关于广电新闻业

对于广电新闻事业来讲，广告是否合理是其最关注的问题。正如在报业，新闻报道与广告的交织程度有高有低，在广电媒体更在意广告的内容合意度。

据2008年《纽约时报》的一篇报道称，梅里迪斯集团（Meredith Corporation）旗下的几家电视台在他们的早间新闻栏目中掺进了东家的广告。文中特别提到，在拉斯维加斯一家电视台的早间新闻“生活资讯版块中，主持人的台面上赫然摆着几杯麦当劳冰咖啡”（Clifford，2008）。这篇报道引用了其他电视台高层人士的态度，他们表示他们负责的节目绝对不容许出现这样的植入式广告。

而拉斯维加斯电视台的新闻部负责人亚当·P. 布拉德肖（Adam P. Bradshaw）曾表态，称自己也绝不接受这样的产品植入：“我绝不会让任何商品广告流入严谨的新闻播报之中。”（Clifford，2008）对于麦当劳产品的出现，布拉德肖解释道，作为赞助商，麦当劳此举并不能阻止电视台播报其负面新闻。《纽约时报》的记者还为此采访了专项负责植入式广告的广告从业人员，他们声称此举并不会影响到新闻内容本身，只是为了防止电视台报道不利于企业的新闻。正如其中一位所言，“我真的很希望电视台节目中能放进我们的产品”（Clifford，2008）。

自从2009年6月公开宣布星巴克成为“早安乔”有线电视栏目的官方赞助商，微软全国有线广播电视公司（MSNBC，由微软MSN和美国国家广播环球公司合资成立的广播公司）和星巴克集团将植入式广告推向了业界新高度。《纽约时报》称之为“近几年来广告商与全国性电视节目间最亲密的一次合作”（Stelter，2009）。双方一致协议：在栏目开头需提及“星巴克”字眼，节目中呈现星巴克的画面，合作主持人在录制中需使用星巴克产品。正如上文中提到的麦当劳案例，MSNBC称这样的赞助并不会影响任何报道内容。《纽约时报》的这篇文章引用了MSNBC董事长菲尔·格里芬（Phil Griffin）的原话：“他们（指星巴克集团）清楚我们的原则是什么。”（Stelter，2009）

一些广播电台允许自己的主持人和播报员用言外之意来传达广告内容。但很多人也不同意这种做法，因为听众们会认为这只是主持人个人喜好罢了。在拉斯维加斯的麦当劳广告案例中，《纽约时报》描写道，“主持人几乎就没端过杯子”（Clifford，2008）；而“早安乔”栏目则不同，据赞助商MSNBC的格里芬称，“几年来，我们每天都要提供一杯免费的星巴克”（Stelter，2009），言外之意，说明节目的合作主持人确实喜欢星巴克。

作为监管媒体行为的政府机构，联邦通信委员会（Federal Communication Commission）要求电视新闻机构若使用外部企业提供的信息材料，则必须向观众们说明（Clifford，2008）。无论是来自自家电视台（行业禁忌）还是企业，倘若电视节目中的人员接受了额外“好处”，那也必须向观众进行解释。(Farhi 2011）像 MSNBC 和星巴克之间的合作就一目了然。当然，并不是所有合作都是如此透明。

《华盛顿邮报》刊登过一篇关于埃里森·罗兹（Alison Rhodes）的报道，这位“安全员妈妈”在一档节目中大谈儿童安全产品。值得注意的是，罗兹谈到了 ADT 集团的一款电子监控器，以及一款带有报警器的儿童背包（Farhi，2011)。罗兹确实收受了 ADT 公司和背包制造商的钱来帮忙宣传，看她个人的网站知道。然而报道称，华盛顿任何一家电视台在邀请罗兹参加儿童安全节目时，都不曾听到有关广告的声明。

电视台没有及时公开赞助信息不仅违反了联邦通信委员会的条例，更会为自己带来一笔不小的罚款，甚至是牢狱之灾（Farhi，2011)。委员会自身也在考虑积极开展对于电视台植入广告行为的监管（Clifford，2008)。但委员会深知，比起电视台自己去意识到问题，观众的批评才是监管的入手之处。(Farhi 2011)

三、关于电子媒体

电子媒体中的新闻与广告含糊不清的问题，早已引起了联邦贸易委员会（Federal Trade Commission）的重视。至力于对食品广告进行监管的防止误导性广告信息的流入（FTC，n. d.)。眼下食品供应商时兴的一个策略就是创建一个网站，这个网站无论从各个角度看，都好像是一个专业的新闻网站（Mullin，2011)。网站也雇佣一些有着专业主持人水准的解说员，来“报道”科学界在一些商品中对减肥疗效的新发现。那些使用这些商品的“现身说法”无非出自一个个冒牌的个人账号，这些个人博客统统都被公司操控着（Mullin，2011)。

对于网络用户在有偿为产品和服务宣传时，须对此公开声明，委员会对此也作出过相关规定。这样的方针成为支撑联邦贸易委员会背书准则的框架（Bureau of Consumer Protection，2009）。正如委员会所规定的，最低的底线即当内容中含有赞助商广告时，读者、观众和听众要被告知。正如上文对纸媒行业的表述，这些准则实际上只对那些有责任心的广告商才会起作用。媒体机构靠出卖公信力，让广告加入到新闻媒体运作当中来，从传统的新闻产品到网络平台，无论是何种媒体方式，广告的植入最终都将使这个信息平台失去可信度。

四、新闻行业的职业道德规范

职业新闻工作者协会（Society for Professional Journalists）（SPJ，1996）和广播电视数字新闻协会（Radio Television Digital News Association）（RTDNA，2013）都曾在职业守则中提到，新闻工作者在报道新闻事实时应当保持客观、独立的态度。而新闻工作者对“空间异化”令人失望的举动，也反映出当广告商和媒体之间的关系过于广告亲密时，媒体工作者极度不安的情绪。然而，当广告植入前所未有地融进新闻报道中，这并不意味着广告商插手了新闻内容。

如果要确保植入新闻报道的广告不会影响到新闻内容，那么新闻工作者和广告商就必须都承担起责任。对于新闻工作者的职责表述必须明朗起来：新闻记者和编辑都必须经受得起来自出版商或远或近的压力，抵抗得住来自广告商的诱导。一旦出现了严重的失职，媒体就要被公示，这样业内和公众的舆论力量就能够抑制行业违规。

广告商也要像新闻工作者一样严于律己。这大概也就是为何大学课程中新闻学专业与广告学专业总是紧密相关。一名真正出色的广告人懂得尊重新闻工作者的独立性和客观性，并（我们当然希望）会协助媒体提升新闻产品的品质。现实生活中我们看到太多的鱼目混珠的新闻产品，然而倘若抛开新闻从业者重要的信念，那么会使规范的广告也无处安身。先前提到的布朗和巴尔内斯的研究，也考察了广告代理商以及媒体负责人的意见。这些媒体负责人肯定了“广告商应最大限度地提升媒体的客观自主性”的说法，也赞成“假如媒体失去了自身的公信力，那么它也就丧失了对广告商的吸引力”（Brown and Barnes，2001：26）。

经济的压力迫使媒体不得不在吸引广告客户的方式上苦作文章。尽管许多新闻工作者（甚至不少广告商）希望报纸头版不再刊登广告、电视节目中的植入广告热潮应当消退，但事实上却是不现实的。与其在新环境的事实面前自怨自艾，不如加速建立一个透明度高、健全的公示制度，这才能扩大广告商、媒体，最终也包括受众的利益。在这样的情形下，媒体就能够为广告商提供出更具吸引力和公信力的新闻产品，广告商也不会再扼杀媒体的公信力。

我们面临着新的形势。此时，面对曾经被形容为“政教分离”的广告媒体关系，我们应当撇开原有的质疑和猜忌，为双方共赢寻求新的合作之路。

参考文献

Brown, H. W. and Barnes, B. E. (2001). Perceptions of advertising influence on broadcast news. *Journalism & Mass Communication Educator* 55 (4): 18-29.

Bureau of Consumer Protection (2009). The FTC's revised endorsement guides: What people are asking. At http://business.ftc.gov/documents/bus71-ftcs-revised-endorsement-guideswhat-people-are-asking, accessed Mar. 26, 2013.

Calderone, M. (2010). Washington Post to start running front-page ads. *Yahoo! News* (Sept. 13). At http://news.yahoo.com/blogs/upshot/washington-post-start-running-front-page-ads.html, accessed Mar. 26, 2013.

Clifford, S. (2008). A product's place is on the set. *New York Times* (July 22).

Farhi, P. (2011). Despite law against it, stealth commercials frequently masquerade as TV news. *Washington Post* (Dec. 6). At http://www.washing-tonpost.com/lifestyle/style/despite-law-against-it-stealth-commercials-frequently-masquerade-as-tv-news/2011/12/05/gIQANXaxaO_story.html, accessed Mar. 26, 2013.

FTC (Federal Trade Commission) (n. d.) Weight loss & fitness. At http://www.consumer.ftc.gov/topics/weight-loss-fitness, accessed Mar.

26, 2013.

Lulofs, N. (2011). The top 25 U. S. Newspaper from September 2011 FAS-FAX. *NEWSBulletin Connection* (Nov. 1). At http: //accessabc. wordpress. com/2011/11/01/the-top - 25 - u-s-newspapers-from-september - 2011 - fas-fax/, accessed Mar. 26, 2013.

Mullin, J. (2011). Acai berry sting: FTC sues fake "news" sites hawking diet products. *paidContent* (Apr. 16). At http: //paidcontent. org/2011/04/16/419 - acai-berry-sting-ftc-sues-fake-news-sites-hawking-diet-products/, accessed Mar. 26, 2013.

Perez-Pena, R. (2009). The Times to sell display ads on the front page *New York Times* (Jan. 5), B3.

RTDNA (Radio Television Digital News Association) (2013) RTDNA code of ethics. *Radio Television Digital News Association* (Sept. 14). At http: //rtdna. org/article/rtdna _ code _ of _ ethics, accessed Apr. 3, 2013.

Schotz, A. (2009). SPJ ethics committee criticizes L. A. Times' fake news story. *Code-words: The SPJ Ethics Committee Blog* (Apr. 21). At http: //blogs. spjnetwork. org/ethics/2009/04/21/spj-ethics-committee-criticizes-l-a-times-fake-news-story/, accessed Mar. 26, 2013.

Shafer, J. (2009). Front page for sale. *Slate* (Sept. 7). At http: //www. slate. com/articles/news _ and _ politics/press _ box/2006/09/front _ page _ for _ sale. html, accessed Apr. 4, 2013.

Shaw, D. (2007). A fading tattoo. *American Journalism Review* (June-July). At http: //www. ajr. org/article. asp? id = 4342, accessed Mar. 26, 2013.

SPJ (Society of Professional Journalists) (1996) SPJ code of ethics. *Society of Professional Journalists*. At http: //www. spj. org/ethics-code. asp, accessed Mar. 26, 2013.

Stelter, B. (2009). Starbucks is now the official joe of "Morning Joe." *New York Times* (June 1). At http: //www. nytimes. com/2009/06/01/business/media/01joe. html? _ r=0, accessed Mar. 26, 2013.

〔反方观点〕

在新闻中做广告绝不是理想选择

查理斯·比尔鲍尔
美国 南卡罗莱纳大学

2012年的总统大选竞选期间，以刀子嘴闻名的喜剧演员史蒂芬·科尔伯特（Stephen Colbert）为了南卡的共和党预选，个人就投入了50万美元的资金。随之而来的活动名称有可能就是“科尔伯特超级政治行动委员会——南卡共和党党内预选”，看看科尔伯特，作为一个南卡罗莱纳州的子民，简直太棒了。然而，恕我冒昧，共和党却正在走向下坡路。

“基本上，联邦通用电气公司给予我莫大的支持，我才能放出撒手锏。”科尔伯特对《纽约时报》的记者称，大概暗示的是自己成立了一个不正规的超级政治委员会吧（McGrath，2012；US Supreme Court，2010；FEC，2011）。

确实如此，如果不是自毁前程，那就又是一个滑坡理论。今天撑过了佛罗里达初选，最终的角逐又会跳出出价更高的人。而政客则会尖利反问道：“谁不都是这样做的吗？”

如果说在新闻环境中，广告似乎偏离了轨道，或许是因为我们都已经丧失言论自由而步入一片混乱的沼泽困境，所有的事情都一定暗含着负面的含义，更不用说财力、资金和影响力的来源。

我们倾向于商业赞助，更加直接并且风险较低。你付钱你就能够冠名。在这过程中，大多数参与者和观察者察觉不到那些文字信息、隐形广告或者霓虹灯广告。美国南卡大学足球队出战了2012年第一资本碗（Capital One Bowl），曾经以橘红碗（Tangerine Bowl）而著称。该大学的篮球队在殖民时代竞技场（Colonial Life Arena）扮演过重要角色银行、保险公司、汽车生产商、披萨供应商等都曾赞助体育和娱乐活动和场所。全国运动汽车竞赛协会在其赛马季的每个周末都会在数以万计人眼前循环几百次它的滚动广告。等到M&M巧克力车已经在你的记忆里来回了500次，你还会考虑士力架吗？

所以，如果商业赞助和广告位对运动和政治来说足够多的话，必须说这是非常有利可图的，为什么在新闻环境中加入广告不妥呢?

这有几个原因：飞机失事，汽车商遭遇大量召回，制药厂制造不合格批次的产品，汉堡包里有大肠杆菌，银行倒闭或者成为成本很高的联邦救助受惠者，CEO 们撒谎、欺骗、偷盗或设计庞氏骗局。当这些事情发生在你的赞助者身上的时候，你愿意他来赞助你的广播新闻吗？并不是说我们不愿冒这风险。当故事相邻之时——想到失事的飞机，紧邻的电视和印刷广告的迫切需要点位置，这对赞助者来说太过亲密。坦诚地说，广告商致力于那样，即不能与其建立密切关系或者错误地进入毗邻的欢愉的诱惑。

并不是说我们没有见过赞助的新闻广播。1948—1956 年，美国全国广播公司的每日新闻广播被称为约翰·卡梅伦斯威兹的骆驼新闻队。在香烟被完全确定为致癌物质并且烟草广告退出广播之前，这是很好的。

受人尊敬的 CBS 新闻记者爱德华·默罗（Edward R. Murrow）后来用他的《此刻请看》(*See It Now*）节目对吸烟与癌症之间联系进行了一项调查。但是他也是烟草公司的托儿，空中一个拿着烟的手是默罗的商标（如果你没有看过，你可以看看 2005 年一个名为《晚安好运》[①] 的传记片)。在默罗采访中，空中飘着的一缕香烟是植入早期的广告。“当爱德华手臂放在椅子靠背，手里夹着烟卷开始吞云吐雾时，他看起来真是风度翩翩。”《纸板箱带来的癌》作者罗伊·诺拉（Roy Norr）如是描述道（Reporter on Smoking and Health，1963)。

今天，新闻广播几乎不会公开被赞助。因为他们不需要。他们的经济来源是新闻广播里的广告集团——不要误以为是赞助商。在大多数站点和网络中，现在新闻部是盈利中心，而过去他们是亏本的。

但是新闻部门在降低成本、提高利润方面面临着巨大的压力。有很多琐碎的，看似无害的方法可以做到这一点。为新闻主持人的衣服、发型和化妆达成贸易协议。在新闻广播体育、天气和社区化的特写中会有赞助商。视频新闻发布来自一些公司，本质上，这些公司是让你所报道的人写故事。这些做法很普遍，但不尽相同。

他们可能看上去是无害的。微软全国有限广播电视公司在《早安乔》

① 电影《晚安好运》(*Good Night, and Good Luck*)，讲的是一个“老烟枪”新闻工作者的故事。

(*Morning Joe*) 脱口秀节目中，桌子上乔的杯子里是谁的咖啡？是星巴克。当微软全国有限广播电视公司突然报道星巴克新闻时，那个咖啡杯会不会被拿掉几天？有关系吗？如果楼层经理忘记拿走咖啡或者乔不愿舍弃他的拿铁咖啡，会怎么样？这个节目是否必须面对这个问题？

当 2009 年宣布了声称 1 000 万美元的交易，微软全国有限广播电视公司的首席执行官菲尔·格里芬 (Phil Griffin) 告诉美联社："世界变了。10 年前、15 年前、20 年前的规则现在几乎无法适用。你不能再指望它们。你必须创新。"(Bauder，2009)

在地方层面上，产品渗透过滤环节是最薄弱的。例如，在哥伦比亚，南卡罗莱纳州，有四个站点的四个公司所有人制作地方新闻——WIS，一个融科置地 (Raycom) 所拥有的美国全国广播公司属下台；WLTX，一个甘尼特 (Gannet) 所拥有得哥伦比亚广播公司属下台；WOLO，一个 Behakel 所拥有的美国广告公司属下台；还有 WACH，一个巴林顿 (Barrington) 所拥有的福克斯下属机构。2011 年年底，这四个站点在市场中没有显示出一致性。在某些情况下，管理人员出现了自行决定他们站群内部的运作。

甘尼特公司 WLTX 总经理里奇·奥德尔说："都是甘内特每个站点的当地政策。我们没有付费产品展示位置。计算机上未设置标示，咖啡杯只有 WLTX 标志，没有服装交易，新闻节目主持人自己支付服装和发型的费用。"

穿过市中心的巴林顿的 WACH，临时总经理本·塔克说，新闻上没有来自巴林顿公司的植入广告的书面指引。一般原则只体现植入广告领域，当涵盖任何报道时，这些领域在做正确事情上不会产生冲突。塔克说该议题是非常灵活的(Tucker，2011)。

WIS 总经理多尼塔·托德说，融科置地的政策是"明确广泛"又享有特权的。(Todd，2011) 在 WIS 和其他站点，它也趋于细致入微。在 WIS 里，植入广告是不受欢迎的，并且需要总经理同意。托德说："没有人才曾提及过某个产品"；人才可能会说，"本周是交易周"来表示商业广告，但不会提及某个产品和服务。

对于广告商，体育节目和天气预报时段是最适合赞助的地方。WACH 的周五人气节目高中足球报道是由当地汽车经销商赞助的（我不想指出该赞助商的名字；这没有植入式广告），体育主播在代理商面前做了促销活动。甘尼特 WIS 也有一个汽车经销商赞助其周五足球。

WACH 的早间天气预报和午间时时天气预报都被赞助了。塔克（Tucker）说他在巴林顿的其他站点也被咖啡商赞助了。WACH 在他新闻板块的最后刊登一个“发型贷款”广告，覆盖了之前 WACH 狐的标志。WIS 有一个 spa 赞助商叫“湖面”，这个品牌形象地展示了哥伦比亚地区著名划船场地的水面。Todd 也承认说“现在体育和天气预报领域对广告越来越仁慈了”。

这些赞助的消息是无害的？不易被发现的？还是有害的？

在 2011 年的圣诞节期间，CNN 的闭幕字幕上显示的是“这些由 christianmatch 网提供”，那是一家为有共同宗教信仰的团体服务的在线网站。我们应该从这些现象中看到什么呢？

在 2011 年的 12 月，ABC《夜线》（*Nightline*）曾提到了“这些是由康菲石油公司为您提供”。康菲石油公司会因为 ABC 的播报而卖掉更多的石油么？

当《今日秀》节目的马特·劳（Matt Lauer）和萨瓦纳·格思里（Savannah Guthrie）邀请梅西百货（Macy's）的感恩节活动赞助，有上百家商家的植入广告参与其中，开始就是以梅西百货冠名出现的。

哪个应该耸肩，哪个应该眨眼，哪个应该抬起眉毛？（形容具体在哪段时间植入广告，修辞手法）如果在早晨电视节目的咖啡台上有星巴克，观众很可能都会关注到这一点的。

“如果我们开始推销产品还有谁会相信我们呢？”CBS 新闻的行政公关经理凯文·特德索（Kevin Tedesco）说，“在网络新闻里没有产品植入广告的空间。”另外，在 CBS 早间新闻 2012 年开始修订之前，“绝对不会考虑这个问题”!（Tedesco，2012）

不单单是美国媒体面对着这样一个问题。在 2011 年英国通信管理局即英国通信产业独立调整机构和市场管理当局允许植入式广告在英国的电视节目中出现。但是，英国通信管理局通知要求广播公司在节目播放的开始和结束前 3 秒都要在大屏幕上显示“P”的标志以及广告时间。这些相关式广告只适用于电影、电视剧、娱乐节目和体育节目。“这些在所有的儿童节目、新闻节目、时政节目、消费者建议以及宗教节目中禁止出现。”

英国通信管理局有详细说明。但是，在哪些地方准许没有非常具体说明。欧盟和英国的规定严禁烟草、酒、婴儿奶粉、处方药、赌博以及那些高脂肪、高盐、高糖的食物和饮料。(Ofcom，2011）呐，脱脂拿铁不在其列。

雀巢咖啡在 2011 年 2 月第一次打破了这个障碍，它是第一个巧妙地走进了 ITV《今晨》节目（*This Morning*）观众的视野。据报道，雀巢咖啡是投资了 10 万欧元让它的咖啡机出现在了现场。(Telegraph，2011)

在美国，FFC（联邦通信委员会）的规定更加注重透明度。FFC 的规则要求披露所有的赞助项目，包括产品植入和嵌入式广告，这种以金钱、服务或者其他的付款形式的方法。(Fcc，2011）任何在新闻、娱乐或者其他领域的产品植入广告交易都需要透明化。这正是在新闻广播的结尾处简洁的展示形式，在站点下方或者网站标识下某处。

但是在新闻环境中，有名牌标识的咖啡杯、发型师和银行招待员等几乎不能像掩饰新闻报道的进程或者其产品那样狡黠。尽管视频新闻被爆出是一种侵入式促销，但它还没有消失。新闻员工减少和预算缩减仅仅使得新闻机构更加容易插登引人注目的广告。视频新闻可能和一个制造商的产品信息一样简单或者跟赞美产品优点的代用记者或者新闻节目主持人一样虚伪。使用它们的站点有时分配一个记者来表达相同的内容。

一项来自媒体民主中心的研究发现，大多数的站点并没有公开披露赞助的电视的使用或者资源。中心文献 VNR 使用了来自 22 个州的 46 个站点并且发现了 54 个 VNR 广告记录，其中没有公示赞助源信息的就有 48 个。(PR Watch，2006)

尽管 VNR 可能会被许多新闻编辑室蔑视，但是它似乎被美国消费者产品安全委员会所偏爱。这个委员会的网站将 VNR 描述为“印刷新闻稿的电视版本”。这个网站提供了许多帮助有关于如何创造一个有效的 VNR，包括电视编辑建议、“咬烂”、购买卫星时间，和一个有关于“将 VNR 置于包括 YouTube 和 Facebook 的社会媒体网站”的建议。CPSC 官方公开公共事务提供“对视频制作中每一个步骤的帮助”。(CSPS，2011)

从一个新闻消费者的视角来看，这个的拯救方法会使规模稍小的当地 VNR 机构新闻产品过于平平和普通以至于超过它们本事的能力而放弃自我。在某一点上，电视观众可能不会被外界的事物所吸收。它经常性地看起来不像当地的报道、背景或者风格。他们认为他们能偷偷溜走吗？当然还是有人会的。

有些痴迷于自我招商地位的主站更愿意培养自己的形象。20 世纪 60 年代晚期，当时我在费城站做记者，一位助理新闻主任发布了一条通知，鼓励在我们的报道中给我们的转播车上的 logo 来一些镜头，出现的越早越好。我的地盘我做主。

更难于发现的是“偷摘广告”（plugola）的行为，比如看上去正在评论产品的专家。不管是本地还是网络水平的晨间秀节目都充斥着专家评论，我们很可能忽略的是这些专家很有可能是从产品制造商那里拿工资的。据《华盛顿邮报》揭露，在 2011 年，“安全妈妈”在节目中植入了电子家庭监视器和一个带内置报警的背包的广告，这个节目在卫星连接的作用下在 35 档晨间秀中播出。很多主站告诉《华盛邮报》，他们并未意识到安全妈妈由制造商付工资（Farhi，2011）。

联邦法律要求的是背书人向广播公司、广播公司向观众披露信息。你等得咖啡都凉了也不会看到相关的披露信息的。这很少被强制执行。一个 FCC 的发言人告诉《华盛顿邮报》，“我们知道的唯一方法是除非有人投诉”。(Farhi 2011)

他们抱怨在 1999 年《洛杉矶时报》与当时新斯台普斯中心球馆从事巨型产品推广，当时《洛杉矶时报》和斯台普斯中心同意分摊有关于竞技场开放的那份《时代周刊》发行的利润。这个问题产生了超过 200 万美元的收入。这也产生了近 300 位的记者和编辑以及出版商凯瑟琳唐宁的尴尬道歉的请愿书。唐宁表示，没有公开披露的交易源于她对编辑原则的“本质的误解”（Hilzik & Hofmeister，1999）。“时代-斯台普斯”事件已经被奉为在降低广告和编辑内容之间什么不该做的防火墙的典范。

虽然植入式广告大体上不可能作为新闻内容，但它已经侵入了新闻。但是广告现在经常出现在报纸的头版，伪装得像新闻文章一样，这对社论版是一种侵害。

就像广告业的网络守望者 ClickZ 描述的那样，《洛杉矶时报》因为一个利润丰厚的虚假的头版宣传 2010 年的电影《爱丽丝梦游仙境》，但又“掉进兔子洞”。ClickZ 表示，插入广告引发了电话、电子邮件和博客涌向《洛杉矶时报》，有些人强烈抗议，有些人则娱乐其中。(Virzi，2010)

美国社会认为杂志编辑的指导方针是，“封面是编辑和出版商品牌的声明。广告的封面上增加了内容与广告冲突的可能性。封面和书脊不应用来印刷宣传除杂志本身以外的产品”。但准则是模棱两可的：“虚假的封面和用于广告封面的头版始终被标记为广告。”（ASME，2011）ASME 承认它几乎没有执行权。

互联网仍是相对未知的区域。广告无处不在，顶部、侧面、底部或是介于两者之间。有时，他们在你阅读的东西的时候弹出，并蔓延到网络，这是所有的传统媒体都无法阻挡的。报纸和电视新闻编辑室都已经转移到“网络第一”的新闻生产模式。记者经常被告知首先要把信息发布到网上，他们的印刷和广播媒体紧随其后。互联网带来的挑战不是去制造新闻，而是赚钱。股票问题就是：我们如何赚钱呢？与之相对的问题是：广告和内容之间是否有明晰的界限划分？许多新闻网站与报纸页面的标题、故事内容以及通告和广告看起来都一样。我们最无须担心的是将我们都熟悉的广告和新闻产品内容进行融合，并从印刷媒体转移到网上

真正未开发的领域是被社会媒体所占据的——Facebook，YouTube，Twitter，和其他媒体。谁真正了解他们 Facebook 的朋友或者推特的粉丝们，哪怕我们控制了谁是我们的“朋友”或者“粉丝”？尽管社交媒体很大程度上是社会性的，但许多新的组织已经发觉了通过社会媒介来吸引电视观众和读者的潜力。他们鼓励消费者“在 Facebook 或推特上关注他们”。

新闻媒体所到之处都吸引眼球；吸人眼球之处，便是广告商。

《西翼报道》（West Wing Report）是一个企业冒险利用一个人使用社交媒体广告的案例，就像在 2012 年 9 月，Paul Brandus's@westwingreport 有 137 870 个推特关注者。布兰特斯（Brandus）是位经验丰富的华盛顿和外国新闻的通讯员，他的推特内容比较广，包括奥巴马的活动、白宫活动、总统选举史。赞助商的推特会周期性地被推送：West Wing ReportWest Wing Report * Sponsor * Time to enjoy some Batdorf & Bronson Coffee. Handcrafted single origin coffees & blends. @Batdorf Coffee. http：//bit. ly/mXbDHd.

当然，布兰特斯同意 WWR 的赞助政策，这个政策有三个基本点：① 赞助商可以被清晰地识别出；② 没有赞助商与 WWR 发表的问题相关；③ 赞助商没有编辑发语权。(Brandus，2012）他解释说：“我想确保在内容与广告之间有清晰的界限。”WWR 并没有在一条推特上将广告和内容混

合，他们同样地经渭分明。

《西翼报道》的在线网站则更合理。网站上有六个模块提供“你的广告在这儿”。其中一个网站植入广告的项目是可宽恕的。“你没有必要穿着WWR的T恤就看起来像模特一样棒，做你自己——在WWR商店!”（Café Press，n. d.）对于自我推销，我们可能更愿意让步，是安排合理的网页，而不是恶意放置广告。问题并不是我们自吹自擂，而是鼓动别人为一个好的新闻环境而斗争。

史蒂芬·科尔贝特对《时代周刊》说：“我认为任何东西都有可能待售。”（McGrath，2012）

在新闻商业中，我们中的许多人都说过，我们失去最多的就是正直和声誉这绝对不是一个明智的想法。而我们又何必给自己增添被怀疑的程度呢。

参考文献

ASME（American Society of Magazine Editors）（2011）. ASME guidelines foe editors and publishers. *American Society of Magazine Editors.* At http：//www. magazine. org/asme/editorial-guidelines， accessed Mar. 26，2013.

Bauder，D. （2009）. MSNBC，Starbucks in sponsorship deal. Huffington post（June 1）. At http：//www. huffingtonpost. com/huff-wires/20090601/us-tv-msnbc-starbucks/，accessed Apr. 4，2013.

Brandus，P. （2012）. Interview by phone，email，and Twitter. West Wing Reports@West Wing Report（Jan. 5）.

Cafe Press（n. d.）. West Wing Report. At http：//www. cafepress. com/westingreport1，accessed Mar. 26，2913.

CPSC（2011）. Video news release guide. United States Consumer Product Safety Commission At http：//www. cpsc. gov/en/Business-Manufacturing/Recall-Guidance/Video-News-Release-Guide/，accessed Mar. 26，2013.

Farhi，P. （2011）. Despite law against it，stealth commercials frequently masquerade as TV news. *Washington Post*（Dec. 6）. At http：

//www. washingtonpost. com/lifestyle/style/despite-law-against-it-stealth-commercials-frequently-masquerade-as-tv-news/2011/12/05/gIQANXaxaO _ story. html, accessed Mar. 26, 2013.

FCC (Federal Communications Commission) (2011). The policy and regulatory landscape. Federal Communication Commission. At http: // www: //transition. fcc. gov/osp/inc-report/INoC - 26 - Broadcast. pdf, accessed Mar. 26, 2013.

FEC (Federal Election Commissin) (2011), Advisory opinion 2011 - 11. At http: //colbert-superpac. com/advisory/Advisory-Opinion. pdf, accessed Mar. 26. 2013.

Hiltzik, M, A. And hofmeister, S. (1999). Times publisher apologizes for Staples Center deal. *Los Angeles Times* (Oct, 28). At http: //articles. 1atimes. com/1999/oct/28/business/fi - 26983, accessed Mar. 26, 2013.

McGrath, C. (2012). How many Stephen Colberts are there? *NewYork Times Magazine* (Jan. 4). At http: //w, l1vw. nytimes. com/2012f01/08/magazine/stephen-colbert. html? pagewanted = all, accessed Mar. 26, 2013.

O'Dell, R. (2011). Email exchange with general manager, WLTX, Columbia, SC (Nov. 14).

Ofcom (2011). Product placement logo to be shown on TV screens. 0f1com (Sept. 25). At http: //media. ofcom. org. uk/2011/02/14/product-placement-logo-to-be-shown-on-tv-screens/, accessed Mar. 26, 2013.

PR watch (2006). Still not the news: Stations overwhelmingly fail to disclose VNRs. The Center for Media and Democracy's PR Watch (Nov. 3). At http: //www. prwatch. org/fakenews2/execsummar111, accessed Mar26, 2013.

Reporter on smoking and Health (1963). Ed Murrow-victim of smokers cancer. Reporter on smoking and health 1 (4) (0ct. -Nov). Tobacco. org. At http: //archive. tobacco. org/Documents/reporter4. html, accessed Mar26, 2013.

Tedesco, K. (2012). Phone interview with executive communications director, CBS News, New York (Feb. 6).

Te legraph (2011). Nescafe coffee machine on This Morning is first product placement on TV. Telegraph (Feb. 28). At httP: //www. telegraph. co. uk/ culture/tvandradio/8350382 Nescafe-coffee-machine-on-This-MOmin9-is-first-product _ placement _ on _ TV. html, accessed Mar. 26, 2013.

Todd, D. (2011). Phone interview with general manager, WIS, Columbia, SC (Nov. 14). Tucker, B. (2011). Email exchange with interim general manager, WACH, Columbia, SC (Nov. 17).

US Supreme Court (2010). Citizens United v. Federal Election Commission (no. 08 _ 205). At http: //www. 1aw. cornell. edu/supct/ html/08 - 205. ZS. html, accessed Mar. 26, 2013.

Virzi, A. M. (2010). Advertising vs. editorial: Can this marriage be saved? *ClickZ* (Mar. 19). At http: //www. clickzcom/clicks/column/ 1692908/advertising-vs-editorial-can-this-marriage-be-saved, accessed Mar. 26, 2013.

第十二章
广告游戏

我喜欢电子游戏，我喜欢高科技，我喜欢积极的生活态度。

——吉米·法隆（Jimmy Falon）

对于从事广告行业的那些人来说，所面临一个挑战是开拓新的领域——这个新领域即是将广告投放于一个受欢迎的、公开可见的，并且可能被引导的未拓展领域。广告游戏就是这样潜在的市场。广告游戏是被广告者创造的一类游戏，用一种消遣娱乐的方式来使消费者与一种商品互动（有时是提供商品信息）。这一新领域存在着无尽的潜能。没有人会逼迫你去玩，所以如果你选择去玩游戏的话，那么你接下来很有可能就会也因此喜欢上这种产品。这些游戏一般会很有趣——甚至可能会带给消费者一次深刻的体验。

从大众传媒的视角看，广告游戏背后的基本设想是：如果你玩很长时间的游戏的话，这意味着你和这个产品接触很长时间，理论上意味着你已经和该产品接触了；并且最终，将会有可能去购买该产品。这是一个经典的涉入理论（我参与、接触或者考虑这个产品游戏的时间越长，那么我最终购买该产品的概率也会越高）。

然而，认知失调理论在这儿可能也会起作用。下面就是该理论的影响：你花费了你生命中一个小时在玩一款很低劣的游戏。真是浪费时间哇！因为你浪费了时间，所以经历了一次认知冲突（因为我们都不想浪费时间）。该理论认为，我们若想要消除这样的失衡，其实我们有许多途径可以实现，其中有一个就是认为这个游戏是一次特别有教育意义的体验过程，所以它一点也不浪费时间；另一个方法是去想你花费如此之多的时间接触的产品，实际上是一个不错的产品，并且玩这款游戏能够帮助你了解这款“不错产品”的更多信息。这些理由对广告商来说，都足以将开展广告游戏项目纳入公司的营销战略。

这些文章的作者帮助解释了广告游戏如何被用于广告策略上的。艾德丽安·霍尔兹·艾沃里（Adrienne Holz Ivory）和詹姆斯·艾沃里（James Ivory）研究重点是关于孩子和食品的广告——在这个广告策略上有一个极其巨大的市场。他们关于这个战略潜在危机的争论集中在：广告商对这个脆弱的市场青睐有加。然而，凯文·怀斯（Kevin Wise）和萨利姆·奥哈巴斯（Saleem Alhabash）采用了一种截然不同的思路，认为广告游戏战略可以占据更大市场。哪个论点更具有说服力呢？由你来决定！

思考题

1. 选择一个最喜欢的产品（例如喜欢吃的零食和饮料），进入其公司网站，看是否可以找到一款广告游戏。如果找得到，玩一会儿，并记录下你在游戏过程中的感受和启发。你学到了什么呢？

2. 找到一款你玩过，但是其产品从未使用过的广告游戏。这种经历你可曾有过？你认为这会影响到对这款产品的印象吗？

3. 花一些时间浏览下网页，找寻广告游戏。你找到了什么了吗？你注意到哪些产品更倾向于使用广告游戏做宣传？

4. 与已经体验过广告游戏的人交流。如果可以的话，尝试找到许多不同年龄段的人（譬如你的父母、兄弟姐妹、朋友们）。你发现什么啦？哪个年龄段是最适合广告游戏的？请说出你的理由。

其他热议话题

1. 很少有人会把玩广告游戏的行为看作是不道德的广告战略。
2. 广告游戏压根就不应该当作一种营销手段，它完全是另一类东西。
3. 年满 18 周岁的人才允许玩广告游戏。

4. 只要广告游戏被明显标注出来，所有的广告商都可以随心所欲地运用这一手段，不需考虑面对的消费群体或推销的产品。

拓展阅读

Bandura，A. and McClelland，D. C.（1977）. *Social learning theory*. Prentice Hall.

Commings，W. H. and Venkatesan，M. M.（1976）. Cognitive dissonance and consumer behavior：A review of the evidence. *Journal of Marketing Research*（*JMR*）13（3）：303－308.

Lee，K. M.，Jeong，E. J.，and Ryu，S.（2011）. Computer games and self-efficacy：Effects of game experience on various types of self-efficacies. Paper presented at the annual meeting of the International Communication Association，May 25.

Sweeney，J. C.，Hausknecht，D.，and Soutar，G. N.（2000）. Cognitive dissonance after purchase：A multidimensional scale. *Psychology & Marketing* 17（5）：369－385.

〔正方观点〕

食品饮料的广告游戏正侵蚀着孩子们的健康

艾德丽安·霍尔兹·艾沃里
詹姆斯·D. 艾沃里
美国 弗吉尼亚理工学院

在广告商持续的努力之下，广告游戏已经作为一种有效的工具为潜在的消费者提供尽可能多的积极接触他们的产品及品牌的机会。广告游戏已经被描述成“一个品牌丰富的环境，将视频游戏（通常是在线的）与广告融合在一起”。简而言之，广告游戏设置的中心目标是将广告信息传递给他们用户的视频游戏。自2010年“广告游戏”一词诞生开始，推广产品的广告游戏已经普及开来。广告商花费数亿美元投入在广告游戏上。

尽管广告商正在努力地将广告游戏作为一种无害的方式推销给消费者，但是当我们认为它们经常向孩子们推销不健康的食品和饮料时，广告游戏更加狰狞的一面已经显露了出来。暴力视频游戏很可能会成为我们社会安康的阻碍，食品和饮料广告游戏可能对公共利益产生一个更大的负面影响，因为他们推销的是垃圾食品和饮料。在本文中，我们将讨论食品和饮料广告游戏的参与频繁性与广泛性，提供了一些关于孩子们肥胖比例和不健康饮食的资料，并解释了这些广告游戏和其他的食品和饮料广告对孩子们的饮食选择和健康产生怎样的负面影响。

一、食品广告游戏的流行性与可及性

在美国所有选择广告游戏来将产品推销给玩家的企业，可能没有一家像食物和饮料工厂那样能充分利用广告游戏。食物和饮料网站的内容分析已经通过推销著名的食物和饮料产品，挑出了几百个在线广告游戏。这些广告游戏的数量，相当于美国儿童电视食品广告的4/5。这些广告游戏似乎很容易就能吸引年轻的受众，超过200万的孩子和青少年每月通过广告游戏来浏览食品网站，甚至一些未成年人花费一小时来单独用来浏览广告游戏网站。相比于那些没有广告游戏的网站，儿童和青少年也经常性地通过广告游戏来长时间地浏览食物网站。不幸的是，大多数通过这些广告游戏推销的食品和饮料都是些不健康的食品，如糖果、快餐、碳酸饮料和咸点心，只有非常少数的与食物相关的、以广告游戏为特色的网站含有关于蛋白质的信息。

二、未成年人的不健康饮食和肥胖问题

通过频繁地使用广告游戏来促销不健康的食品，将会迎来这样一个时代：儿童肥胖症已经成为流行性疾病。到2010年，16.9%的美国孩子和青少年患肥胖症，31.8%的体重超重（当前肥胖和超重水平是由基于年龄的身体质量指数来定义，这些指数来自于数据控制中心，分数在第85个百分

比到第95个百分比之间被定义为超重，超过第95则定义为肥胖)。儿童肥胖不只是存在美国的一个问题。到2010年，世界上6.7%的青少年都超重或肥胖，然而1990年才只有4.2%，并且预测到2020年全世界将多达9.1%的儿童将会超重或者肥胖（de Onis et al.，2010）。

不健康的垃圾食品和含有高量的糖、盐、脂肪及极低营养价值的零食是超重或肥胖青少年众多的罪魁祸首。2004年一项对美国6 000多个4—9岁的儿童调查研究发现，30.3%的儿童在典型的一天吃过快餐食品（Bowman et al.，2004)。在青少年中如此高比例的劣质食品消费是有问题的，随着研究的继续发现，吃快餐喝加糖饮料的青少年体重更可能偏重，并且会继续摄入更多的卡路里、有更糟糕的饮食习惯（Ludwig et al.，2001；Bowman et al.，2004；Taveras et al.，2005）。

不健康食物习惯导致青少年肥胖率提高，而广告游戏是否又加重这一问题，或者说，儿童的饮食选择与他们接触的休闲游戏是否无关？在考虑广告对儿童饮食习惯和健康带来的负面影响之前，可以考察在大量关于一般食品广告对儿童饮食习惯具有负面影响的文献中。

三、广告游戏对儿童饮食习惯和健康的影响

经过几十年研究后，我们被媒体内容影响的程度依然还不透彻。尽管很多人认为媒体可能有时候影响我们的认知和行为，尤其接触比较多的时候（Bryant and Oliver，2009)。大多数媒体的影响力是不一样的，并且不同的范围是由许多因素所决定的，这些因素包括信息内容、信源、受众和环境（McLeod and Reeves，1980；McLeod et al.，1991）影响深远且相对平稳的媒介效果场，在这里就表现为食品饮品广告对儿童的饮食态度和行为的影响力。

儿童被电视上接二连三的食品广告连续轰炸。一年内儿童要接触数以万计的电视广告，广告中最常见的产品类型是食品和饮料（Gantz et al.，2007)。食品和饮料广告甚至在儿童节目中也很常见（Desrochers and Holt，2007)。这些食品广告通常将它们的产品与参与竞技活动、有趣、扮酷和快乐联系起来（Folta et al.，2006)，即使大多数面向儿童的食品和饮料电视广告产品含有高卡路里、饱和脂肪、糖分或者钠和低营养价值，但

这不应该成为日常饮食中一部分。(Stitt and Kunkel，2008；Powell et al.，2011)。

毫无疑问，电视上所有不健康食品广告会影响到观众，尤其没有能力分辨广告的商业化、劝服意图的儿童（Carter et al.，2011)。总之，看电视与垃圾食品消耗和儿童身体质量指数增加是有关联的（Janssen at al.，2005；Livingstone，2006；Dixon et al.，2007；Brown at al.，2011)。尽管看电视影响饮食习惯和体重很可能是因为它是一个久坐不动的活动，但当看电视时，久坐不动的活动又有利于吃零食，而不是因为电视上在广告食品；然而另一项研究更加明确地暗示食品和饮料广告是观众糟糕饮食选择和不健康的罪魁祸首。

有这样的一个例子（Gorn and Goldberg，1982)，在夏令营中，相比接触水果广告、营养公益广告或者没有接触过的儿童，接触糖果广告超过两个礼拜的儿童会更可能选择糖果而不是水果作为零食。另一项研究(Halford，2004)，被研究人员展示食品广告的孩子们比那些没有被展示的孩子们更易暴露于该食品广告之下。广告被发现影响特定不健康产品的选择。在一项研究中（Audy and Lewis，2004）相比于看相同电影片段但没有植入广告的儿童，看带有一个特定的苏打水品牌植入式广告的电影片段的儿童，随后更可能选择这个品牌的苏打水而不是别的牌子。食品广告影响产品选择可能比其他影响更强有力，正如一项研究发现当儿童看带有来自连锁快餐店的法式炸薯条或苹果零食广告的节目，每个团体中的大多数人都会选择一个优惠券，因为这是他们看过的产品，而根本不管父母是否参加一项鼓励孩子去选择健康食品的研究。

不局限于食品的品牌，食品广告对饮食选择都有着一定的影响。另一组的研究（Harris et al.，2009）发现，相比于看带有产品而不是食品广告的电视的其他人，儿童和大人看带有食品广告的电视会吃更多可提供的食品。即使研究参与人员可提供的食品都包括在节目中广告过得产品，食品广告对饮食影响的一系列研究表明，食品广告可能直接影响人们无意识的饮食行为和对广告产品和品牌的态度。基于广泛的研究证据表明，接触电视食品广告导致儿童不健康饮食和肥胖；数学模型和专家小组曾表明，如果电视上没有不健康食品的广告的话，美国每 7 个肥胖儿童有 1—3 个可能不会变胖（Veerman et al.，2009)。

四、广告游戏对儿童饮食选择的影响

电视上的食品和饮料广告对儿童健康的影响可能已经有足够的证据去证明广告游戏也会有害，仅仅因为他们也是食品和饮料广告的一种形式。通常广告对儿童食品选择的影响已超过已知，一些研究曾调查过食品广告游戏的影响力，尤其是对儿童饮食偏好的影响。在一项研究中（Mallinckrodt and Mizerski，2007），相对于实验控制组中没有玩过这个广告游戏的孩子，玩带有含糖冷麦片品牌的广告游戏的儿童一般更加倾向于表露出对该品牌的喜爱超过其他品牌的麦片和其他食品。尽管玩广告游戏的大多数孩子都能够分辨出广告意图是推动促销冷麦片品牌的销售，但是对这种促销意图的认识并没有影响到广告游戏对孩子偏好广告品牌的影响力。

在另外一项研究中（Harris et al.，2011），孩子被分别安排在两个都带有不健康食品的广告游戏、两个带有健康食品的广告游戏，或者两个没有食品广告的游戏组中。在随后休息吃零食时，提供了健康和不健康的食品，玩过带有健康食品广告游戏的孩子更倾向于吃健康食品，而玩过带有不健康食品广告游戏的孩子则更倾向于吃不健康食品。不健康广告游戏对不健康食品的摄入量的影响也是对在研究前玩过广告的孩子们稍微强一点，这表明广告游戏的影响力可能随着沉迷程度的加深而增强。相似研究比较对带有促销健康或不健康食品的广告游戏的各种版本的反应，研究发现游戏上的促销食品可以影响孩子后来对食物的偏好和选择（Pempek and Calvert，2009；Dias and Agante，2011）。

然后，这些研究结果表明，广告游戏对饮食偏好和行为的影响与观看电视广告是一样的。尽管一些具体的长期的有关肥胖对健康的影响还未曾知晓，在食物广告和其他广告对孩子们的饮食偏好和行为的影响之间的平衡点表明，食物广告像其他食品广告一样对孩子们的健康产生一个同等的威胁。

就像另一种形式的有害食品和饮料广告，食品广告可能比电视食品广告有潜在的甚至更消极的影响，因为他们随处可以玩在线游戏。尽管有关孩子们规划的电视广告被这样的典型的信息所占据，即被广告所干扰的节目，大多数广告游戏网站没有广告内容这样的标示（Moore，2006）。因此广告内容在广告游戏网站上的存在可能没有电视广告那么明显，可能会限制孩子们的认知和处理，并将其作为具有说服力的商业信息。此外，将精力和注意力花费在广告游戏中会导致儿童对其的戒备放松，甚至于对广告游戏的产品产生好感（Moore and Rideout，2007）。最后，相比于简短的电视广告，广告游戏可能会鼓励孩子们花更多的时间使用他们，延长孩子们在促销信息上的时间。但是应注意到这样一个争论，即为什么食品广告游戏可能会比电视广告产生更强烈的影响还有待揣摩，还没有得到研究的支持；需要更多的研究来比较这两种广告形式的影响，但是与此同时，也有足够的理由担心广告游戏，即使它们对儿童的影响并不比已经被观察到的电视广告的令人不安的效果更强。

五、结　论

大多数研究已经探索了电子游戏潜在的影响，尤其是视频游戏中的暴力对用户的攻击性的影响。尽管在过去几十年内，许多社会科学家认为，电子游戏可以刺激用户者作出激烈反应（Anderson and Bushman，2011；Anderson et al.，2010），但近来越来越多的研究对这个观点提出了挑战（Ferguson，2007、2010）。同时，暗示对孩子们的健康产生消极影响的食品和饮料广告游戏显示对孩子们健康产生最大即刻伤害的电子游戏不是那些暴力游戏，而是推销饮食惯例的广告游戏。

一个好消息是，像其他那些广告形式一样，广告游戏可以被用来促进健康的选择。就像垃圾食品的广告可以影响不健康的饮食选择，健康食品广告可以增加健康的饮食决定。研究已经发现健康食品广告可以促使孩子们对健康饮食有一个更加积极的态度，包括电视上的广告和广告游戏。同时，研究也表明，广告游戏的额外“广告休息”可以用来区分促销物质的内容，以减少孩子们对广告游戏促销品牌的偏好。可能我们将会看到促销食物和饮料的广告游戏的不断增加，而且广告商的责任意识也在增加，比如当广告游戏被用来促销不健康产品时出现的“广告休息”。同时，孩子们、父母们、老师们、广告商们和监管者们都应该记住不论怎样改善，给孩子们不健康的食品和饮料的广告可从未停息！

参考文献

An S. and Stem, S. (2011). Mitigating the effects of advergames on children: Do advertising breaks work? *Journal of Advertising* 40: 43 - 56. doi: 10.2753/JOA0091 - 3367400108.

Anderson, C. A. and Bushman, B. J. (2001). Effects of violent video games on aggressive behavior, aggressive cognition, aggressive affect, physiological arousal, and Prosocial behavior A meta-analytic review of the scientific literature. *Psychological Science* 12: 353 - 859. doi: 10.1111/1467.9280.00366.

Anderson, C. A, Shibuya, A, . Ihori, N., Bushman, B. J., Sakamoto, A., et al. (2010). Violent video game effects aggression, empathy, and prosocial behavior in Eastern and Western countries: A meta-analytic review. *Psychological Bulletin* 136: 151 - 173. doi: 10.1037/a0018251.

Auty, S. And lewis, C. (2004). Exploring children's choice: The reminder effect of product placement. *Psychology and Marketing* 21: 697 -713. doi: 10.1002/mar.20025.

Bowman, S.A., Gortmaker, S. L., Ebbeling, C.B., Pereira, M.A., and Ludwig, D.S. (2004). Effects of fast-food consumption on energy inlake anddiet quality among children in a nationaI household survey Peddiatrics 113: 112 _ 118.

Brown, J. E, Nicholson, J.M., Broom, D.H, and Bittman, M. (2011). Television viewing by school - age children: Associations with physical activity snack food consumption and unhealthy weight. *Social Indicators Research* 101: 221 _ 225. doi: 10.1001/sl1205 _ 010 _ 9656 _ x.

Brownell, K.D. (2004). Fast food and obesity in childern. *Pediatrics* 113: 132.

Bryant, J. and Oliver,, M. B. (eds.) (2009). *Media effects: Advances in theory and research*, 3rd edn. New York: Routledge.

Carter, O. B. Patterson, R. J. Ewing, M. T. and Roberts C. M. (2011). Children's understanding of the selling versus persuasive intent of junk food advertising: Implications for regulation. *Social Science and Medicine* 72: 962 _ 968. doi: 10. 1016/j. socscimed. 2011. 01. 018.

Culp, J. , Bell, R. A. , and Cassady, D. (2010). Characteristics of food industry web sites and "advergames" targeting children. *Journal of Nutrition Education and Behavior* 42: 197 _ 201. doi: 10. l01afjneb. 2009. 07. 008.

de Onis, M, Blossner, M, and Borghi, E. (2010). Global prevalence and trends of over _ weight and obesity among preschool children. *American Journal of Clinical Nutrition* 92: 1257 – 1264. doi: 10. 3945/ajcn. 2010. 29786.

Desrochers, D. M. and Holt, D. J. (2007). Children's exposure to television advertising: Implications of childhood obesity *Journal of Public Policy and Marketing* 26: 182 _ 201. doi: 101509/jppm. 26. 2. 182.

Dias, M. And Agante, L. (2011). Can advergames boost children's healthier eating habits? A comparison between healthy and nonhealthy food. *Journal of Consumer Behavior* 10: 152 – 160, doi: 10. 1002/cb. 359.

Dixon, H. G, Scull111, M. L Wakefield, M. A. White, V. M. and Crawford, D. A (2007). The effects of television advertisements for junk food versus nutritious food on children's. food attitudes and preferences. *Social Science and Medicine* 65: 1311 – 1323 • doi: 10. 1010/j. socscimed. 2007. 05. 011.

Ferguson, C. J. (2007) The good, the bad, and ugly? The meta-analytic review of and negative effects of violent video games. *Psychiatric Quarterly* 78: 309 – 316. doi: 10. 1007/s111126 – 007 – 9056 – 9059.

Ferguson, C. J (2010). Blazing angels or resident evil? Can violent video games be a force for? *Review of General Psychology* 14 (2): 68 – 81. doi: 10. 1031/a0018941.

Ferguson, C. J (2010)., Munoz, M. E,, and Medrano, M. R. (2012). Advertising influence on young children's food choices and parental lnfluence. *Journal of Pediatrics* 160: 452 – 455 • doi: 10. 1016/

j. jpeds. 2011. 08. 023.

Folta, S. C., Goldberg, J. P, Economos, c., Bell, R., and Meltzer, R. (2006). Food advertising targeted at school-age children: A content analysis. *Journal Education and behavior* - 38: 244 - 248. doi: 10. 1016ffjneb. 2006. 04. 146.

Gantz, W., Schwartz, N., Angelini, J. R., and Rideout, V. (2007). *Food for thought. : Television food advertising to children in the United States.* Menlo park, CA: Kaiser Family Foundation.

Gorn, G. J and Goldberg, M. E. (1982). Behavioral evidence of the effects of televised food messages on children. *Journal of Consumer Research* 9; 200 - 205. dol: 10. 1086/208913.

Halford, J. C. G., Gillespie, J., Brown, V., Pontin, E. E. 1 and. . Dovey, T. M. (2004). Effect of a. monad; advertisements for foods on food consumption in children. *Appetite* 42; 221 - 225. doi: 10. 1016/ j. appet. 2003. 11. 006.

Harris, J. L., Bargh, J. A., and Brownell, K. D. (2009). Priming effects of television advertising on eating behavior. *Health Psychology* 28: 404 - 413. doi: 10. 1037/a0014399.

Harris, J. L., Speers, S. E., Schwartz, M. B., and Brownell, K. D. (2012). U. S. food company branded advergames on the Internet: Children's exposure and effects on snack consumption. *Journal of Children and Media* 6: 51 - 68. doi: 10. 1080/17482798. 2011. 633405.

Janssen, I., Katzmarzyk, P. T, Boyce, W. F, Vereecken, C., Mulvihill, C., et al. (2005). Comparison of overweight and obesity prevalence in school-aged youth from 34 countries and their relationships with physical activity and dietary patterns. *Obesity Reviews* 6: 123 - 132. doi: 10. 1111/j. 1467 - 789X. 2005. 00176. x.

Lee, M., Choi, Y., Quilliam, E. T., and Cole,, R. T. (2009). Playing with food: Content analysis of food advergames. *Journal of Consumer Affairs* 43: 129 - 154, doi: DOI: 10. 1111/j. 1745 - 6606. 2008. 01130. x.

Livingstone, S. (2006). Does TV advertising make children fat? *Public*

Policy. Research, 13: 54 - 61. doi: 10.1111/f.1070 - 3535.2006.00421.x.

Ludwig, D. S., Peterson, K. E., and Gortmaker, S. L. (2001). Relationship between consumption of sugar-sweetened drinks and childhood obesity: A prospective, observational analysis. *Lancet* 357: 505 - 508. doi: 10.1016/S0140 - 6736 (00) 04041 - 1.

Mallinckrodt, V. And Mizerski, D. (2007). The effects of pIaying an advergame on young children's perceptions, preferences,, and requests. *Journal of Advertising* 36: 87 _ 100. doi: 10.2753/JOA0091 - 3367360206.

McLeod,, J. M. and Reeves, B. (1980). 0n the nature of mass media effects. h S. B. Withey and R. P. Ables (eds.), *Telvesion and social behavior: Beyond violence and children*. Hillsdale, NJ: Lawrence Erlbaum, pp. 17 - 54.

McLeod,, J. M, Kosicki, G. M., and Pan, Z. (1991). On understanding and misunderstanding media effects. In J. Curran and M. Gurevitch (eds.), *Mass media and society*. New York: Edward Arnold, pp. 235 - 266.

Moore, E. S. (2006). *It's child's play: Advergameing and the online marketing of food. to children* Menlo park, CA: Kaiser Family Foundation. At http: //www.kff.org/entmedia/upload/7536.pdf, accessed Mar. 27, 2013.

Moore, E. S. and Rideout, V. J. (2007). The online marketing of food to children: IS it just fun and games? *Journal of Public Policy and Marketing* 26: 202 - 220. doi: 10.1509/jppm.26.2.202.

Ogden, C. L., Carroll, M. D., Kit, B. K., and Flegal, K: M. (2012). Prevalence of obesity and trends in body mass index among US children and adolescents, 1999 - 2010. *Journal of the American Medical Association* 307 (5): 483 - 490. doi: 10.1001/1jama.2012.40.

Pempek, T. A. and Calvert, S. L. (2009). Tipping the balance: Use of advergames to promote consumption of nutritious foods and beverages by low _ income African American children. *Archives of Pediatrics & Adolescent Medicine* 163: 633 - 637. doi: 10.1001/archpediatrics.2009.71.

Powell, L. M. , Schermbeck, R. M. , Szczypka, G. , Chaloupka, F: J. , and Braunschweig, C. L. (2011). Trends in the nutritional content of television food advertisements seen by children in the United States. *Archives of Pediatrics & Adolescent Medicine* 165: 1078 _ l086. doi: 10. 1001/archpediatrics. 2011. 131.

Stitt, C. and Kunkel, D. (2008). Food advertising during children's television programming on broadcast and cable channels. *Health Communication* 23: 573 - 584. doi: l0. 1080/10410230802465258.

Taveras, E. M. , Berkey, C. S. , Rifas-Shiman, S. L. , Ludwig, D. S. , Rockett, H. R. H. , et al. (2005). Association of consumption of fried food away from home with body mass index and diet quality in older children and adolescents. *Peditatrics* 116: e518 _ e524. doi: 10, ilil42/ peds. 2004 - 2732.

Veerman, J. L, Van Beeck, E. F: , Barendredgt, J. J. , and Mackenbach, J. P. (20091). By how much would limiting TV food advertising reduce childhood obesity? *European Journal of Public Health* th19: 365 - 369. doi: 10. 1093/eurpub/ckp039.

〔反方观点〕

广告游戏有效性的证据

凯文·怀斯 美国 密歇根州大学

萨利姆·奥哈巴斯 美国 密苏里大学

广告游戏是一种精明的广告策略吗？虽然我们尚不能说它是卓越的，但我们感觉目前的研究倾向认为它是一种有效的广告策略。本文首先提供了常规说服性游戏尤其是广告游戏的概述，然后提供广告游戏有效性的简要支撑，提出这种有效性的原因和可能会降低其有效性的要素；我们还指出广告游戏有效性的一些局限性（或至少其中的依据），而这些局限性也阻碍了其成为卓越广告策略。通过讨论广告游戏是否一种适当的策略，我们最后得出，我们是否认为广告游戏是一种合适的策略，因为它可能会影响到某些用户(例如，儿童）的最佳利益。需要提前说明的是，我们总体上保持的是社会公益问题不可知论的态度，虽然我们的结论也表明广告游戏可能会带来积极的成果。

在这里，有必要指出，本文既不是详尽的文献综述，也不是对现有文献的综合分析。我们的任何表述都有现有主流数据的支持，对此我们有信心，但不可否认的是，我们这些结论还是会选择性地引用典型研究结果。

一、说服性游戏或广告游戏的定义

广告游戏是一种独特的电子游戏，是一类种类日益广泛的具有说服力的游戏。一个有说服力的游戏是专门设计用来改变参与者的态度或鼓励他们行动的游戏。广告游戏是一种包含品牌成分的、有说服力的游戏：改变态度或行为的对象是一种消费品牌或产品。哈里斯（Harris）和他的同事把广告游戏定义为“娱乐、互动游戏和其他以用户为导向的活动，以体现个别产品或品牌的特色”（Harrison et al.，2011：4）。虽然这一定义给出了广告游戏结构性描述，但它并没有从功能上诠释广告游戏。正如我们看到的那样，广告游戏是展示一个有说服力的信息的另一种形式，能运用各种格式（印刷、音频、视频或者网络），环境（室内、室外或者移动），形式（报纸、电视、广播、网络等）。广告游戏的核心是通过个人、公司或组织把娱乐和有说服力的意图进行了结合。与电视广告类似，广告游戏的意图就是向你推销东西：某种特定的产品、服务、理念、社会事物或政治观点。然而，广告游戏又不同于传统的电视广告，就其意义上而言，消费者参与构成了说服过程的一部分。游戏的魔力就在于用户与游戏、角色、游戏环境、行动和决定的高度交互性。伯格斯特（Bogost，2007）给出了理解说服性游戏的概念框架，在其中广告游戏被视为典型。在讨论说服性游戏的特点和效果之前，有必要讨论视频游戏玩家的特点。这一点尤为重要，因为我们在认知和设想电子游戏玩家时的方式上，长期存在着固化的偏见。

二、游戏玩家的构成

在人们通常印象中，电子游戏玩家都是些失业或低收入阶层的年轻男性，他们耗费过多的时间玩电子游戏，有“怪异”嗜好，并且由于受到他所玩的暴力游戏的影响存在“暴力行为”的潜在危险（Reeves and Read，2009）。在此，视频游戏被视为一种干扰，充其量也就是其他媒体和社会活动的替代品，如果人们没有玩很多视频游戏，那么这个时间就可以继续一些重要的生活工作（例如家庭作业）。视频游戏也被视为一种极其强大的媒介，多少有点传统媒介的影子，但时常为媒介的强大效果——魔弹效果辟谣。这个消极的内涵源于暴力事件的关联性，如发生在哥伦比亚高中（Columbia High School）和弗吉尼亚理工大学（Virginia Tech）的枪击事件，主流媒体报道称暴力行为肇事者就是一名暴力视频游戏的狂热玩家（Williams，2003；Egenfeldt Nielsen et al.，2008；Williams et al.，2008；Lee et al.，2009；Reeves and Read，2009）。

暴力视频游戏往往更容易获得理想的宣传效果，1/4 的视频游戏被列为暴力范畴（Remondini，2010）。视频游戏确实在年轻一代中得到了很大的渗透。皮尤互联网与美国生活项目报告称 97%的青少年（12—17 岁），81%的大学时代的年轻人，超过一半（53%）的成人（18—49 岁）玩视频游戏（Lenhart et al.，2008）。虽然这些都是令人印象深刻的数字，但它们还不是故事的全部。皮尤报告称视频游戏玩家的平均年龄是在 35 岁左右，每 10 个玩家中 4 个是女性，她们比男性花了更多时间玩游戏（Lenhart et al.，2008；Williams et al.，2008）。里弗斯和里德（Reeves and Read，2009）的研究数据表明，美国视频游戏玩家通常年人均收入比美国人口年均收入高出 2 万美元。这些统计数字显示游戏群体的多样性和相对富裕，这与许多刻板偏见背道而驰。视频游戏群体也未必都是具有暴力倾向。视频游戏亦正亦邪、寓教于乐，同时包含暴力和友善。视频游戏能否真的能作为有说服力的手段，在于广告商使用它们的方式。我们认为，视频游戏能够从伦理上去说服年轻或年老的消费者，改变他们对某个对象、事件、产品、品牌或人的潜在态度和行为。

三、具有正面效益的说服性游戏

现在让我们继续探索说服性游戏。在过去的几年里，我们亲眼目睹了不以娱乐为主要目的而创建的视频游戏正在持续增长，这些游戏有很多类分划："严肃的游戏""说服性游戏""社会变革游戏"，而鲜有"广告游戏"。忽略术语差异，这些游戏存在共性，它们将娱乐因素与教育、劝服意图相结合。换句话说，这些游戏旨在改变个体对某些特定实体的态度，如政治问题、社会或政治事件、产品或品牌。通过游戏能够说服我们的机制是怎样的？学者提出了一种"程序性修辞"的过程，通过这种方式游戏吸引了我们的注意。我们将简要地描述这个过程以及如何用它来描述不同种类的游戏。

作为学者和游戏设计师的博格斯特（Bogost，2006、2007）负责"爱荷华州霍华德"（Howard Dean for Iowa）在线游戏，他提出了程序修辞的概念。依据博格斯特的想法，通过使用一种复杂的计算机算法设计视频游戏。该算法由玩家玩游戏的程序和游戏本身运行的规则构成。此过程反映了游戏的设计者希望传达给玩家的叙事，这就是这一概念的第二部分：修辞。游戏设计者利用计算机算法（程序）来传达某些特定的有说服力的信息（修辞）；通过玩家在游戏中从一个水平晋级到下一级，设计者希望玩家去体验这些叙事。通过视频游戏与通过其他虚拟环境中介说服的区别是在于，视频游戏中的叙事还是相当不完备的。它有目的地设置一些空白，由玩家自己在经历游戏的过程中的进退和判断以填补空白。例如，玩家在游戏起初都有差不多的积分，但是可以与游戏中的虚拟环境进行交互，由于玩家采取的决定和行动不同产生不同的结局。在这种情况下，通过采取行动或做出决定对游戏事件做出响应，每个玩家都可以编排出玩家自己的故事。这就是区分劝诱性游戏与其他类型的数字劝导的区别所在。它是引导自我说服的叙事集合，而玩家也不是说服性消息的被动接受者。尽管设计者在游戏程序中嵌入具有说服力的意图，但玩家控制其所采取行动和游戏进展的方式，进而影响说服的结果。游戏玩家在游戏中是不可或缺的部分，他们自己决定自己游戏的命运。

史密斯和加斯特（Smith and Just，2009）批判了博格斯特关于说服性游戏的通用性的说法。博格斯特解释了什么是说服力游戏，以及他们如何通过程序性的言论影响玩家。对他们来说，博格斯特对所有说服性游戏的性质概述过于较真了。他们认为，不是所有游戏都生而平等，这意味着游戏因自我说服水平的不同而发生变化。作者提出了另一种类型在说服性游戏中对自我说服的程度进行了判断。

根据史密斯和加斯特的观点，游戏在自主性、集成度和目标重叠方面存在差异。自主性是指通过游戏实现的“辩证或争辩的可能性”（2009：58)。游戏在说服意图的普遍性方面存在差异，比如完全自主提供明确说服信息的游戏，留给玩家很少的，甚至完全没有自我审议空间，从而导致玩家被动接收消息。另一方面，游戏可以在并未明确修辞的体系中进展，在整场游戏中，给玩家更多的空间去利用已获得的知识和态度，从而留给审议和自我说服更多的弹性空间。史密斯和加斯特（2009）认为游戏表达说服力的意图越不明确，劝服效果越明显。

类型学的第二部分就是集成，即对论据的抽象性的处理（Smith and Just，2009：58)。在广告游戏的环境中，集成的水平取决于对象的说服力——产品或品牌——如何被统一到游戏中。广告游戏在其产品或品牌的可见（不可见）方式上存在差异。对于其他类型说服性游戏，比如社会导向或政治导向的游戏，集成的概念适用于游戏中的有说服力的对象可见程度。然而，史密斯和加斯特（2009）在论证高集成度的游戏是否更具说服力的实证上并没有得到十足的依据（2009)。因此，这个问题仍有待进一步实证调查。

最后，类型学中的第三个元素是处理目标重叠。史密斯两人（2009）解释视频游戏在其说服力方面有所差异，说服力是与在整个游戏过程中目标的实现方式相关联的。简单地说，这是指在视频游戏从一个层面推进到另一个层面的诉求。具有很高的目标重叠性的游戏可促进玩家了解说服性消息，就是从第一级推进到第二级的手段。这些正是广告游戏在此过程中一般性解释。我们现在进入具体讨论广告游戏的有效性的证据。

四、广告游戏效果

有研究证据表明，广告游戏趋向于加深对品牌、产品和问题的短期记忆与态度。这些研究中有很多都是关于广告游戏(或广告的不同特征)与传统的广告方法相比较的实验，这些广告依靠“推送”策略并且缺乏信息和用户间互动的方式相比，重要的是要承认，我们对广告的有效性知之甚少，现阶段研究人员提出的一些重要问题包括：广告游戏的效果如何？在哪些产品领域最受欢迎？广告游戏是一种划算的广告策略吗？要想使广告游戏有效，最重要的特征是什么？虽然这些问题的答案有待揭示，但目前的证据却明确指向了广告游戏可以加深对产品和品牌的态度和印象。

也有越来越多的研究正在探索游戏在促进健康相关的态度和行为方面的效果。这项研究也暗示着基于健康的视频游戏对于选择食物，游戏物理活动和对健康态度跟行为改变等方面有着积极的影响效果。马林科罗特和米泽斯基（Mallinckrodt and Mizerski）发现虽然玩广告游戏会使得游戏者对于健康的谷物品牌有更高的偏好，但与不玩广告游戏的对照组相比，玩游戏的实验组在判断品牌的健康价值方面却并没有显著性差异。在一系列的研究中，研究人员发现运动游戏（exergames）能造成人们更深的沉迷、更多的互动，以及游戏者本我或者突出其理想化本我更丰富的游戏表现。研究发现，与被动的观看别人玩视频游戏的人相比，在选择健康饮食时，玩视频游戏可以形成更大的自我效能感。研究发现在预测游戏表现、通过能量消耗测得实际体力劳动以及其他的测量里，需求满足是个重要因素。

有说服力的游戏也被应用在了有关社会与政治问题的原因与问题的关系中。一款模拟巴以冲突的视频游戏，我们的有关和事佬的研究表明，游戏参与者扮演的角色影响了他们对于大国集团的态度。博格斯特说明了支持霍华德迪恩参与爱荷华州竞选（Howord Dean for Iowa Campaign）的选民对候选人有着更支持的倾向。总之，这些证据都可以表明一个观点，那就是在很多领域，视频游戏都可以造成态度、记忆和行为的改变。

五、效果动因

是什么使广告游戏相对于其他的广告方式有着独特的效果？我们认为包含提供了更长的曝光时间和良好的品牌互动两个主要原因。

（一）更长曝光时间

大部分电视广告持续 30 秒；植入式广告时间都比较短；但游戏广告的曝光时间有可能大大超过大多数其他广告策略。几年前我们做了一项研究，在这项研究中，参与者花了 5 分钟体验旅程网（Orbitz）的广告游戏。没有任何迹象表明在该研究中的体验者存在任何疲劳效应。因此，作为一种有效的广告策略，广告游戏比传统的广告形式延长了更多曝光时间。更多地曝光通常会提升品牌知名度，而且假设曝光可以被愉快地浏览，也因此会优化人们对品牌的态度。曝光的重要性可以通过媒体规划人员的品牌曝光时间等指标来测量

（二）更良好的品牌互动

现代广告的基础是构建信息与品牌或产品间的关联，进而引导特定受众的共鸣。这种关联并非总是令人感到愉悦——大量广告（如健康、政治）在激发观众的恐惧或愤怒是有效的。不论一则广告如何影响情绪，都会使受众必然产生一定的心理反应。广告游戏通过增加消费者与品牌间的交互，促进上述关系的建立。视频游戏支持者普遍认为消费者与品牌间的交互至关重要。以麦格尼格尔（McGonigal，2011）为例，她曾经在一次知名 TED 演讲中阐述了她书中的部分观点，论证视频游戏能够创造一个更好的世界，他们会成为更有合作精神、更能攻克难题并具有牺牲精神的团队型玩家，这些增益源于玩家为赢得游戏奖励需要保持高度互动、全身心投入和持久的动力。激发活力、带来心理愉悦感和认知、情感体验的游戏，必能让消费者乐于接受广告游戏传播的令人信服的信息。

六、什么削弱了广告游戏的效果

正如我们前面提到的，通常在一个对照实验中，越来越多的研究机构已经通过测试广告游戏的特定功能，来观察是如何增强品牌态度或认可这样的期望结果的。这项研究中显露出的一些特征包括：品牌的视觉性突出，消费者与品牌间的包含关系，游戏和品牌在主题上的一致性。品牌互动性，大致上可被定义为品牌的互动程度，也已被证明对产生积极的结果有影响。因为与互动性有关，也通过量身定制来增强情感反应。这些是所有简单的概念性特征，却很容易被广告游戏开发者修改。

七、广告游戏安全吗

本文的对立面集中在这个观点，因此我们也就没必要在这上面花大量的时间了。我们倾向于采取一种不可知论的方式，把规范性的标准留给别人裁决。显然，在某种程度上广告游戏是有效的，可以用来改变人们不良的生活习惯。而且事实上，这在很大程度上取决于它是用来做什么的。正如最近的评论说的那样，首先，与食品有关的品牌是最常见的广告游戏制造者，而且，这些游戏也倾向于促销糖果/口香糖、早餐麦片、软饮料和咸味小吃这些人们所关心的儿童食品。从某种程度上来说，广告游戏会继续营造品牌的认可度和其积极的形象。从积极的一面来看，我们没有理由不利用广告游戏（和一般的有说服力的游戏）来获得更多的积极效益。综观全文，我们已经提到这种游戏的几个例子了，到目前为止，研究显示效果并没有被积极的目标所减弱。换句话说，早期证据表明，广告游戏可以成为一个改变行为的有效平台，这些行为被大多数人认为有些是有益的，有些是有害的。总而言之，目前的证据表明，广告游戏可以改善和增强人们对产品和品牌的短期态度和记忆；更深层次的品牌互动和更长时间的品牌曝光是增加广告游戏有效性的两个因素。正如所有有说服力信息的案例一样，广告游戏也是一把双刃剑：它可以用来引诱孩子们吃更多的垃圾食品，也可以用来引导孩子们吃更多的果蔬以及增加运动。由于这些发出说服性信息的广告商将会继续广告游戏的体验优化，那么探索这种策略的效果研究这件事应由我们学术界的人来完成。

参考文献

Alhabash, S. and Wise, K. (2012). PeaceMaker: Changing students' attitudes toward Palestinians and Israelis through videogame play. *International Journal of Communication* 6: 356 - 380.

Bailey, R., Wise, K., and Bolls, P. (2009). How avatar customizability affects children's arousal and subjective presence during junk food-sponsored online video games. *CyberPsychology & Behavior* 12

(3)：277 - 283.

Bogost, I. (2006). Playing politics: Videogames for politics, activism, and advocacy. In "Command lines: The emergence of governance in global cyberspace," special issueno. 7, *FirstMonday* 11 (9). Athttp: //www.uic.edu/htbin/cgiwrap/bin/ojs/index.php/fm/article/view/1617/1532, accessed Mar. 27, 2013.

Bogost, I. (2007). *Persuasive games: The expressive power of videogames.* Cambridge, MA: MIT Press.

Cauberghe, V. and De Pelsmacker, P. (2010). Advergames: The impact of brand prominence and game repetition on brand responses. *Journal of Advertising* 39 (1): 5 - 18.

D'Andrade, N. (2007). The effects of varying levels of object change on explicit and implicit memory for brand messages within advergames. Master's thesis, University of Missouri, Columbia, MO.

Deal, D. (2005). The ability of online branded games to build brand equity: An exploratory study. Paper presented at DIGRA, June 2005. Downloadable at http: //summit.sfu.ca/item/194 http: //summit.sfu.ca/item/194, accessed Mar. 27, 2013.

Egenfeldt-Nielsen, S., Smith, J. H., and Tosca, S. P. (2008). *Understanding video games: The essential introduction.* New York: Routledge.

Glass, Z. (2007). The effectiveness of product placement in video games. *Journal of Interactive Advertising* 8 (1): 23 - 32.

Grigorovici, D. M. and Constantin, C. D. (2004). Experiencing interactive advertising beyond rich media: Impacts of ad type and presence on brand effectiveness in 3D gaming immersive virtual environments. *Journal of Interactive Advertising* 5 (1): 22 - 36.

Gross, M. L. (2010). Advergames and the effects of game-product congruity. *Computers in Human Behavior* 26: 1259 - 1265.

Harrison, J. L., Speers, S. E., Schwartz, M. B., and Brownell, K. D. (2011). US food company branded advergames on the Internet:

Children's exposure and effects on snack consumption. *Journal of Children and Media* 6 (1): 51 - 68.

Hernandez, M. D. and Chapa, S. (2010). Adolescents, advergames and snack foods: Effects of positive affect and experience on memory and choice. *Journal of Marketing Communications* 16: 59 - 68.

Hussein, Z., Wahid, N. Z., and Saad, N. (2010). Evaluating telepresence experience and game players' intention to purchase product advertised in Advergame. *World Academy of Science, Engineering and Technology* 66: 1625 - 1630.

Jeong, E. J., Bohil, C. J., and Biocca, F. (2011). Brand logo placements in violent games: Effects of violence cues on memory and attitude through arousal and presence. *Journal of Advertising* 40 (3): 59 - 72.

Jin, S. A. (2009). Modality effects in Second Life: The mediating role of social presence and the moderating role of product involvement. *CyberPsychology & Behavior* 12 (6): 717 - 721.

Jin, S. A. (2010a). Does imposing a goal always improve exercise intentions in avatarbased exergames? The moderating role of interdependent self-construal on exercise intentions and self-presence. *CyberPsychology, Behavior, & Social Networking* 13 (3): 335 - 339.

Jin, S. A. (2010b). Effects of 3D virtual haptics force feedback on brand personality perception: The mediating role of physical presence in advergames. *CyberPsychology, Behavior, & Social Networking* 13 (3): 307 - 311.

Jin, S. A. (2011). I feel present. Therefore, I experience flow: A structural equation modeling approach flow and presence in videogames. *Journal of Broadcasting & Electronic Media* 55 (1): 114 - 136.

Jin, S. A. and Park, N. (2009). Para social interaction with my avatar: Effects of interdependent self-construal and the mediating role of self-presence in avatar-based console game, Wii. *CyberPsychology & Behavior* 12 (6): 723 - 727.

Lee, J., Park, H., and Wise, K. (2010). Brand interactivity and its effects on the outcomes of advergame play. Paper presented to the Advertising Division of the 94th Annual Conference of the Association for Education in Journalism and Mass Communication, Denver, CO, Aug.

Lee, M. and Youn, S. (2008). Leading national advertisers' uses of advergames. *Journal of Current Issues and Research in Advertising* 30 (2): 1 - 13.

Lee, K. M., Peng, W., and Park, N. (2009). Effects of computer/video games and beyond. In J. Bryant and M. B. Oliver (eds.), *Media effects: Advances in theory and research.* New York: Routledge, pp. 551 - 566.

Lenhart, A., Kahne, J., Middaught, E., Macgill, A. R., Evans, C., and Vitak, J. (2008). *Teens, video games, and civics: Teens' gaming experiences are diverse and include significant social interaction and civic engagement.* Washington, DC: Pew Internet and American Life Project. At http://www.pewinternet.org/-/media//Files/Reports/2008/PIP_Teens_Games_and_Civics_Report_FINAL.pdf.pdf, accessed Mar. 27, 2013.

Mallinckrodt, V. and Mizerski, D. (2007). The effects of playing an advergame on young children's perceptions, preferences, and requests. *Journal of Advertising* 36 (2): 87 - 100.

McGonigal, J. (2010). Gaming can make a better world. *TED*. At http://www.ted.com/talks/lang/en/jane_mcgonigal_gaming_can_make_a_better_world.html, accessed Mar. 27, 2013.

McGonigal, J. (2011). *Reality is broken: Why games make us better and how they can change the world.* New York: Penguin.

Okazaki, S. and Yagüe, M. J. (2012). Responses to an advergaming campaign on a mobile social networking site: An initial research report. *Computers in Human Behavior* 28: 78 - 86.

Pempek, T. A. and Calvert, S. L. (2009). Tipping the balance: Use of advergames to promote consumption of nutritious foods and beverages by low-income African American children. *Archives of Pediatrics & Adolescent Medicine* 163 (7): 633 - 637.

Peng, W. (2008). The mediational role of identification in the relationship between experience mode and self-efficacy: Enactive role-playing versus passive observation. *CyberPsychology & Behavior* 11: 649 - 652.

Peng, W. and Liu, M. (2008). An overview of using electronic games for health purposes. In R. Ferdig (ed.), *Handbook of research on effective electronic gaming in education.* Hershey, PA: IGI Global, pp. 388 - 401.

Peng, W., Lee, M., and Heeter, C. (2010). The effects of a serious game on role-taking and willingness to help. *Journal of Communication* 60 (4): 723 - 742.

Peng, W., Lin, J.-H., Pfeiffer, K., and Winn, B. (2012). Need satisfaction supportive game features as motivational determinants: An experimental study of a self-determination theory guided exergame. *Media Psychology* 15: 175 - 196.

Peters, S. J. (2008). Get in the game: The effects of game-product congruity and product placement proximity on game players' processing of brands embedded in advergames. Master's thesis, University of Missouri, Columbia, MO.

Reeves, B. and Read, J. L. (2009). *Total engagement: Using games and virtual worlds to change the way people work and businesses compete.* Boston: Harvard Business Press.

Remondini, C. (2010). Mafia victim families fight increasing violent, brutality in video games. *Bloomberg* (Dec. 17). At http://www.bloomberg.com/news/2010 - 12 - 16/mafia-victim-families-complain-as-violent-video-games-increase.html, accessed Mar. 27, 2013.

Smith, J. H. and Just, S. N. (2009). Playful persuasion: The rhetorical potential of advergames. *Nordicom Review* 30: 53 - 68.

Sukoco, B. M. and Wu, W.-H. (2011). The effects of advergames on consumer telepresence and attitudes: A comparison of products with search and experience attributes. *Expert Systems with Applications* 38: 7396 - 7406.

van Reijmersdal, E. , Jansz, J. , Peters, O. , and Van Noort, G. (2010). The effects of interactive brand placements in online games on children's cognitive, affective, and conative brand responses. *Computers in Human Behavior* 26: 1787 - 1794.

van Reijmersdal, E. A. , Rozendaal, E. , and Buijzen, M. (2012). Effects of prominence, involvement, and persuasion knowledge on children's cognitive and affective responses to advergames. *Journal of Interactive Marketing* 26 (1): 33 - 42.

Williams, D. (2003). The video game lightning rod: Constructions of a new media technology, 1970 - 2000. *Information, Communication & Society* 6 (4): 523 - 550.

Williams, D. , Yee, N. , and Caplan, S. E. (2008). Who plays, how much, and why? Debunking the stereotypical gamer profile. *Journal of Computer-Mediated Communication* 13: 993 - 1018.

Winkler, T. and Buckner, K. (2006). Receptiveness of gamers to embedded brand messages in advergames: Attitudes towards product placement. *Journal of Interactive Advertising* 7 (1): 37 - 46.

Wise, K. , Bolls, P. , Kim, H. , Venkataraman, A. , and Meyer, R. (2008). Enjoyment of advergames and brand attitudes: The impact of thematic relevance. *Journal of Interactive Advertising* 9 (1): 27 - 36.

第十三章
广告与体育

不是“钱”就是“钞票”的，我听得耳朵都生茧了。单纯地想打场比赛，买百事可乐喝，买锐步穿，难道就这么难吗。

——沙奎尔·奥尼尔（Shaquille O'Neal）

体育运动可不仅仅包含场内赛事。事实上，“运动”的概念已经渗透到了我们生活的方方面面。尽管大家可能并非都具有运动细胞，但我们所在的这个社会对体育运动青睐有加。当人们被工作或学习中的压力压得气喘吁吁，这时好友叫我们去室外“比试一场”，这感觉真好。许多专业领域都认为“教练”（人生导师的那种）能够使人们时刻保持活力。甚至，在圣经中也提到过体育呢！（正如在《提摩太书》二卷四章 7 页处的“我跑完了全程”）从上述我们看到，体育运动与人们生活密不可分，这也就不难理解为什么商业广告与体育赛事总是紧密联系在一起。一方面，广告商希望被更多的人关注到；另一方面，体育比赛完美地解决了这个问题。但是，在大部分（不是全部的）广告中，广告与体育运动这一对“黄金搭档”却潜在着许多争议与问题。

第一届超级碗比赛（Super Bowl）举办于 1967 年，而 20 世纪 60 年代被广告史学家冠以“广告黄金时代”，在这一时期，广告的预算总是触目惊心，广告高层人士被认为一代精英（就像《广告狂人》中那种吧），而消费者变得贪得无厌（精益求精的广告使人们欲望膨胀），大众媒体迎来繁盛时期且积极地寻求着广告商。

那么超级碗比赛在召开之时，就没有引起人们的争议吗？在首届超级碗赛季，当时主力支持的只有三家网络公司，所以没什么竞争的压力。美国人非常喜欢橄榄球也非常喜欢看电视。首场比赛的收视率只有 18.5%（也就是说，将近 18.5%的电视用户在观看比赛）。这样的数据在 20 世纪 60 年代算不上惊人（比如，《我爱露西》系列剧就曾持续达到 50%的收视率）。然而，超级碗比赛用了很短的时间就摇身变为收视摇钱树。在那几年的时间里，观众被橄榄球深深吸引，收视率也飞速升回 40 年代时的准线，然而对于当今的电视观众来说真的太难了。拿《生活大爆炸》（The Big Bang Theory）做个例子，作为哥伦比亚广播公司最受欢迎的喜剧连续剧，也仅仅只是维系在 9.5%的收视率罢了。因此，广告商对超级碗比赛的兴趣久增不减。

那么其他的体育赛事又如何呢？在 2012 年伦敦夏季奥运会的电视黄金时段，美国观看人数就达到 3 100 万人次，收视率也达到 21%。而 2012 年的棒球四强赛的收视率达到了 12.1%。虽然这两种赛事都不如超级碗那样声势浩大，但却得益于身后代言网络公司的大力支持。很明显，体育赛事吸引着观众，而广告商则一直在寻求观众，综合来看，体育比赛与广告简直就是天生一对。

并不是每个人都能成为电视上的体育巨星。事实上，我们根本就达不到体育明星的水准。人们买了乔丹的气垫鞋（Air Jordans），仅仅是因为我们认为它能帮助我们跳得更高。就算大家都爱篮球，都爱迈克尔·乔丹吧（笔者个人就很喜欢他，当然也有人喜欢科比）。有趣的是，我们似乎都没考虑到乔丹体内的卡路里——碳水化合物的比例。

如果一名网球手对烟草上瘾，无论他何其优秀，都可以想象得到他无法功成名就了。因为当一个人的肺部充满了烟气，维持心血管健康也（几乎）是无稽之谈。回顾过去的 40 年，在职业女子网球团队与烟草公司的对峙中，人们的态度也可谓是黑白分明。在 20 世纪 70 年代，维珍妮牌（Virginia Slims）女士香烟却是女子网球巡回赛的赞助商，而且十分受欢迎，这是因为维珍妮公司能够为女子网球赛带来相当的经济利益。看，即使是负面的广告商也会“回归正途”。所以那到底什么才是最重要的呢？

奥林匹克比赛总会关注着职业运动员，而另一个让人津津乐道的话题就是那些非职业运动员有了发光发亮的契机——在大学，非税项的体育赛事通常也会被称为“奥林匹克”。参与到奥林匹克赛事的大学生运动员并不如我们往常在电视所见的那么引人注目，但是，这些业余运动员却会在一边日常工作下坚持不懈地训练。例如赛艇项目、城际长跑以及足球运动这样的运动，都需要极强的有氧机能——当然，健康的饮食是维持这项机能的关键。然而，可口可乐和麦当劳两家公司却是2012年伦敦奥运会的“重量级”赞助商，我们都知道他们的产品并不健康。

虽然从表面上来看，在这样的矛盾中判断是非是一件容易的事，但是回过头仔细考虑后会发现事情并不是这样简单。玛丽亚·哈丁（Marie Hardin）与艾琳·怀特塞德（Erin Whiteside）两位作者都没有回避这一争议话题，相反地，她们选择逆风而上——当然，她们持着不同观点各站一方。由此，两位作者为我们呈现出一张构建在体育与广告之间的宏大关系网络。哪一方更有力度呢？由你来决定。

思考题

1. 通过电视观看两场不同的体育比赛。举个例子，你可以先看一小时的高尔夫比赛再换到橄榄球。将你其间所看到的食品广告列个清单出来。你发现什么了吗？这些广告在不同的赛事中有没有不同的地方？如果确实如此，说出你的理由。

2. 观看一个小时的全国运动汽车协会比赛（NASCAR），将你在赛车上所见到标志都列出来。通览一遍你的清单，有没有发现什么产品其实是与赛车完全不搭调的？你发现什么了吗？

3. 阅读一本体育杂志，但别老是只看《体育画报》（*Sports Illustrated*）。将杂志中所有的食品广告列出来，你发现它们类型的微妙之处了吗？其中有多少的食品是健康食品？你从中能够得到怎样的结论呢？

其他热议话题

1. 某些广告可能非常适合某类体育比赛，却不适合其他的。

2. 吸引成年观众的体育赛事却无法保证广告中的产品适合观众，这是一种职责的流失。

3. 全球性的体育赛事（例如奥林匹克运动会和超级碗）应该更严格规

范他们的广告，因为这些赛事对观众带来影响更为深远。

拓展阅读

Bee, C. C. and Madrigal, R. (2012). It's not whether you win or lose: It's how the game is played. *Journal of Advertising* 41 (1): 47 - 58.

Jones, S. C., Phillipson, L., and Barrie, L. (2010). "Most men drink ... especially like when they play sports": Alcohol advertising during sporting broadcasts and the potential impact on child audiences. *Journal of Public Affairs* 10 (1 - 2): 59 - 73. doi: 10.1002/pa.340.

Sandberg, H. (2011). Tiger talk and candy king: Marketing of unhealthy food and beverages to Swedish children. *Communications: The European Journal of Communication Research* 36 (2): 217 - 244. doi: 10.1515/COMM.2011.011.

Smolianov, P. and Aiyeku, J. F. (2009). Corporate marketing objectives and evaluation measures for integrated television advertising and sports event sponsorships. *Journal of Promotion Management* 15 (1 - 2): 74 - 89. doi: 10.1080/10496490902901977.

Taylor, C. R. (2012). The London Olympics 2012: What advertisers should watch. *International Journal of Advertising* 31 (3): 459 - 464. doi: 10.2501/IJA-31-3-459-464.

〔正方观点〕

赛季中的垃圾食品广告是一种营销策略

艾琳·怀特塞特

美国 田纳西大学

回顾2011年的超级碗（Super Bowl）广播电视之战，美国电视录制技术公司（TiVO）由观众样本分析了商业广告的受众接收情况，前五大广告商主要涵盖了多力多滋（百事公司的一款食品）、士力架巧克力以及百事可乐（van Riper，2011）。食品和饮料品牌很自然地会和体育运动关联起来。例如，自 1972 年起，麦当劳便成为奥林匹克运动会的最大赞助商之一；而美国大学橄榄球联赛则最受啤酒商家的青睐——尽管这些运动员都还没到法定的饮酒年龄。综上，我们能够发现这里潜在一个趋势：倡导不健康的生活方式的商品却在“正能量的”场所（如运动场）毫不避讳、大行其道。

试图改良体育场商业氛围的人们曾对出现在大学生运动会的酒类广告作了长期斗争，并真的取得了一些胜利，比如现在许多校级联赛期间明文禁止酒类饮料的售卖。而健康倡导者也对“垃圾食品”品牌现身体育赛场嗤之以鼻，在他们看来，广告的毫不避讳好像就在宣称随心所欲的饮食习惯也能成就一代体育名将（Barrand，2004；Cornwell，2008；Clarkson，2010）。发达国家的肥胖症人数逐年攀升，面临越加恶化的健康危机，健康倡导者担心垃圾食品的广告会误导普罗大众。关注肥胖症固然不错，但是倘若对销售诸如快餐速食、碳酸饮料、酒精饮料或者烟草等“有害产品”的公司下了禁令，却收效甚微，因为这些禁令过于针对性。支持下达禁令的一方认为体育运动无疑要传达的是积极向上的信息，而如肥胖症和酒瘾等健康问题却只会反映出个人差劲的自控力。另外，通过对品牌进行“健康”和“不健康”的分类，赛事组办方可向提供“健康”产品的商家透出橄榄枝。但在现实社会中，这一想法却难以实现。在本文中，笔者整理了这些观点，试图提出一套评估某个企业的社会价值的系统方法。

一、关于“垃圾”商品禁令的质疑

美国以及西方发达国家面临着严重的肥胖症危机，这已是不争的事实。单看美国，2011 年由美国健康信托（Trust for American's Health）和罗比特·伍德·约翰逊基金会（Robert Wood Johnson Foundation）共同出具的一份报告中，尽管政府以及私营部门一直采取措施，在 16 个州肥胖症的比例在近几年仍然都呈现增长趋势，并在今后也不会有所下滑。因此，健康倡导者极力呼吁在赛季要对垃圾食品的赞助和广告进行遏制（Barrand，2004；Cornwell，2008；Clarkson，J.，2010）；当然除了垃圾食品，对吸烟和饮酒同样要采取禁令。禁令支持者称，当孩童看到赛场上这样的广告，有可能会产生不恰当的关联——如快餐和橄榄球，并由此养成不健康的生活习惯。

人们杜绝来自快餐、苏打汽水等一系列“垃圾”商品的赞助和其他不同形式的广告宣传是基于一定的逻辑的，大致来讲归为两点：① 这样的广告暗示着肥胖病症实际上就是源于人们对于食品类别的个性选择；② 另外，运动以及相关事务在人们共识上总是健康的。这两种观点都是片面的，然而持有如此观点的人们的无尽抱怨却使得禁令针对的“垃圾”商品问题日益严峻。

二、正视肥胖症的根源

我们要追溯肥胖症肆虐的根源，恐怕要比抨击垃圾食品的流行和人们对它们的挚爱更要复杂一些。当然，选择吃个汉堡包或是一份沙拉完全是个人自由，但是所有的权威医学研究无不表明：肥胖症的形成是源于多重因素的，包括基因、人种、地理环境以及社会经济条件。例如，一项对美国肥胖症流行的权威研究报告就指出，非西班牙裔的黑人患肥胖症的概率最高，而且美国的少数种族患肥胖症的概率都要比美国白人高出将近10个百分点。另外，许多工作室也都表明，拥有较低的文化教育水平、社会经济地位以及居住美国东南部地区的人群更容易患肥胖症（Wang and Beydoun，2007）。研究指出，和白人居住区相比，黑人生活区的超市数量较少而且距离很远，由此这里的居民想获取健康的食品并不容易（Morland et al.，2002）。这些“食品沙漠”（food deserts）加剧了社会阶层的分化，也侧面反映了美国富有阶层（通常即白人）的隐形特权。因此，我们在探讨诸如肥胖症流行等社会问题时，关注点一定要聚焦在社会层面而不仅仅停留在个人。试想你现在有两种选择：要从学校驾车去10英里外的超市，或是去一家只有1英里的快餐店（而且十分经济实惠），这时你可能就会选择后者——即使你对快餐的营养成分心知肚明。

若要针对各种社会普遍问题来探讨可行性方案，文化、外界环境因素是其关键。仍以肥胖症为例，倘若我们从个人或是单独群体视角而不是社会公共视角来看，那么肥胖症就是由于个人缺乏能动性和自控力造成的。总而言之，如果我们将社会环境归结为个体因素来进行研究，那么社会的不公问题也将被继续掩盖。对于肥胖症来说，更为健康、高质的饮食才是患者回归健康生活的正确之选。这些惊人的数据也暗示着社会阶层分化中群体的不同选择。因此，我们可以说，有时谨言慎行是如此重要——比如对垃圾食品下禁令，因为我们已经见识到不少由于个人原因而带来的社会性问题。

三、关于运动“健康性”的质疑

针对体育运动——尤其是在职业化运动的不健康商品推行的禁令，之所以显得理所当然，是因为体育运动在人们看来总是健康向上、有益于身体的。然而这一认知却不禁令人质疑。人体运动在共识上是有益于身体健康，而且拒绝一切吸烟、不健康饮食等生活方式；但事实上，职业运动在许多时候却“不是很健康”。当然，职业运动员会极力保持理想的身体状况，但层出不穷的服药丑闻使这些运动员强劲体质的光环蒙上了阴影。美国职业棒球联盟（Major League Baseball）的一些巨星球员就曾亲口承认自己服用过增强身体机能、快速恢复的非法药物。又例如，近期的医学研究公布了一组关于橄榄球运动员服用兴奋剂的数据，结果骇人听闻；而另一组基于全国橄榄球联赛（National Football League）的研究指出，原球员被诊断出老年痴呆症或是其他记忆减退的症状的概率要比当今普通人群高出许多（Weir et al.，2009）。

这不意味着我们就该把体育运动划到有害的边缘，但是至少我们意识到对“健康的”体育运动不得投放“垃圾”商品是说不通的，因为前提就是错误的。然而职业运动员在争相角逐时不惜使用并不益于健康的“锻炼”形式，也给年轻一代传递了充满误导的荒谬信息，就像是说职业运动员一直在接受不健康的饮食一样。这些误导信息已然对青少年潜移默化。例如，有研究表明高中男子运动员比起普通学生，更青睐促蛋白合成类固醇（Dodge and Jaccard，2006）。参加体育锻炼确实是一种健康的生活方式，但是正由于太过于片面强调体育运动的“健康性”，才使得我们有时会忽视它有害的一面，而代价就是一代又一代的青少年盲目效仿着他们的巨星偶像。

四、“健康”与“非健康”品牌间的潦草界定

在界定某个品牌商品“健康”与否的层面，也存在一定的问题；一方面，这些公司生产的“垃圾”商品对于个体也许称不上“有害”；另一方面，这些商品在社会范围或许就会带来破坏性的杀伤力。商业与体育联手自然会带来巨大的利润，也可以说，言之凿凿地声称“健康至上”的企业即使从事着有违人权的社会活动，也会受到广泛的青睐。

五、关于赛事赞助商的巨额盈利

商家争夺体育赛事的赞助或广告席位，往往是一场人力财力的持久战。有数据显示，在 2011 年超级碗赛季，福克斯公司就曾以每秒 10 万美元的天价占得席位（Smith，2011）。作为赞助商，麦当劳为 2002 年的盐湖城冬季奥运会以及 2004 年雅典夏季奥运会分别斥资 5 000 万美元、6 000 万美元（Cerbrzynski，2000）。麦当劳可谓是奥林匹克运动会的常驻赞助商。就在 2012 年的夏季奥运会宣告为伦敦承办之前，伦敦的官方部门就称这家快餐巨头单单在伦敦竞标环节上，就已经慷慨出资百万英镑了（Solley，2004）。这些一掷千金的金额听上去令人惊愕，但是这都是值得的。宝洁公司（Procter & Gamble）曾在其成为 2010 年温哥华奥运会的赞助商之后，该公司在美国的销售额增长了 1 亿美元（Whitehead and Reynolds，2010）。在近年的国际广告协会（International Advertising Association）会议上，世界顶尖企业人事部门针对赛事赞助的盈利进行了探讨；其中一位来自威士信用卡公司（Visa）的高层曾对与会伙伴称，本公司目前最大的关卡不是“赞助的巨大花销”，而是“要寻觅大量值得赞助的体育赛事”（Buchan，2006）。

诸多企业对体育事业倾注心血是因为：和受人喜爱的体育赛事进行合作，可以使观众们对企业品牌产生更多的兴趣和好感（Speed and Thompson，2000）。仍以奥运会为例吧，因为它向全世界传达出的国际

合作、友好和睦以及荣耀等积极态度，某种意义上来说，使它成了“体育界最令赞助商们倾慕的赛事之一”（Apostolopoulou and Papadimitriou，2004：181）。如此的体坛盛宴与其良好的口碑，为众多品牌创造了一次绝佳的商机，当然也是以巨额的金钱为代价的。一项对奥运会赞助对品牌关注度影响的纵向研究曾显示，得益于赞助的支撑，其品牌便可长期得到公众的关注（Tripodi and Hirons，2009）。在竞争尤为激烈的鞋类行业，耐克为奥运会供应了75%的成人体育装备，高调宣告自己与赛事的合作关系。不同于竞争对手阿迪达斯和锐步吃尽闭门羹，耐克却长期与奥运会保持着稳定的合作关系。在当今全球资本高度紧张的时代，获得竞争时的优势，对于一个品牌无疑是巨大的成功。因此，企业对待赞助某个体育赛事的决议必须予以极大关注和谨慎：如果快餐企业选择放弃这一次商机，也等同面临一场重大损失；相反，如果运动服装企业决心赞助，那么一定会赚得盆满钵满。

六、企业社会价值的考量

在确定体育赛事的赞助商、广告商的合适人选时，我们需要考量该企业的社会价值。不少企业从不售卖酒类、烟草、高脂食品或是碳酸饮料，但事实上他们在其他方面并不尽如人意。我们现在很少看到关于2010年英国石油公司漏油事件（BP oil spill）的报道：因海上钻井装置爆炸而丧生的11名工人，以及被将近500万桶石油污染的墨西哥湾海洋生态系统，这样令人痛心的悲剧也无人问津。按行业惯例也将造成一定的人力成本。近20年以来，运动装备及服饰生产商对劳工的实践经验进行着严密排查，看是否存在雇佣童工、工作条件恶劣等现象。然而一些企业就要下功夫去修正自己的企业形象，去整顿企业的问题了。最近有报告披露，2010年世界杯的比赛用球“Jubilani”（祖鲁语“普天同庆”之意）曾交予四个长期使用童工的国家来制造（Hawthorne，2010）。这样的行径加剧了全球阶级的分化，最终以发展中国家的牺牲来换得西方国家的特权。然而由于制造的产品不曾涉及“有害”的范畴，因此这些商家便可以在禁令下依然大义凛然地参与体育赛事的合作。我们一方面希望解除肥胖症困扰，劝阻人们大量消耗酒类和烟草；另一方面也要反思为何这些西方国家的社会问题就比发展中国家的劳工人权问题更受到关注，这些企业应当尽可能减小对周边环境的影响。

七、小结：寻找更合适的标尺

相比对“健康”“非健康”品牌间的粗浅划分，我们能为体育赛事赞助商、广告商找到的更恰当的标尺便是企业承担社会责任（CSR）的能力。这一研究领域被引注最多的学者莫过于卡罗尔（Carroll，1991），他认为，评估一家企业社会责任要看其四个方面：① 取得了极好的业绩；② 遵纪守法；③ 尽可能朝着对社会有利的一面发展；④ 对社会福利和慈善事业作贡献。戴维等人（David et al.，2005）将企业社会责任活动细分为三类，即：① 道德层面的，例如善待员工，对环境的责任心；② 顺应社会形势的，比如对社会问题的持续关注；③ 注重周边关系的，例如能够听取利益相关者的意见。上述要素将企业对社会贡献（或企业社会责任缺失造成的恶果）的考量变得愈加复杂。

每一年，波士顿大学的企业公民意识及社会声誉研究中心（Boston College Center for Corporate Citizenship and Reputation Institute）都会提交一份报告，将各个公司按照所履行的社会责任逐一排名。2011 年的报告中出现了许多并不销售健康食品的企业，例如排名第 13 位的可口可乐公司。如果一名运动健儿长期饮用碳酸饮料，那对于竞技生涯百害而无一利，这是大家都知道的。即使如此，可口可乐公司却是在其他方面倡导着健康的生活习惯和生活方式，从而体现着其社会职能。该公司在荷兰成立的“奥运使命”（Mission Olympic）是全国第二大校园平台，已经超过 15 万人次参与其中，他们共有一个信念，那就是鼓励越来越多的荷兰青少年加入到 16 项运动的竞技之列。在美国，不少企业也为青少年开设讲习班，供他们学习体育知识和保健常识。

上述的目的并不是吹捧可口可乐公司，更不是将衡量公司的社会价值的标准复杂化。刚提及的可口可乐公司只不过换了一种灵活自主的方式来履行其社会职能，来服务于公众。从这些叙述我们发现了一个有趣的问题：一家是运动服饰公司对其劳工的不人性化待遇，一家是汽水商家对青少年体育锻炼的大力支持，两类方式哪种更合适一些呢？如果体坛希望在与企业的合作中继续树立一种道德标杆，那么放弃简单粗暴的“健康”与否的品牌划分，改以企业社会责任为尺度，就能去更周全地衡量企业实践、策略的最大社会价值。

参考文献

Apostolopoulou, A. and Papadimitiou, D. (2004). "Welcome home": Motivations and objectives of the 2004 Grand National Olympic Sponsors. *Sports Marketing Quarterly* 13: 180 - 192.

Barrand, D. (2004). Sport's biggest sponsors fight their corner. *Marketing* (Mar. 18), 15.

Buchan, N. (2006). Sports sponsorship-still giving enough bang for the buck? *B&T Weekly* 56 (2567): 5.

Carroll, A. B. (1991). The pyramid of corporate social responsibility: Toward the moral management of organizational stakeholders-Balancing economic, legal and social responsibilities. *Business Horizons* 34 (July-August): 39 - 48.

Cebrzynski, G. (2000). McDonald's extends Olympics sponsorship. *Nation's Restaurant News* 34 (25): 6.

Clarkson, J. (2010). Editorial: Time to get tough on unhealthy sponsorships. *Health Promotion Journal of Australia* 21 (3): 164 - 165.

Cornwell, T. B. (2008). State of the art and science in sponsorship-linked marketing. *Journal of Advertising* 37 (3): 41 - 55.

David, P., Kline, S., and Dai, Y. (2005). Corporate social responsibility practices, corporate identity, and purchase intention: A duel process model. *Journal of Public Relations Research* 17 (3): 291 - 313.

Dodge, T. L. and Jaccard, J. J. (2006). The effect of high school sports participation on the use of performance-enhancing substances in young adulthood. *Journal of Adolescent Health* 39 (3): 367 - 373.

Hawthrone, M. (2010). No rejoicing for those stitched up by the World Cup merchandise. *Age* (June 14), Business, 2.

Morland, K. Wing, S., Diez Roux, A., and Poole, C. (2002). Neighborhood characteristics associated with the location food stores and food service places. *American Journal of Preventative Medicine* 22 (1): 23 - 39.

Simith, A. (2011). Superbowl ad: Is $3 million worth it? *CNN Money* (Feb. 3). At http: //money. cnn. com/2011/02/03/news/companies/super _ bowl _ ads/index. htm, accessed Mar. 27, 2013.

Solley, S. (2004). London 2012 bid aims for £12m sponsor fees. *Marketing* (Feb. 26), 1.

Speed, R. and Thompson, P. (2000). Determinants of sports sponsorship response. *Journal of the Academy of Marketing Science* 28 (2): 226 - 238.

Tripodi, J. and Hirons, M. (2009). Sponsorship leveraging case studies-Sydney 2000 Olympic Games. *Journal of Promotion Management* 15: 118 - 136.

van Riper, T. (2011). The most watched Super Bowl ads, *Forbes* (Feb. 7). At http: //www. forbes. com/sites/tomvanriper/2011/02/07/the-most-watched-super-bowl-ads/, accessed Mar. 27, 2013.

Wang, Y. and Beydoun, M. A. (2007). The Obesity epidemic in the United States-gender, age, socioeconomic, racial/ethnic, and geographical characteristics: A systemic review and meta-regression analysis. *Epidemiologic Reviews* 29: 6 - 28.

Weir, D. R., Jackson, J. S., and Sonnega, A. (2009). *Study of retired NFL players*. Ann Arbor, MI: National Football League Player Care Foundation and University of Michigan Institute for Social Research.

Whitehead, J. and Reynolds, J. (2010). P&G to partner Coke for Olympic Games activities. *Marketing* (Aug. 4), 4.

〔反方观点〕

混乱的促销内容带来的影响

——体育赛事和广告产品与运动员的生活方式恰恰相反

玛丽亚·哈丁

美国 宾夕法尼亚州立大学

2011 年 2 月举行的超级碗比赛吸引了超过 1.1 亿人次的观众，其中相当多的人不仅非常关注赛况（格林湾包装者队击败了匹兹堡钢人队的那场比赛），也同时被商业广告吸引着。在这，由于广告商要为短短的 30 秒现身花费近 300 万美元，因此可以说商业广告是一种高风险的投资（Elliott，2011a；Smith，2011）。

在美国，超级碗比赛是各家各户每年“必看”的体育盛宴，而极其庞大的电视观众群体在广告商看来，使赛季成了广告吸引消费者的黄金时期。赛场成了“发布新产品、搏眼球的品牌群英会”（Wenner，2008：135）。

那么在 2011 年超级碗，观众们都对哪些产品和品牌记忆犹新呢？赛季期间曾出现不少汽车广告，如奥迪、宝马、克莱斯勒、现代、大众和起亚；另外还有很多网站服务商的广告，如 E Trade、GoDaddy. com、Cars. com 等。即便如此，快餐和酒类广告还是霸占了 1/4 的广告时长。

运动健儿赢得荣耀之地，转眼变为诸如多力多滋、百事可乐、可口可乐、士力架、温蒂快餐以及啤酒等垃圾食品的展示平台，实在令人惋惜。

然而超级碗并不是唯一出现促销的广告内容与实际活动自相矛盾的个案，奥运会也是如此。奥运会的各个赛事展现了运动员们强健、完美的躯体之美。而麦当劳这个专售垃圾食品的巨头，所卖出的每个汉堡包、每包薯条、每杯饮料就含有成人全天所需的一半卡路里、3/4 的脂肪，然而它却大言不惭地声称自己是“均衡膳食”（Elliott，2011b：para. 3）。对此，550 余名专家则持有不同意见，他们一致认为麦当劳提供的饮食将会引发人们的慢性疾病（McIntyre，2011）。

这些快餐连锁店面对的当然不是这些运动员和相关人员。例如，作为一名奥运游泳冠军，达拉·托雷斯（Dara Torres）成了麦当劳的代言人，但是她对自己日常的饮食持有严苛的原则，绝不吃富含饱和脂肪的薯条，而更喜欢富含精益蛋白质的食物、蔬菜、五谷以及新鲜水果，这个例子这让人印象非常深刻（Crouse，2007；ABC News，2010；Childers，2010；Elliott，2011b；Hum，n. d.）。托雷斯在接受采访时说道：她所吃的“专属”快餐实际上来源于“全食超市和鲜菜瓜果市场”，“这样能尽可能地保持健康性”。（Hum，n. d.：para. 19）。

无论是在超级碗、奥运会中投放的垃圾产品广告，还是在其他任何职业比赛的播报中，这些广告宣传都应当被看作是一种“误导信息”。因为在这些广告中会饮酒、吃垃圾食品被描述成了健康积极的生活方式。而更可怕的是，它对孩子们产生深远影响，幼小的孩子最容易受到有害广告信息的诱惑，也容易接受社会公益信息的指导。

一、赛事赞助的隐患

每年，数以千万的观众将体育类的节目推送至尼尔森收视率（Nielsen ratings）排行榜的前几名，其中很大一部分就是青年群体（Nicholson and Hoye，2009；Gregory，2010）。据调查，8—17岁的青少年中九成会通过媒体（多数是电视）来观看、收听体育赛事；调查中超过半数的青少年表示每周都会观看、收听体育比赛（AAF/ESPN，2001）。

观看体育比赛对青少年是很有意义的，正如应用运动心理学协会（Association for Applied Sports Psychology）所言，因为“可以从中学到太多的东西了，比如临场发挥的重要性、团队合作意识、缓解（失败后的）失落感以及学会全神贯注”（AASP n. d.：para. 2）。将体育作为社会公益教育向青少年群体推广受到了广泛的支持，因为在人们眼中体育始终与成功、自律和勤奋等词语关联着（Franks，2003；Eitzen and Sage，2008）。进而，观看体育比赛也会鼓舞青少年参与到体育锻炼中，养成健康的生活习惯并受益终身（Coakley，2004）。换而言之，观看体育比赛可以在潜移默化中引导人们尝试更积极向上、更身心愉悦的生活。

越来越多的产品和品牌试图用投放广告、赞助的方式将自己与那些和最高积极健康水准的活动联系起来。关于体育比赛的媒体分析报告指出，事实上观众们在长达一半赛时的时间中，都不得不关注始终曝光在镜头前、贴在运动员衣服上的商标（Sherriff et al.，2009）。另有市场调查的分析报告指出，对观众曝光力度更大的是食品和饮料的广告（Kelly et al.，2011a）。电视上的啤酒广告几乎有一半都是出现在体育节目中，其中最经常见到这类广告的比赛包括职业足球比赛、职业篮球比赛、美国赛车协会联赛（NASCAR），以及校园橄榄球、篮球的比赛。值得一提的是，校园体育比赛的运动员并没有达到法定饮酒年龄（Collins et al.，2007）。

学者温纳（Wenner）称体育节目的影响力开始变得负面，是因为商业广告信息将之前的体育精神取而代之。因为体育迷们对体育积极的意识形态有着强烈的认同感，诸如“障碍”（the rub）这样的关联词，也变得十分有意义。可口可乐、百威淡啤（Bud Light）和士力架这样的商品就得益于体育运动的概念。温纳还提到，异化的体育“在很长一段时间，都被广告商利用为其间接在运动市场牟利”（2008：149）。

下面一个例子就阐释了酒类广告（尤其是啤酒）与竞技比赛之间的微妙关系。一项关于热门电视体育节目的广告研究发现，关于酒类的广告无不暗含着啤酒与功成名就息息相关（Jones et al.，2010）。

体育赛事的变异使经营不健康商品（如快餐、酒类）的企业获得了不小的收益——事实上，异化巧妙掩盖了一层潜在的矛盾关系。并不从事健康商品运营的企业试图通过与运动员及体育节目成立商业合作，来进一步提升公司的形象（Sherriff et al.，2009）。令人遗憾的是，通过研究表明，那些出现在体育赛事广告和赞助商名列的食品和饮料，绝大部分都是会导致各种慢性疾病和肥胖症的垃圾食品（Clarkson，2010；Kelly et al.，2011a）。

二、误导性的宣传

诸如麦当劳、可口可乐这样的比赛赞助商，为赛事支付了巨额的股利。研究表明，这种与世界顶尖运动员攀上关系的广告内容不断异化，宣传中介绍的那些垃圾食品运动员们压根就不会经常去吃，然而这却带来了不小的影响。比如，单单对商品在公众心中的印象，比赛的赞助——尤其是长期的赞助就能够起到了积极的影响。事实上，赞助商品牌无需再发布竞争者同等数量的广告，便可以让受众印象深刻（Hastings et al.，2006）。

不少研究已经证实，无论健康与否，关于食品的广告宣传都会影响到个人的消费取向和饮食习惯。世界卫生组织（World Health Organization）曾发布一份报告，认为食品广告无论在食品类别（如垃圾食品）还是品牌（如士力架）范畴，都有着“深入人心、独当一面”的巨大影响力（Hastings et al.，2006：3）。

将垃圾食品与体育相结合的广告宣传和营销内容，一直以来都是商家有效的营销策略（Clarkson，2010），而该做法的底线即是“促进销量”（Rehm and Kanteres，2008：1967）。

研究表明，青少年儿童尤其脆弱且非常容易受到这种错误关系的误导，他们的注意力和消费兴趣其实已经被商业化信息所影响（Clarkson，2010）。2006 年世界卫生组织发布的报告中，概括了青少年群体对食品广告印象的研究结果，研究发现这些青少年“对广告中的食品总是想去尝试，并经常会让父母买给他们吃”（Hastings et al.，2006）。

一些研究也充分显现了年轻一代对酒类广告的敏感性。其中一项研究通过观察青少年在观看体育比赛时浏览广告后发现，他们会将酒同年轻活力、运动热潮以及风趣幽默联系在一起（Phillipson and Jones，2007）。中学学生对酒类赞助、品牌非常感兴趣，并“会将这些体育相关产品同出色的人格魅力、可观的经济收入相关联”（Jones et al.，2010）。

研究还指出，不少年轻人在观看酒类广告之后都忍不住想去酣畅淋漓。这也就意味着，这样的广告宣传将会诱导未成年人饮酒（Nicholson and Hoye，2009）。同样地，美国各个商会对酒类供应商不断提出限制其广告的诉求，然而这些广告针对的往往是有着客观判断的成年群体，因此，这样的诉求实际上也只是空谈。

正是基于体育赛时慢慢商业化，越来越多的医学专家开始关注入驻体育节目的酒类广告。美国医学协会期刊（*Journal of the American Medical Association*）曾刊登过相关研究，正如在近几年酒类广告在体育节目中越来越高频的出现，这让人们更清晰地看到了“体育节目的酒类广告与青少年饮酒”之间的因果联系（Nicholson and Hoye，2009：1481）。公共卫生领域的专家将这类的商业广告划进了“决不容忍”的一类（Sherriff et al.，2009：19）。

三、(体育节目中) 失德广告所带来的恶果

体育节目中，其中出现的酒类广告品牌、(特别针对未成年群体的) 不健康的食品 (即垃圾食品) 品牌都不算经济实惠。世界卫生组织指出，无论年长年幼，过度饮酒将会诱发慢性病，并增加死亡的概率。在美国，饮酒已被视为年轻一代的头号健康问题 (Nicholson and Hoye，2009)。

从巨无霸汉堡 (麦当劳产品) 配薯条，到百事可乐、百威淡啤，再到士力架巧克力对健康意义的定义，貌似越来越偏离广告中宣扬的均衡膳食、健康体魄的主题了；而肥胖症以及其他疾病 (诸如二型糖尿病) 却始终与之紧紧相随，这些疾病已经成为全球性的人类健康问题。与1980 年的数据相比，这些肥胖症患者如今已经增加了一倍之多，占全球65％的城市人口将受到肥胖症日益严峻的威胁 (WHO，2011)。1/3 的美国人都是肥胖症患者 (Parker Pope，2011)。而有研究称，肥胖症的隐患往往始于人的孩童时期 (Boyse，2010)。

当然，肥胖症以及其引发病症不能简单地归结于单单一种原因，比如个人饮食的偏好。这其实是个人选择、环境影响以及社会经济等多重因素共同作用的结果 (FSA 2004)。然而电视中成千上万的垃圾食品广告确实促使着人们发胖，毫无营养价值的垃圾食品本身就是问题的根源 (FSA，2004；Hastings et al.，2006；Boyse，2010)。

正因为如此，人们提议所有的垃圾食品广告都应当要经受审核。这些商业失德的营销策略常常呈现着健美的体魄与不相称的“三高”饮食的搭配，公共卫生专家对此提出了强烈的谴责。继而，专家学者也对此类广告提议下达禁令，使消费者们——尤其是未成年人和老龄化的人逐渐明白酒精、垃圾食品与健康之间的真实关系 (Nicholson and Hoye，2009；Clarkson，2010)。

与此同时，研究表明，关于健康食品的品牌赞助和广告宣传也能够对消费者的饮食习惯起到改善调节的积极作用 (Donovan et al.，1999)。如果下一届超级碗赛季的广告商换作低脂酸奶、精益蛋白质食品、全麦谷物以及鲜果蔬菜怎么样？这样才算是有意义的广告吧。

参考文献

AAF (Amateur Athletic Foundation) /ESPN (2001). *Children & Sports Media Study*. Statistical Research Inc. At http://www.la84foundation.org/9arr/ResearchReports/AAFESPNCSMR2001.pdf, accessed Mar. 27, 2013.

AASP (Association for Applied Sports Psychology) (n.d.) AASP learning guides help teach kids life lessons while watching sports. At http://appliedsportpsych.org/files/learningguideintro.pdf, accessed Mar. 27, 2013.

ABC News (2010). Dara Torres' "Gold Medal Fitness Plan." *ABC News Videos* (May 12). At http://abcnews.go.com/Health/video/dara-torres-gold-medal-fitness-plan-10629491, accessed Mar. 27, 2013.

Boyse, K. (2010). Television and Children. *Your Child Development & Behavior Resources*, University of Michigan. At http://www.med.Umich.edu/yourchild/topics/tv.htm, accessed Mar. 27, 2013.

Childers, L. (2010). Dara Torres' fitness tips for beating arthritis pain. *Arthritis Today*. At http://www.arthitistoday.org/community/people-profiles/dara-torr-es.php, accessed Mar. 27, 2013.

Clarkson, J. (2010). Time to get tough on unhealthy sponsorships. *Health Promotion Journal of Australia* 21 (3): 164 - 165.

Coakley, J. (2004). *Sports in society: Issues and controversies*, 8th edn. New York: McGraw-Hill.

Collins, R. L., Ellickson, P. L., McCaffrey, D., and Hambarsoomians, M. S. (2007). Early adolescent exposure to alcohol advertising and its relationship to underage drinking. *Journal of Adolescent Health* 40: 527 - 534.

Cornwell, T. B. (2008). State of the art and science in sponsorship-linked marketing. *Journal of Advertising* 37 (3): 41 - 55.

Crouse, K. (2007). Torres is getting older, but swimming faster. *New York Times* (Nov. 18). At http://www.nytimes.com/2007/11/18/

sports/other-sports/18torres. html? pagewanted = all, accessed Mar. 27, 2013.

Donovan, R. J. , Jalleh, G. , Clarkson, J. , and Giles-Corti, B. (1999). Evidence for the effectiveness of sponsorships as a health promotion tool. *Australian Journal of Primary Health* 5 (4): 81 - 91.

Eitzen, D. S. , and Sage, G. H. (2008). *Sociology of North American sport*, 8th edn. Boulder, CO: Paradigm Publishers.

Elliott, S. (2011a). Super Bowl ads assessed, from A to Z. New York Times (Feb. 9). At http: //mediadecoder. blogs. nytimes. com/2011/07/20/mcdonalds-uses-olympics-for-its-own-balancing-act/, accessed Mar. 27, 2013.

Frank, A. M. (2003). *Sports and education: A reference handbook*. Santa Barbara, CA: ABC - CLIO.

FSA (Food Standards Agency) (2004). Defusing the diet timebomb. *Food Standards Agency News* 35 (Feb.): i.

Gregory, S. (2010). Why sports ratings are surging on TV. *Time Business & Money* (Aug. 14). At http: //www. time. com/time/business/articles/0, 8599, 2010746, 00. html, accessed Mar. 27, 2013.

Hastings, G. , McDermott, L. , Angus, K. , Stead, M. , and Thomson, S. (2006). *The extent, nature and effects of food promotion to children: A review of the evidence*. Geneva: World Health Organization. At http: //www. who. int/dietphysicalactivity/publications/hastings _ papaper _ marketing. pdf, accessed Mar. 27, 2013.

Hum, M. E. (n. d.) A Day in the Life of ... an Olympic swimmer: Five-time Olympian, Dara Torres, talks food, fitness, and family fun. *WeightWatchers*. At http: //www. weightwatchers. com/util/art/index _ art. aspx? tabnum=1&art _ id=111291, accessed Mar. 27, 2013.

Jones, S. C. , Phillipson, L. , and Barrie, L. R. (2010). "Most men drink ... especially like when they play sports" -alcohol advertising during sporting broadcasts and the potential impact on child audiences. *Journal of Public Affairs* 10 (1 - 2): 59 - 73.

Kelly, B., Baur, L. A., Bauman, A. E., Smith, B. J., Saleh, S., et al. (2011a). Role modeling unhealthy behaviours: Food and drink sponsorship of peak sporting organizations. *Health Promotion Journal of Australia* 22 (1): 72 - 75.

Kelly, B., L. A., Bauman, A. E., and King, L. (2011b). Tobacco and alcohol sponsorship of sporting events provide insights about how food and beverage sponsorship may affect children's health. *Health Promotion Journal of Australia* 22 (2): 91 - 96.

McIntyre, D. (2011). Health experts attack McDonald's, but can they bite into its bottom line? *Daily Finance* (May 18). At http://www.dailyfinance.com/2011/05/18/health-experts-attack-mcdonalds-but-can-they-bite-into-its-bot/, accessed Mar. 27, 2013.

Nicholson, M. and Hoye, R. (2009). Reducing adolescents' exposure to advertising promotion during televised sports. *Journal of the American Medical Association* 301 (14): 1479 - 1482.

Parker-Pope, T. (2011). The fat trap. *New York Times Magazine* (Dec. 28). At http://www.nytimes.com/2012/01/01/magazine/tara-parker-pope-fat-trap.html? pagewanted = 1& _ r = 1, accessed Mar. 27, 2013.

Phillipson, L., and Jones, S. C. (2007). *Awareness of alcohol advertising among children who watch televised sports*. Conference paper. *University of Wollongong Research Online*. At http://ro.uow.edu.au/cgi/viewcontent.cgi? article = 1064&context = hbspapers, accessed Mar. 27, 2013.

Rehm, J. and Kanteres, F. (2008). Alcohol and sponsorship in sport: Some much-needed evidence in an ideological discussion. *Addiction* 103: 1967 - 1968.

Sherriff, J., Griffiths, D., and Daube, M. (2009). Cricket: Notching up runs food and alcohol companies? *Australian and New Zealand Journal of Public Health* 34 (1): 19 - 23.

Smith, A. (2011). Super Bowl ad: Is $3 million worth it? *CNN*

Money (Feb. 3). At http: //money. cnn. com/2011/02/03/news/companies/super _ bowl _ ads/index. htm, accessed Mar. 27, 2013.

Wenner, L. (2008). Super-cooled sports dirt: Moral contagion and Super Bowl commercials in the shadows of Janet Jackson. *Television & New Media* 9 (2): 131 - 154.

WHO (World Health Organization) (2011). Obesity and overweight. *World Health Organization.* At http: //www. who. int/mediacentre/factsheets/fs311/en/index. html, accessed Mar. 27, 2013.

第十四章
广告和受制受众

绝对奏效，我可是营销方面的天才。

——帕丽斯·希尔顿（Paris Hilton）

不管你对广告业报以何种乐观心态（以及投机心理），甚至可能在心中事先设定好广告应该出现的场所。在浴室出现合适吗？在飞机的小桌板上怎么样呢？或者在有人被逮捕入狱等候保释还没有律师的监狱呢？或者在学生的考试试卷上怎么样？（托尼比萨为您提供的历史试卷！）所有这些例子都是真实存在的。

如果人们对于看广告没有太多选择——如果他们真的是受制的观众——这会不会影响到你对于这个问题的看法？当机长告诉你系好安全带时，因为你遇到气流颠簸，并且你在无逻辑地大脑使力面向驾驶舱方向，试图用意念操控飞机平稳飞行，在此时此刻就非得观看一则关于艾德维尔（Advil，一种药品布洛芬品牌）的广告吗？并且如果你看了这则广告，你一安全落地就会更想买一瓶？接下来的文章将会讨论上述说法是否具有的可能性。

所有的作者都在讨论受制观众（captive audiences）这个概念的准确性，因为广告是无所不在的。在某种意义上，对于所有的广告来说我们始终都是被动接受的。不过，在某些情况下，广告的适宜性似乎仍是有问题的，这些问题在学术环境中争论了很多年。一些人估测有 1/3 的初高中的学生可接触到第一频道——一档以青少年为对象的新闻节目——随后，他们会在学校中做宣传。从 20 年前第一频道的商业推广，这个概念定义就被卷入到争论当中——主要是因为植入广告。一些研究表明，学生们在观看节目时对广告的记忆远大于新闻部分（如果你有兴趣了解更多，请到网站 www. channelone. com）。

显而易见，学校变得商业化是件坏事，不过当学校预算收缩时，去向教师们推销变得更为艰难了。如果一位数学老师可以选择自费打印考试试卷，或者将佳得乐（Gatorade）广告打印在试卷上面来负担费用，会有什么不良影响呢？校车车身上打上星巴克的广告信息或许就会获得额外的资金，用来安装车辆情况监视设备来保证学生的校车之行更加安全。

有关于每个有广告出现（或可能出现）的被动接受的地方引发的辩论最终都成为热议的话题，即广告所带来的资金是否值得暴露于广告中的麻烦，如果有的话，哪种声音会赢得胜利？由你来决定。

思考题

1. 下次你前往机场时，记录下你所看到的广告。广告都展现了什么产品？你是否觉得这些广告过分包装？并阐述原因。

2. 想一想你注意到的完全禁止广告的场所（比如殡仪馆、教会幼儿园）。描述这些场所并且解释为什么你会觉得这些场合不适合广告的涉入。做一些调查研究并且观察广告商是如何想的。你可以作为一名参观者，与这些“禁止广告进入”的场合工作的人们交谈，或者你可以尝试在网上搜索看能查阅到什么东西。你有什么发现？

3. 前往一个公共场合设定计时器（一个小时可能较为合适）。在这期间你在不用走动的情况下将能看到的所有广告记录在一个表格上。你观察到了什么？

其他热议话题

1. 大家都认同的开放空间，就应该让广告商完全自由地活动。

2. 广告不该进入的场合就是人们感到紧张或者有压力的地方（比如飞机、牙医诊所或者税务审计办公室）。

3. 无论在哪里，广告都不是完全不受限的，而且很多类型的广告都是如此（比如在墓园出现一些幽默的广告）。

4. 唯一解决广告混乱局面的方法就是要求广告商限制他们的广告预算。

拓展阅读

Blank，C.（2007）. The newest ad frontier：airport security lines. *Advertising Age* 78（10）：4－39.

Phillips，J. and Noble，S. M.（2007）. Simple captivating. *Journal of Advertising* 36（1）：81－94.

Worsham，A. G.（2009）. Presidential elections in the public schools：A frame analysis of the coverage of presidential campaign seasons on Channel One TV，Paper presented at the Annual Meeting of the International Communication Association，Chicago，May 20.

〔正方观点〕

为什么广告在任何地方都是合理的

安吉莉·G. 克罗斯
美国 德克萨斯大学

毫无疑问，营销和广告是没有界限的。虽然一些坏的苹果可能会坏了一筐苹果；但无论如何，大部分营销传播确实为人们的生活增加了价值。营销和广告越来越多地在家庭之外（户外），因为消费者呆在家里的时间越来越少。消费者是易变的、移动的，在社交媒体往往不愿意放慢速度来吸收传统广告。因此，通过接触消费者——也许在教育或娱乐的过程中——在他们的生活中，广告主根据现代消费者行为的变化而变化。事件营销和赞助是新形式的营销传播，它不仅如此，更甚之。广告主并没有捆绑消费者为他们的人质，他们在取悦、教育消费者，并为现代消费者的生活方式提供了社会背景。

虽然有些人可能认为，广告利用无知的被迷惑的消费者，但我希望你去相信广告是一件好事。仅仅本地和全球经济的宏观影响就是足够的证据来支撑。广告的价值在过去的一个世纪中，广告的商业模式一直激发着消费者的创造性，促成商业市场的成功。在电视和电台节目中取得的理想效果主要是靠广告收入来资助的。其他的像在全球范围内各种各样的企业网站、社会媒体网站、事件、消费者的博客、应用程序和杂志/电子杂志，亦是如此。在 21 世纪，现代营销人员总是极力地找机会无缝地整合广告、事件和赞助方式，为消费者的生活方式着想，以达到接触从家庭单位分散的受众群体。

作为一个作家，研究人员和营销/广告的教育家，我的目标是提出一个平衡的、公平的角度来看待广告的优劣之处，在网上和现实生活中的事件营销，以及它们对消费者行为的影响。因此，我很欣赏这本书的大前提：反方观点文章的出现，勇于站在了广告“黑暗面”，对本文论述广告的可接受性有很大的意义。

在这里，我所坚持的论点是，“广告是可接受的——任何地方”在美国的环境下。广告不仅仅是可接受，而更是必要的，它拓宽了企业的市场。为什么广告是必要的，最有说服力的理由是它的经济效益。广告是一个智慧的商业构成并且引发全球意识，它促进了资本主义发展，促进了经济繁荣，并为人们提供了就业机会。除了宏观效益，消费者可以学习、娱乐，加强自我价值，追求地位，甚至拓展自我（Belk and Pollay，1985）。

必须注意的是，广告既具有预期的（通常是正面的）也有非预期的（正面和负面的）对消费者和社会的影响。这些意想不到的效果或滥用的广告，往往带给广告以阻力。所以我们必须小心，把广告的接纳度问题从更广泛的市场的接受程度分离开来。也就是说，如果你认为香烟广告的存在是不合理的，那么更广泛的问题是，这类产品（香烟）或相关的产业是否就该被抵制。

因此，在本文中，我首先讨论广告的经济利益，因为这是最宏观的利益，而且可能会慢慢渗透进家庭和消费者。其次，我将讨论广告和它带给消费者的利益。先尝试解决宏观和消费者利益，然后我将解释广告是怎样的一个社会场景。虽然广告是合理的——因为它带来了商业、消费者和社会效益——但是广告还是要承受消费者阻力的。因此，我注意到广告领域的两个方面风险问题，隐私考量和消费者的抵制态度。一些消费者抵制市场或过多的广告，特别是当他们认为广告侵入了或威胁到他们的隐私（这完全可以理解）。因此，我融入了一些反方的观点（为什么广告是不必要的），通过解释为什么消费者没有看到它的价值，为什么会完全抵制广告。

一、广告可以无处不在：经济利益方面

（一）广告促进竞争

当消费者得益于科技而可以随时随地地消费，为什么要限制传统媒体的广告机会？广告刺激竞争从而促进经济发展。资本主义的一个“优点”就是重视竞争在市场上推动质量的观念。这个观念既适用于商品，也适用于服务。可口可乐与百事可乐之间的竞争就是一个很好的例子。自 20 世纪 50 年代以来，可口可乐和百事可乐通过持续竞争占据可乐市场的主要地位。因为可口可乐和百事可乐在包装、定位，甚至成分上都极为相似，商业上它们的主要区别就是各自的广告和广告投放的市场。百事可乐开始是以“百事一代”（Pepsi Generation）为宣传主题的，而可口可乐则挑衅地称他们有更好的口味。百事可乐则报以“百事挑战”（Pepsi Challenge）的游击营销活动来回击，这个挑战内容是要求人们在看不到的前提下分别品尝可口可乐和百事可乐的测试，选哪个味道更好。于是，两家死对头的较量就此循环下去。各公司不断完善自己的产品线、包装、广告，因为其他竞争对手也势均力敌（Yoffie，2007）。公司们都意识到向车水马龙的人群推销商品的重要意义。没有人强迫消费者接受百事可乐挑战，因为这挑战真的挺好玩，挺有意思的，于是人们争相排队加入到挑战的行列。

（二）广告的经济贡献

你在越多的地方做广告（例如，在出租车、地铁甚至厕所），经济效益可能就会越好。广告促进经济。自 2000 年以来，广告一直占有全国约 2%的国内生产总值，本文写作时，总值约 15 兆美元（Galbi，2008；US Department of Commercial，2011）。这意味着广告的直接带来了 3 000 亿美元的国内生产总值。想到这，在飞机上看到广告你还觉得是庸人自扰吗？

广告效益甚至可以预测经济趋势。也就是，广告收入增加时，美国国内生产总值也随之增加。虽然目前的GDP和广告收入都在上升，需要注意的是，广告的媒介业务正在发生变化（Kantar Media，2013）。

（三）广告业制造就业机会

随着经济的增长，广告刺激需求，为成千上万的媒体、创意和会计领域提供了就业机会。今天，大约30%的全球就业市场属于市场营销和广告行业（Christ 2012）。这种趋势非常有可能会继续下去，因为广告和营销仍然是当下热门专业。这些学生，如你，在你的职业生涯中的积极进取将也有助于塑造广告行业的未来。

对于职业来说，重要的是要了解广告存在的必要性——几乎任何地方，无论是本土还是全球，以及由于虚拟代理形成的职业的全球化。虚拟广告代理是一个行业专家构成的虚拟合作团队，有别于现实实体的传统广告代理（Finney and Close，2008）。虚拟代理使该领域能够为人们提供就业机会，而不限制实际地理位置，从而开拓了竞争环境。总之，广告通过对冲资本主义和开放就业市场，促进了经济发展。这些无处不在的营销所带来的巨大利润，也造福了个人家庭和消费者。

二、广告可以无处不在：消费者利益方面

除了其对经济和创造就业机会的宏观经济效益外，广告为消费者带来逐利和享乐的途径。它提供的信息，可以提高我们的新产品、服务和品牌的认知能力，也为人们提供娱乐和消遣。

（一）在"不自由"环境中接受广告

请注意，约束的场合不包括企业赞助的活动（这些活动将在稍后谈及）。虽然这些观众也在一个被束缚的空间中，身处活动之中的观众是为了参加实践的，因此不会专注文本类或实际的广告。相比之下，受制场合出现的广告一般会在一种传输过程中，人们通常在那里等待或在旅行的途中。

一些人可能会批评广告在消费者的路途中牟利——例如，人们在出租车或飞机上，在一个活动中，或正在排队等待。然而，这只是一种智慧的推销手段罢了。例如在飞机、地铁、公交车、出租车等场所，受制空间和流媒体广告是被人们所接受的。根据数字营销机构（Euro RSCG 4D）所

言，“从品牌认知到购买消费，消费者不停歇地跟着商家的步伐，而且他们希望品牌也是如此”（Springer，2009）。在“非自愿”广告已经达到了标准化，不仅为消费者接受，而且方便有用。最近，数字广告被放置在纽约市的地铁，以保持消费者的兴趣，让消费者在地铁随时随地都能够看到自己的广告（Donohoe，2012）。结果是有效果的，当广告商适时作出决定时，消费者就能够被调动起来。

让我看看一些成功的行销案例。第一个例子是大众汽车在地铁站的营销活动。推广活动目标是展示大众汽车的经济能力。他们的广告代理将地铁站的步行台阶改为一排键盘的图案，这样人们更愿意步行台阶而不是乘坐自动扶梯。这一广告活动被树以典型，并在互联网上引起极大的热潮（Taylor，2009）。这次被称为 “有趣理论”（The Fun Theory）的营销活动，在网上“病毒式”地传播开来，人们可在 YouTube 看到相关视频（Fun Theory，2009）。

另一个成功的案例是出租车的广告。对于出租车广告，研究发现，大多数人会经常看到出租车广告，往往喜欢它的人比不喜欢它的人更多。这些广告帮助人们加强品牌回想和识别（Veloutsou and O'Donnell，2005）。这包括外部出租车广告（出租车帐篷和汽车包装），以及在后面的出租车乘客看到的广告。这些广告特别适合展示与行程目的地的相关产品和服务。在拉斯维加斯，这些出租车广告可以让游客从机场出来就知道在城市里有什么节目，那里的人气餐厅，和其他旅游景点。再次，广告并不是要绑架消费者当品牌的人质，只是向他们透露些他们可能感兴趣的事情。

（二）广告的教育功能

广告的场景、情形可以对人们进行知识教育。广告“告诉买家要货比三家”和“学会相关技术”，帮助消费者做出对他们的购买行为和环境周边的明智选择（Meurer and Stahl，1994）。此外，广告也能够启发政府关于公司产品、政府业务计划、人事的规划（Meurer and Stahl，1994）。此外，广告还可以提升品牌形象。

（三）广告强化品牌

广告提供了信息，并且“在提高品牌知名度以及强势品牌方面，起着举足轻重的作用”（Yoo et al.，2000）。在接触到这种广告以后，消费者开始了解他们以后的需求。作为一个例子，想下你所看到的处方药广告。它是否曾让你为自己或所关心的人对照着广告中指出的症状，寻求着医疗照顾和更多的信息？直销药物的广告（DTC，即直接消费的处方药广告）可以引起消费者对一个未知健康问题的重视。随着DTC广告的出现，甚至是医药行业都在计划开展疾病意识和健康状况的整合传播策略。DTC广告可能会带来人们对检查结果的猜疑（例如，自我诊断、医患冲突），但广告也有可能会耽误人们寻求健康问题和医疗保健的时机。

当然，DTC广告经常吹捧品牌商品的成效。品牌是消费者识别和处理服务产品信息的有效途径。产品知识能够让消费者区分几个相互竞争的品牌（Roy and Cornwell，2004）。对于一个消费者来说，考虑购买一个产品，就必须拥有一些产品知识——而这些知识通常就来自广告。广告能积极地传播产品知识。这样，知识消费者在理解产品信息时就依靠了这些广告中的信息（Roy and Cornwell，2004）。此外，广告和展示的产品知识影响着消费者的消费行为（e. g. ，Bracks，1985；Alba and Hutchinson，1987；Kim et al. ，2008）。研究发现，消费者的产品知识和参与程度影响了他们的信息处理（来自广告或产品体验）。消费者经常通过具体的属性来评估高投入产品的价值，来满足功利需求（Park and Moon，2003）。一个基本的信息性广告可以帮助传达满足消费者功利需求的属性。

一个信息性的广告，也可以改善消费者对品牌的态度。消费者研究揭示了广告不起眼的一个功能，那就是，随着一个消费者对产品有了认知（例如，通过广告的宣传），他们对产品有了更加积极的态度（Zajonc and Markus，1982）。广告、赞助和事件营销能让目标消费者获得更丰富的相关信息、体会和经验，这些体验都可以增加他们对该品牌的经验知识（Pine and Gilmore，1998）。

（四）广告是娱乐的一部分

娱乐指的是在一定程度上（例如，观看体育节目）人们体验到愉快、享受的事物。娱乐活动是很重要的，因为消费者的感知娱乐水平可能会转移到他们对节目中出现的广告或品牌的评估。往更远的说，娱乐的有利影响能够促进人们对活动的关注，也可能会将注意力转向赞助商（Close et al. ，2006）。在良好的环境下，让消费者处于热情、兴奋和愉悦的环境下，让消费者接触到那些广告，让他们觉醒，并有了品牌认知的提升。

（五）广告可以很风趣

幽默的广告能使消费者对广告积极态度转移到品牌（Zhang，1996）。幽默在广告中也强化了消费者对广告内容的关注和理解（Weinberger and Gulas，1992）。这种想法显然在过去的几年里已经很普及了，我们很难找到一个完全不使用幽默、笑料的广告。想想你最喜欢的电视广告就知道了，就像这样的妙语连珠："我们的焦点小组中包含会说话的鲨鱼[①]了吗？或是破案的贝蒂·怀特？[②] 或是一个 iPad 上炒股的婴儿？"很可能你最喜欢的广告，就是因为一个幽默元素而令人难忘的。

三、广告作为社会场景无处不在

广告是可以为人们所接受的主要原因就是无论什么情况下，广告都能够促进社会经济发展，同时提醒消费者提高认知。最终，广告是可以接受的也有更多的美学方面的原因。广告是我们日常生活的社会场景。同时，广告通过赞助投资和事件营销投资，也利用了社会生活的事件资源。广告当然也可以秀色可餐，品牌标识和模特展示了最新的时尚潮流和极具吸引力的画面。也许，下一个问题是：这些画面能够为沉闷的空间带来多大程度上的美化效果，才不会掩盖自然美，才不会造成生产过剩的浪费。广告会给某空间带来一定的审美价值，或者为在外的人提供了信息。这样，当广告内容变的耐人寻味时，并与行业和社会标准一致，广告就成了我们生活的一种艺术场景。

在现代美国社会中，无论在何地，广告是被普遍接受的，甚至是被乐于接受的。从厕所中的广告（是的，就是厕所）、在食品杂货车，或在停车位，广告主不断想出新的方式来铺盖消费者家以外的更多场所。现在，虽然奥卡航空公司（OHH）的广告宣传只能局限在飞机上，但不影响奥卡知名度的普及和广告支出的增加。

像美国这样的西方品牌导向文化国家乐于接纳广告活动，几乎从不去限制广告宣传活动。其中一部分是因为广告是我们的社会场景，广告提供

---

① talking shark，一款鲨鱼宠物游戏。
② Betty White，美国著名影星，《识骨寻踪》饰演 Beth Meyer 博士，协助骨头夫妇办案。

了艺术和信息，甚至可以在你的心灵和灵魂中激发创造力，广告激发人们的创意和梦想，并鼓励我们继续学习下去（例如，在学历教育、自学、音乐、计算机等领域）。

活动赞助

通过活动赞助接触到消费者是一个可行的广告手段，而且消费者往往会感谢赞助商的资助（Close et al.，2006）。如果一个企业赞助成功地拉动了一个非常不错的活动项目，那么品牌赞助的形式就更受到接纳。公司赞助主要是体育赛事、文化活动或慈善活动，人们希望得到赞助，因为企业赞助会降低参与者的活动花销（Murphy et al.，2011）。因此，这也是智慧的营销手段。参加活动的人得对活动投入资金，赞助商可以尽可能地改善观众的体验（Close et al.，2006）。为了使赞助有所收获，企业对品牌的吹捧几乎贯穿了整项活动当中——或是前往活动场所的出租车，或是报道活动信息的网站上，广告无处不在。

广告是否值得被接受，它在当代社会、文化和人际关系及家庭关系的发展中的作用是值得人们讨论的。广告能强化社会和文化上公认的规范。广告促进消费，也是文化建设的主动力（Wallendorf and Arnould，1991）。在特殊的日子和礼品市场，广告扮演着极其重要的功能。在美国，送礼是一种常见的礼仪，因此也有了大规模的节日消费。美国公司（Corporate America）通过广告中传达的品牌和时尚信息，在消费者文化方面发挥了越来越大的作用。此外，广告也可以帮助消费者了解政客（例如，通过攻击性广告）。有些广告的形式，如政治广告，会导致消费者产生抵触情绪（Holt，2002）。

四、广告抵抗与市场抵抗

尽管广告在宏观和微观的层面都会为人们带来利益，但无处不在的广告隐藏着潜在的影响力。虽然本文的主旨是阐释广告为人接受的原因，但我还是对一些不道德的广告表示担忧。开发广告或针对弱势群体的广告（如儿童、老人、穷人）在失德问题上是最显著的。其他时候，人们怪罪广告建造了一个唯物主义的世界，甚至广告会拿人们的身材开涮（如在电影《麦胖报告》（2004））。当然，本文的前提是那些负责任、遵循行业标准的广告，这些广告可以被广泛地包容，而且对美国资本主义市场体系建设有着不可替代的作用。然而，对广告和营销的抵制依然是一个广告领域值得关注的问题，毕竟广告产业的发展依赖于消费者对广告商品和服务的态度和行为。

(一) 市场阻力

上文提到，广告为我们提供了许多好处，但一些消费者会在更多的封闭环境——如飞机机舱内，对广告非常抵触。更特别的是，由于消费者未能被调动需求，此时广告的泛滥和粗制滥造就造成了消费者情绪上的抵触(Rumbo，2002)。广告面临的一项重要挑战（也是我的个人担忧），就是市场抵制。我的建议是，广告行业在消除阻力时，应当通过侧重在行为上而不是态度上的方式。正如我看到的，市场的阻力需要对刻板现状的行为和仪式发动一个行为上的抵抗。

(二) 广告的自愿简化

有时消费者不希望看到广告，他们想在出租车时间或飞行中得到片刻的安宁。自愿简化（Voluntary Simpliticy）的概念是在1936被提出的，然而如今依然是一个与广告主切身的话题（Leonard-Barton，1981；Belk，2001；Craig-Lees and Hill，2002；Shaw and Newholm，2002；Zavestoski，2002；Close and Zinkhan，2009）。自愿简化的行为包含：自给自足、低消费行为、生活方式和经济上的中立（Leonard-Barton，1981）。它体现为自主判断、物质简化、人类尺度、个人成长和生态意识（Elgin，1981）。伴随这一趋势，消费者抵制主导市场（即广告市场）。期望得到更简单、更贴心的解决方案（例如，贸易、制造产品）（Close and Zinkhan，2009）。市场阻力可能与传统市场和家庭的交流、消费领域之间的交流和消费的转变有关。

这是广告业一次重要的探索。那些追求自愿简化的人，会反感和抵制传统广告，当然也对“强制性广告”感到厌恶，这样的探索将会带来转机。传统的广告不是每个人都能接受的；然而，大多数消费者似乎并不介意赞助、促销或其他侵入性较小的营销手段。一些传统的或在线广告的隐私侵害，才是消费者的维权关注点。

(三) 广告的隐私问题

技术也加强了消费者对广告的抵抗性，因为一些在线消费者认为，移动广告太具有侵入性，他们感到隐私受到了侵犯。例如，Facebook 和其他社交媒体网站上的一些免费应用，向广告主销售用户信息。虽然他们通常公示了条款和条件，当然，大多数消费者都不会去仔细阅读这些冗长的法律免责声明。因此，在线消费者都面临一个通过应用程序嵌入与新兴市场技术带来的隐私问题。由于移动电话网络仍然是一个相对较新的广告媒体，所谓侵袭性应用程序的影响仍然是不确定的、需要更多的研究来证实(Labrecque et al.，2011；Markos et al.，2012)。

广告行业作为一个技术不断发展的发展领域，科技的进步对发展产业、培养消费者有非常有益；然而，由于隐私和安全问题而产生的抵制态度和行为已经得到了业界注意，这都与互联网、移动广告和网络的盗用消费者身份信息相关（Zinkhan，2006）。为了将阻力降到最低，广告业在业务、广告、科技之间必须保持平衡关系，换回消费者的信任。应将视角转移到网络，这将是一个对企业和消费者十分重要的巨大变化。当然，有些消费者拒绝这样的改变。因此，一些人可能会要求：广告，或更准确地通过广告，根本就不是特别必要的。正如宏观营销专家 W. L. 威尔基（W. L. Wilkie，2012）所说，“它也可以打破边界，真正改善人民生活，带来奇迹”，因此广告是如此重要。

五、无所不在的广告很重要

总之，尽管人们抵制广告和营销的很多方面，我依旧想强调的是，无论是对于经济发展还是消费者来说，无处不在的广告是非常重要的；同时，它作为一种社会背景可以为大家带来赏心悦目和翔实的信息。如果因为广告是干扰了活动的进程，让消费者抵制传统广告，不妨考虑下事件营销和赞助传媒机构的战略。当广告能够在某个领域吸引热情和积极的人，这就达到了赞助商的期待效果（Close et al.，2006）。广告和活动赞助呈现一种协同的方式来吸引消费者，特别是当赞助商为消费者带来了利益。

然而，消费者可以对任何意义上的隐私或安全的企业侵犯，都保持一种警觉的态度。广告商面临的主要挑战就是隐私问题（例如，以全球定位科技基础发布广告的同时，如何维护安全）和消费者对广告和市场的抵制。随着行业科技的进步，广告变得更为重要，不仅作为一种经济激励，更是有助于将活动事件带给受众，改善我们的生活，让人开心——毕竟开开心心是最重要的。

最后，感谢我的本科生研究助理梅丽莎（Melissa Flath）。

参考文献

Alba，J. W. and Hutchinson，U. W. （1987）. Dimensions of consumer expertise. *Journal of Consumer Research* 13（Max.）：411－454.

Belk，R. （2001）. Materialism and you. *Journal of Research for Consumers* 1（May）：1－7.

Belk；R. and Pollay，R. （1985）. Images of ourselves：The good life in twentieth century advertising. *Journal of Consumer Research* 11（4）：887－897.

Brucks，M. （1985）. The effects of product class knowledge on information search behavior. *Journal of Consumer Research*（June 12），1－16.

Christ，R（2012）. *KnowThis: Marketing basics*，2nd edn. Blue Bell? PA：KnowThis Media.

Close，A. G. and Zinkhan，G. M. （2006）. Cyber-identity theft. In K. Khosrow-Pour（ed.），*Encyclopedia of e-commerce*，*e-government*，*and mobile commerce*. IGI Global，pp. 1158－1162. doi：10.4018/978－1－59140－799－7.

Close，A. G. and Zinkhan，G. M. （2009）. Market resistance and Valentine's day events. *Journal of Business Research* 62（2）：200－207.

Close，A. G. ? Finney，R. Z，Lacey，R.，and Sneath，J. （2006）. Engaging the consumer through event marketing：Linking attendees with the sponsor，community，and brand. *Journal of Advertising Research* 46（4）：420－433.

Craig-Lees，M. and Hill，C. （2002）. Understanding voluntary simplifiers. *Psychology & marketing* 19（2）：187－210.

Donohue, P. (2012). "TV" guides on subway MTA plan would have "virtual" assistants. *New York Daily News* (Mar. 6) s 2.

Elgin, D. (1981). *Voluntary simplicity: Toward a way of life that is outwardly simple, inwardly rich*. New York: William Morrow.

Finney, R. Z. and Close, A. G. (2008). The virtual agency as a new force in the promotions industry. In S. Ann Becker (ed.), *Electronic commerce: Concepts, methodologies, tools and applications*. Hershey, PA: Information Science Reference, pp. 2240 - 2246.

Fun Theory (2009). Piano stairs — The Fun Theory. com-Rolighetsteorin. se. *YouTube*. At http://www.youtube.com/watch?v=21Xh2n0aPyw, accessed Mar. 28, 2013.

Galbi, D. (2008). U. S. annual advertising spending since 1919. At http://www.galbithink.org/ad-spending.htm, accessed Mar. 28, 2013.

Holt, D. B. (2002). Why do brands cause trouble? A dialectical theory of consumer culture and branding. *Journal of Consumer Research* 29 (June): 70 - 90.

Kantar Media (2013). Kantar Media reports U. S. advertising expenditures increased 3 percent in 2012. *Kantar Media* (Mar. 11). At http://kantaxmediana.com/inteliigence/press/us-advertismg-expenditures-increased-3-percent-2012, accessed Apr. 4, 2013.

Kim, S., Haley, E., and Lee, Y. J. (2008). Does consumers' product-related involvement matter when it comes to corporate ads? *Journal of Current Issues and Research in Advertising* 30 (2); 37 - 48.

Markos, E., Labrecque, L. L, and Milne, G, R. (2011). Online personal branding: Processes, challenges, and implications. *Journal of Interactive Marketing* 25 (1): 37 - 50.

Labrecque, L. L, Markos, and Milne, G. R, (2012). Web 2.0 and consumers' digital footprint: Managing privacy and disclosure choices in social media. In A. G. Close (ed.) *Online consumer behavior: Theory and research in social media, advertising, and e-tail*. New York: Routledge, pp. 157 - 184.

Lee, D. H. and Olshavsky, R. W. (1994). Toward a predictive model of the consumer inference process: The role of expertise. *Psychology & Marketing* 11 (Mar.-Apr.): 109 - 127.

Leonard-Barton, D. (1981). Voluntary simplicity lifestyles and energy conservation. *Journal of Consumer Research* 8 (Dec.): 243 - 252.

Meurer, M. and Stahl, D. O., II (1994). Informative advertising and product match. *International Journal of Industrial Organization* 12 (1): 1 - 19.

Murphy, J. H., Cunningham, I. C. M., and Stavchansky de Lewis, L. (2011). *Integrated brand promotion management: Text, cases, and exercises*. Dubuque, IA: Kendall Hunt.

Park. C. W. and Moon, B. X (2003). The relationship between product involvement and product knowledge: Moderating roles of product type and product knowledge type *Psychology & Marketing* 20 (11): 977 - 997.

Pine, B. J., II and Gilmore, J, H. (1998). Welcome to the experience economy. *Harvard Business Review* 76 (July-Aug.): 97 - 105.

Roy, D. P; and Cornwell, T B. (2004). The effects of consumer knowledge on responses to event sponsorships. *Psychology & Marketing* 21 (Max.): 185 - 207.

Rumbo, J. D. (2002). Consumer resistance in a world of advertising clutter: The case of adbusters. *Psychology & Marketing* 19 (2): 127 - 148.

Shaw, D. and Newholm, T. (2002). Voluntary simplicity and the ethics of consumption. *Psychology & Marketing* 19 (2): 167 - 185.

Springer, R (2009). Introduction. In *Ads to icons: How advertising succeeds in a multimedia age*, 2nd edn. London: Kogan Page, pp. 1 - 22.

Taylor, L. C. (2009). Swedes do the piano two-step: Subway riders ignore escalator to make music on stairway with keyboard in online ad campaign. *Toronto Star* (Oct. 22), A04.

US Department of Commerce, Bureau of Economic Analysis (2011).

Table 1.1.5: Gross domestic product. National Income and Product Accounts Tables. At http: //bea.gov/iTable/iTable.cfm? ReqID = 9& step=1, accessed Mar. 28, 2013.

Veloutsou, C. and O'Donnell, C. (2005). Exploring the effectiveness of taxis as an advertising medium. *International Journal of Advertising* 24 (2): 217 - 239.

Walleixdorf, M. and Arnould, E. (1991). "We gather together": Consumption rituals of Thanksgiving Day. *Journal of Consumer Research* 18 (June): 13 - 31.

Weinberger, M. C. and Gulas, C. S. (1992). The impact of humor in advertising: A review. *Journal of Advertising* 21 (4): 35 - 59.

Wilkie, W. L. (2012), Seeing marketing through emerging theoretical lenses: A focus on marketing's organization and societal roles. Paper presented at the Winter Marketing Educators, Conference, St Petersburg, Feb. 17.

Yoffie, D. (2007). Cola wars continue: Coke and Pepsi in 2006. HBS Case 9 - 706 - 47, Harvard Business School, Boston. At http: //cvonline.uaeh.edu.xnx/Cursos/Lic _ virt/Mercadotecnia/DMKT008/Unidad% 203/36 _ lec _ Cola _ Wars _ Continue _ coke _ and _ Pepsi _ 2006.pdf, accessed Mar. 28, 2013.

Yoo, B., Donthu, N., and Lee, S. (2000). An examination of selected marketing mix elements and brand equity. *Journal of the Academy of Marketing Science* 28 (2): 195 - 211.

Zajonc, R. B. and Markus, H. B. (1982). Affective and cognitive factors in preferences. *Journal of Consumer Research* 9 (Sept): 122 - 131.

Zavestoski, S. (2002). The social-psychological bases of anticonsumption attitudes. *Psychology & Marketing* 19 (2): 149 - 165.

Zhang, Y. (1996). The effect of humor in advertising: An individual-difference perspective. *Psychology & Marketing* 13 (6): 531 - 545.

〔反方观点〕

我可不想被广告商束缚

皮尔斯·查尔斯
美国 堪萨斯州立大学

在一个短暂而奔忙的家庭旅行结束时，凌晨5：30点在纳什维尔机场(Nashville)，我排在一个很长的队伍后面等待通过机场安检。我们4个人分别在不同的队列中，等待通过金属探测器、输送带，和穿制服的工作人员的检测程序。我拿起一个塑料桶，里面装上我身上随身的物品，包括我的皮带、iPhone和鞋子。直到我把东西放到了传送带，通过金属探测器和身体扫描仪，并把东西放回我的口袋里，我注意到在桶底部的广告。这则广告被印在每一个塑料桶底部的防护纸上。坐在一排椅子上，把我的鞋穿上，抬起头，对面的墙上又有一排海报广告，试图提醒人们把他们的鞋子都穿上。

我们一行4人，除了我没有人记得这些。我记得看到的广告，是因为我忙于检查着拿回的东西是否齐全，这些广告就在高压的场景下出现了，而导致了我最后压根儿来不及穿鞋子，对此我耿耿于怀。就是这样：我能记得有广告的存在，但我不记得是什么内容。

我们将要讨论的：是在人们无法拒绝广告时，还在得寸进尺地进行广告轰炸，这种做法是否恰当。三个词跳了出来：“适当”“广告轰炸”“自由”。

广告商这种做法是否合适？或者，我们换个问法：对人们采取广告轰炸的做法是不妥当的吗？关于是否合适的判定标准，总是变来变去、摇摆不定的。如果采用的方式被发现并不适合，那么在其他的情况下没准就适合了呢。这种说法特别适用于广告，比如，在女性卫生用品的广告中使用“月经”这词就不是很合适；还有在电视广告中，模特们展示着内衣、产品衣物是要穿着紧身裤的，因为人们会觉得过于裸露是不合适的。然而，如果广告需要展现肌肤和项链之类的画面时，那就另外一说了。与白天电视节目中的广告相比，这样的广告标准会大为不同。亟待解决的争议问题也包括面向儿童群体的高糖分谷物、快餐与玩具广告。

炮轰一词，可以很容易地联系到任何的广告上。如今，我们身边的广告是如此之多，对于大多数的人来说，我们几乎从没有注意到它们。教科书作家和专家们说，美国人每天能够接触到 600 条、3 000 条甚至 1 万条（或也许更多）广告信息。我觉得很有趣，因为我认为任何人都无法真正了解。试着去数你每天看到的广告，你可能会在几分钟后就变累了，或者干脆忘记。毫无疑问，广告是很普遍的，但是很大部分的广告都没被我们注意到。

接二连三的广告轰炸已经不仅仅是令消费者感到困惑的问题了，对于广告商来说也会是一个严峻的问题。按照传统的说法，广告主的广告越多，广告就越有可能被目标受众更多地看到，并且成本更低，就能够同时接触观众，加强频次。但是，某广告商逐渐提升了与观众的接触次数来试图打破平衡，其他的广告商将会进一步地采取措施，这样，某广告商就会随之攀爬，情况越来越混乱。换句话说，如果广告商想用增加广告的办法克服混乱的窘境，那么将陷入更深。

鉴于这种铺天盖地的广告，人们只是听之任之，于是广告便成为一种场景——连续不断的白色噪声，它本是如此。人们已经学会了对大部分的广告信息进行调整，除非是广告跳出了相互竞争、媒体环境的范围，变得过于侵入性。

人们一直在抱怨广告的侵扰性问题，大概是因为接受广告的时间太长了。广告干扰我们的电视节目，甚至在订阅的频道。在大多数消费杂志中，每一页的杂志撰写内容就会连带至少两页的广告。广告声音会中断一段和谐愉悦的音乐或谈话，甚至是通过像潘多拉（Pandora）那样的音乐服务商，也会偶尔被商业信息中断，除非用户愿意付费升级，从免费版进入订阅版。在高速公路美化法案（Highway Beautification Act）颁布之后，高速公路上出现的广告牌确实少了许多，但人们身边的户外广告牌仍然非常多。互联网的早期体验用户谴责网站变得商业化，开始使用没有多久，页面上就挤满了广告。就这样，任何时候，新媒体一出现，广告商就是第一个尝试利用它的。

选择避开广告信息已成为电视观众的日常。最初，遥控器可以使观众当有广告插入时，方便地跳过频道即可。观众们通过遥控器更换频道，来跳过广告，后来它甚至成为一个游戏（至少对我来说），判断在每个频道上的停留时间，恰巧在原频道节目继续时更换回来。随着 DVR 越来越普遍，人们发现用这个来跳过的广告更为方便，就是通过“快进”或“跳过”就可以了。为了应对快进，一些广告商试图通过在屏幕上保持标识的方法宣传广告。即使观众是从广告那里选择快进来跳过，至少能看到商标吧。有人猜测，在等待广告结束时，观众浏览信息的关注度可能会被提高。

了解观众对电视中的侵入性广告的躲避反应的一个关键，是他们已经通过它的遥控器来避开广告了，这里的关键字是“控制”。当广告打断了我们的电视节目时，这就是电视网络和广告商操控的结果。人们不喜欢入侵，但他们想有控制的权利。控制媒体的权力表现在手中的遥控器上。如今许多电视机甚至离不开遥控器的操作，这样人们利用遥控器就掌控了媒体。接招吧，广告商！

但我们都知道，这并不能使我们拥有控制所有的广告的能力。过了一段时间后，跳过广告变得像工作一样：它需要时刻不停地警惕和随时抓紧遥控器，所以大多数人就投降了，就索性经历着广告的一遍遍洗礼。广告主了解这一点，知道虽然消费者可能会躲避一些消息，但他们总不能躲避所有的信息，反正，信息他们多的是。

所谓的新媒体已经成为广告中的恐怖分子，如 iPod 和 iPad 的应用程序中植入广告，这样用户需要的付费就会更低，甚至可以免费体验。苹果推出 App Store 的时候就称，一些应用程序将会含有 iAd 广告，苹果出售广告拿到其中 40%的收入，其余 60%支付给了程序开发商。当时，苹果一直寻找 “完全沉浸式和互动式”的广告为应用程序所用。

电脑游戏开发商一直将广告作为收入来源，也因为他们认为广告会给游戏带来更多的现实感。或者，以另一种方式看，广告是这样的，在我们的世界中，一台电脑或视频游戏不会看起来有多真实，除非有广告的背景。一个新的类别的广告已经创造了所谓的“广告游戏”，这些游戏都提供免费的版本，尤其是社交媒体网站，如 Facebook 的广告，通常围绕着一个产品或服务。在一个人可以在 Facebook 上玩流行的游戏“开心农场”（FarmVille）之前，他若想要进行游戏，就必须已经同意放弃所有公开的个人资料信息，包括照片、性别、网络、用户 ID、好友列表和任何其他信息。有针对性的产品或服务的广告，会根据用户的个人资料显示的兴趣，将很快出现在他们的用户页面上。

广告甚至被摆放在公共厕所内的小便池。洛杉矶县允许的销售空间，包括公共海滩如救生站、垃圾桶，以及排球网甚至允许公司在沙滩上印上商标图案。当然，几乎每一个类别的体育赛事都是由广告赞助的，有些广告环绕着赛场，有些则是以电子方式插入，人们在家里看比赛时广告就随之而来，而在看台上看到的是其他的广告。

互联网当然不是免费的平台，于是打开网页、广告、Cookie 等流行网站上，就有了广告标语，视频间隙，弹出式广告，页面覆盖，音频广告。但如今大多的网页浏览器都有了拦截弹出广告的功能，但广告商迅速找到一条出路，弹出的广告只会出现在用户关闭浏览器窗口的时候。横幅广告是动画的，所以人们难以忽视广告不断反弹或闪光或摇晃。谷歌的搜索引擎的盈利，大部分来源于广告，谷歌会跟踪用户检查他们的浏览历史和收集用户信息，提供给有需要的广告客户。

电子邮件上市不久后（与只包括大学和政府机构使用渠道不同），电子邮件收件箱开始不断被塞满不受欢迎的电子邮件广告，也就是“垃圾邮件”。而用垃圾邮件无休止地投向人群，同样的产品或服务质量也令人生疑。几乎就在自己的垃圾邮件拦截器或过滤器试着通过增加字符或关键字来有效拦截时，“垃圾邮件”还会寻找其他方式见缝插针。

简而言之，比起将广告对我们生活无孔不入的侵入悉数道来，更有意义的是，我们会发现去想都有哪些广告不存在的可能更容易。很少有地方能想到没有广告。那教堂呢？人们已经发现，在一些教会发放着印有“安全”和“争议”的广告。那么学校呢？学校已经成为广告主的主要目标。有的企业甚至提供了免费的教育节目，以允许广告进入教室。孩子们是如此有品牌意识，即使在学校被禁止广告，但无论如何都会在服装、背包、饭盒、笔记本出现商家的标识。

在大学的学生会中，广告也可以有很好的销路，在学校信息栏、凉亭和其他人员密集的场所。在音乐会和戏剧节目、博物馆指南，以及其他商标或信息可以打印展示的地方，广告也不失时机地出现了。运动队通常由运动服装和鞋类公司赞助，如耐克和锐步这样的企业，更是独家支持运动团体的供给。正是由于学校与企业间签订的排他协定，只允许一个品牌的商品进入校园，因此许多大学都是“遍地可口可乐”“随处百事可乐”。

那么问题又出现了：哪里能够完全逃避广告呢？唯一能想到的地方就是深山老林，或大海中央（不过当然不是上一艘游船）。如此的持续不断、无所不在的广告轰炸，让人们感到扑面而来的压力。那么再试着想象一下，一个完全没有广告的世界该是什么样。所以，广告用轰炸来传递信息的方式是否妥当，仍是一个有争议的问题，因为我们已经在遭受着接二连三的广告轰炸，而它不可能放慢脚步，更不会休止。

但个人也有选择避开侵入的广告的自主权呀！不是吗？赞成广告不受限制的支持者会说，它不存在对群体领导地位的威胁，又没有强迫人们去接受广告。不错，但它忽略了一点：广告商越来越能够熟练地把广告消息塞满各个角落，那就尽量忽视吧。正如上文所说的，广告主试图平复混乱的局面，但却因此加进来更多广告，这会带来更多的混乱，如此这般恶性循环下去。

然而，消费者也对广告屏蔽变得越来越熟练。DVR、遥控器、关闭页面、鼠标点击，能够帮助消费者屏蔽、拦截广告，虽然只是一部分的广告。但是，诸如此类的屏蔽还是需要消费者费一番周折，而且也不能完全消除所有的广告。有些广告甚至可以直接越过消费者们设置的屏障。我们周遭的广告实在太多，因此广告不可避免地进入我们生活空间的各个角落，让人避之不及。可以说，大部分的侵入式广告都惹人生厌，对那些不想看到广告的消费者来说，这些广告几乎没有什么价值。比如说，超过3岁的人几乎都看过伟哥和西力士的广告，但只有其中一小部分的观众体会得到这些广告的价值。同样可以说，几乎所有的处方药都使用大量的广告，但只是接触了一小部分人。那些广告商若想抓住眼球，不如站在人群中放一枪来得奏效。

那些觉得广告毫无价值的人，很可能认为广告干扰着人们视野，侵入人们生活，还有浪费了人力财力。但是觉得某些广告有价值的人，就不会觉得这些广告惹人生厌。往往在人们在难以做出购买决定的时候，觉得他们所拥有的信息是有限的或过时的，或者当新产品进入市场（以了解新产品信息），就会寻求广告的帮助。人们寻求并接受着具有娱乐价值的广告。

在 YouTube 上的广告以“病毒式”蔓延开来，被百万双的眼睛浏览到，而且这些人是乐于看到广告的。很多人看超级碗的同时也是为了看到精彩绝伦的广告，特别是本场赛事中没有自己支持的球队的时候。人们喜欢谈论哪些他们遇到的不错的广告，这些广告赏心悦目、趣味十足又为人们提供信息。总之，人们往往会讨厌广告，但还是会喜欢一部分广告。

其实，广告商把广告制作得完美有趣也是存在一定的风险的，因为有时候人们记住了广告，但忘记了广告推销产品是什么。或者是，广告虽然取悦了一些人（甚至包括目标受众）的同时，可能会让其他一些人生厌，而这些人中可能也存在着目标群体。然而当人们已经猜到接下来的情节，或早已知道这些段子，这种乍看十分有趣的广告不久就被人抛在脑后。没有人会喜欢反反复复听同一个笑话，甚至是十分有趣的玩笑，广告也不能够使用过久，不然就会变得乏味甚至惹人生厌。

因此，我的观点是，首先，大多数广告，在人们看来都是侵入性的。其次，广告是不可避免的。而且，虽然人们可以自主选择途径来避开广告，但要屏蔽所有的广告几乎是不可能的。这使得几乎所有的美国观众，都成了“受制观众”。

广告没有什么不妥的。出于一定的必然，广告商会尽可能地让广告出现在能引起人们关注的场所，并试图吸引人们的注意力。可以说，如果每一条消费产品和服务的广告预算可以减少一半，甚至更多，那刺耳的声音就会安静下来。这就需要每一个广告商去削减他们的预算，当然，这是不可能的。

作为一个消费者，当我身处在一个不得不去看广告的环境中，我会变得不安，变得气急败坏，但这样糟糕的事情将会接二连三地发生。人们能够记得的，不是广告商，而是这种糟糕的感受。即使我们记住了广告主，该品牌也已经和我负面的情绪相关联，下次在碰见该品牌的广告，我会不由自主地选择屏蔽，甚至不再关注该品牌。最后，虽然广告商对“受制观众”进行推销的手段没什么不妥，但这种手段可能会带来预期效果，也可能不会，甚至会变成人们的困扰。那么为什么还要坚持这种方式呢？

第十五章 广告与社会责任

无论是做了对人们有利还是有害的事，总会有反对的声音。就算你在做着一项很有意义的事，人们还是会说，因为你这么做因为它是广告。

——乔治·阿玛尼（Giorgio Armani）

在前面的章节中，我们已经探究过许多广告案例了。通过这些，你也许发现当一件争议性问题浮出水面，尽管看上去黑白分明，但事实上，我们还是能够从多重角度进行反思的，至少是在处理广告热议问题上。

广告与社会责任、公益营销、具有社会意识的广告宣传，等等，这些都与将要谈论的话题相关。这个问题初看上去就是一个对广告商和消费者双赢的营销策略，那么，它会不会反其道而行之呢？

在某个夜晚，我驾车赶赴一个会议。在车载广播中我听到了这样一篇报道：一家生产纸尿布的企业，计划捐赠百万条自品牌纸尿布来帮助生活拮据的低收入家庭。这有什么不对的呢？该报道中讲到企业的基本策略，重点强调企业将纸尿布分发给这些家庭用以体验，这样就可以长期培养起消费者坚定的品牌忠诚。许久之后，报道才提及企业为帮助穷困家庭的公益主张。

在当下这个“更贪婪，更寡薄”的商业环境，当有一家企业愿意将自己的利润部分地贡献给社会公益事业时，我们总会投来赞许的目光，甚至会产生些许的敬仰之情。企业这种做法是出于真正的善意还是唯利是图？黛布拉·莫尔斯基和佩吉·克里谢尔（Debra Merskin and Peggy Kreshel）分别就各自观点进行了详尽的阐释。到底哪一方思路才是更合理的？由你来决定。

思考题

1. 找一本刊载许多广告的杂志来看（可以选一本新闻周刊类杂志，例如《时代周刊》）。看看这些广告，其中是否有什么广告是关于“企业社会责任感”的。将这些广告记录下来，这部分的广告会占到多大的比例？这些企业利用社会责任感谋取商业利益时，都有哪些特点吗？

2. 找一个利用社会责任作为创造性战略的广告，看一下社会影响好的企业在卖什么？然后研究他们，比对企业的承诺。开始研究时，你可以上网查看企业的官网，阅读他们的年报或者是在报纸上研究文章。这些官网上的企业信息和他们的广告信息内容匹配吗？这些公司都是如何吹捧自己的？

3. 所有的企业都应履行社会责任吗？如果是，他们应该为他们的产品做广告吗？找一些在这方面做得不好的公司，然后思考这些公司可以做的社会责任活动，试着为这些公司写一个广告。

其他热议话题

1. 企业应该公示用在“履行社会职责”的资金数额。

2. 标识体系应当进一步修缮，这样就能够清晰地将企业履行的社会职责具象化（例如咖啡产品上的公平贸易商标）。企业如果试图把履行社会责任作为宣传策略的一部分，就应该标注这种商标来进行说明。

3. 只有企业能够在一定程度上真正体现他们的“社会关怀”，才能允许这些企业将行使社会职责用于商业目的。比如，烟草公司就没有权利使用这种“社会责任”营销策略，因为卫生局长已经表态：烟草并不有利于社会公共利益。

拓展阅读

Du，S.，and Bhattacharya，C. B.（2010）. Maximizing business returns to corporate social responsibility (CSR). The role of CSR communication. *International Journal of Management Reviews* 12 (1): 8 - 19.

Fernandez, D. and Santalo, J. (2010). When necessity become a virtue: The effect of product market competition on corporate responsibility. *Journal of Economics and Management Strategy* 19 (2): 453 - 487.

Kotler, D., and N. Lee (2004). *Corporate social responsibility: Doing the most for your company and your cause*. Hoboken, NJ: John Wiley.

Luo, X. and Bhattacharya, C. B. (2009). The debate over doing good: Corporate social performance, strategic marketing levels, and firm-idiosyncratic risk. *Journal of Marketing* 73: 198 - 213.

Michelli, J. A. (2006). *The Starbucks experience: 5 principles for turning ordinary into extraordinary.* New York: McGraw-Hill.

Sangle, S. (2009). Critical success factors for corporate social responsibility: A public sector perspective. *Corporate Social Responsibility and Entertainment Management* 17: 205 - 214.

Sisodia, R., D. Wolfe, and J. Sheth (2007). *Firms of endearment: How world-class companies profit from passion and purpose*. Upper Saddle River, NJ: Pearson.

〔正方观点〕

企业将社会责任用作创意策略，无疑是明智的，更是道德的

黛布拉·摩尔斯基

美国 俄勒冈大学

“我们看到了海洋之梦”(We see a dream of the sea)。这条口号就是近期由微软公司打出，并联合了美国儿童群益会（Boys & Girls Club of

American），以此鼓励孩子们用科技来交流沟通。纸质广告清楚明白地告之观众，微软已经在世界范围内开设了 2 700 余家培训中心，使百万名儿童从中受益。这版广告使用了大手笔的跨页印刷和四色彩印，广告中的非裔小女孩坐在她的电脑前，欣喜地凝望着窗外那一片水族馆般的新世界；而白色的窗框，恰好就像是小女孩的潜水头盔。与此同时，另一个手提着背包的非裔孩子路过窗口，向窗内投来羡慕的目光。在微软的品牌徽标上面，有这么一句表述："你的潜能激发我们做得更多。"（Your potential，Our passion）微软公司以及其董事长比尔·盖茨先生每年都投入数百万美元来发展该事业，同时也会再拿出数百万美元来向消费者宣传自己是如此慷慨。

在本文，笔者首先在公司创意战略方面对广告的社会职责（SR）的基础地位进行描述；然后，将罗列出一些例证来进一步探讨，并论证广告为广告商以及消费者带来的益处；最后，本文将诠释 SR 能够作为一种灵活道德并且有效率的广告创意策略的三点原因。笔者认为，社会责任要成为灵活道德并且有效率的创意策略，就应符合以下 3 点状况：① 广告商能够坚定且积极主动地投入到当前的事业目标当中；② 在事业与宣传的产品之间应当存在明朗又密切的关系；③ 广告能够教化和影响消费者对社会问题、关注热点以及需求的态度。由此来说明 SR 在一个企业中的地位，并激发经济收益的动能，并免于公众对"个人财富最大化或私有利益的变体超出社会责任底线而并非道德的"的诸多诟病（Clark，1993：307）。

一、什么是社会责任

一个人所能代表的形象，比他本身的位置更为重要（Kenneth Cole，2003）。

一些机构组织，譬如我们的政府，在将要展示自己的责任意识的时候，总是会在一些道德准则中表现出兼顾大局、谨小慎微、彬彬有礼或是责无旁贷的样子。比如说，州政府就有责任义务保障公民的民主权利。一个企业不仅仅要为他的员工谋福利，更是有义务要为社会作出贡献。社会责任感是一个"多重维度"的概念，它不仅局限在对人、事、物的尊敬，而是理解和赏识"同他人与环境之间相互依存、相互联通的关系"

(Berman and La Farge，1993：7)。社会责任感就是要“利用社会价值将商业运营联合”，从而“进一步将利益相关者的利益诉求融进企业的商业政策和执行——当然，这要完全依靠企业自身的实施执行” (Coors and Winegarden，2005：10)。但事实上，并不是所有人都赞同这一说法。

1962 年，著名的自由主义经济学家弥尔顿·弗雷德曼（Milton Friedman）说，如果商品是为了获利而生产，那么企业就没有履行对社会的义务，只对股东履行义务；同时，弗雷德曼不赞同欺骗性的行为，他认为通过向人们提供工作机会，企业可以获得商誉也就意味着获得更多的利润。然而，今天的消费者日益关注企业的盈利以及这些企业对当地环境和经济的影响。

社会责任，作为一种创意策略在 20 世纪 80 年代正式进军广告界。1983 年，美国运通公司（American Express）发起了一场运动来修复日益腐蚀的自由女神像，并且保证每位报了名的消费者都会得到一个会员卡，用以购买旅行支票或者价值 500 美元以上的旅行包——通过这种方式筹集资金。持卡者费用的 30%以及公司捐助 170 万美元给自由女神像的埃利斯岛。该公司花费了 400 万美元来为这些相关活动做广告（Wiegner，1985：248)。

1985 年，美国运通旅行服务公司的市场主管杰瑞·威尔士（Jerry Welsh）称“社会责任是一种良性的营销钩”。威尔士没有去涉及慈善事业，也没有做公共服务的广告，取而代之的是让消费者更加意识到与企业交易的重要性，这关系到员工福利、环境影响以及一些社会问题。采取相似行动的公司是通用食品公司，它与太平洋贝尔公司合作发起了一个“流行进公园”的活动来鼓励人们去公园。同年，通用食品公司的唐支持了一个“全美母亲反对酒后驾驶月”的活动，捐助了 10%的优惠券以及不少于 10 万美元的资助。

肯尼斯·科尔（Kenneth Cole）在他的自传《脚注》(*Footnotes*) 中说道，美国的环境已经发生变化——经济下滑、高失业率——人们对此做出反应。“一种普遍的意识，一种激进主义……正在席卷美国。我们能共同影响这些悲剧的信念正激励着我们每一个人”。科尔以及其他企业加入了逐渐增长的商业意识，并通过联合社会活动在他们的广告中表现出来。

二、作为一种创意策略的社会责任

乍一看，社会责任和广告是创意策略是相互独立的。然而，如果能够很好地运用社会责任这种创意型策略，企业的产品会与品质生活以及消费者所关心建立一种感性的联系，从而避开盈利角度来加深企业形象，促进购买特殊产品和服务。提尼克（Tinic）设想，消费者把广告当作一种“文化产品的重要位置”，以此在公众话语、社会价值以及企业目标中寻求一席之地。更简单地讲，“广告主要的目的是通过把产品和共鸣的形象、身份、生活方式以及社会思潮联系起来销售产品，这是一种劝服性的亲社会的交流方式”（Stadler，2004）。因此，品牌在这个过程中成为一个积极因素。

有些时候一个企业涉及的社会事件与广告中活动的推广有着密切的联系。例如，成立于 2002 年的女式服装商 J. Jill's 慈善基金会（详见 www，jijill. com），累计向相关事件让渡 70 万美元，捐助 12 万美元；位于马萨诸塞州的全国女士服装销售商致力于帮助贫穷或无家可归的女性。

一个运用社会责任的反面例子是菲利普·莫里斯公司（Philip Morris，现为奥驰亚集团）投资 100 万美元来宣传他们的慈善付出。但企业的做法“在救助了灾民和苦难的妇女的同时，也损坏他们长期的形象和品牌”（Elliott，2005：9）。斯隆集团（Sloan Group）的前文化总监克里夫·斯隆（Cliff Sloan）说“在一个刚失败的情况下不适合培育你的品牌”。

三、公共关系的范围

当措施与广告结合时，是否就算“做得好”或者至少是“不错”？显然，任何广告活动的目标都是在增加某些东西——销售量、意识、市场份额或者品牌形象。许多企业把社会责任尤其是企业社会责任作为一种创意策略。企业社会责任活动包含了一系列项目，从制度化的项目到另一领域的商业推广项目（Pirsch et al.，2007）。所谓制度化项目，就是发动企业来努力减少消费者对区别对待、人权问题、环境问题的负面情绪，并提升消费者的品牌忠诚度（例如石场酸奶的做法）。然而，商业推广项目则是把社会责任当作幌子，用来提升自己的销量，取悦公司的股东（例如孟买公司）。一些高效、负责的公司包括肯尼斯·科尔（Kenneth Cole）、缅因汤姆（Tom's of Maine）、本杰瑞（Ben & Jerry's）以及星巴克（Starbucks），他们在广告策略中运用不同的媒介和方法。这些公司以及其他公司都避免使用传统的广告，而是依靠口碑传播、辅助性宣传材料（当然用的是回收纸张）以及植入性广告来作为一个社会责任代理人，传达一种持续性的信息。

（一）肯尼斯·科尔

肯尼斯·科尔是肯尼斯·科尔公司的创始人，该公司以关注社会问题尤其是艾滋病问题而著称。“广告是一次介绍你观点的机会，同时也可以定义你想要的客户关系的本质。甚至是一个表达重要问题的契机。”科尔的公司以及肯尼斯·科尔的产品经常关注艾滋病防范意识方面的问题。1986 年，科尔公司第一次推广宣传艾滋病意识的广告是“为了我们孩子的未来”。照片由安妮·莱博维茨（Annie Leibovitz）拍摄，拍摄的内容是克莉丝汀·布莱克里（Christie Brinkley）、比弗里·约翰逊（Beverly Johnson）、安迪·麦克道威尔（Andie Macdowell）以及凯利·安博格（Kelly Emberg）这些超级名模抱着孩子。1992 年，科尔的另一条广告文字：“如果我们告诉你一双鞋子有助于找到艾滋病的治愈方法，你会买吗?”这则广告在长达一个月的期间，宣称每双鞋子的 15%价钱会被应用于艾滋病的研究。并且，肯尼斯·科尔基金会创建了 Awearness 网站（www. awearness. com），这是一个无营利性质的网站，以博文、事件推送、产品派发和企业合作的方式，鼓励人们参与行动。这些相关的进账收益将捐给科尔基金会（Liodice，2010）。

（二）锐步

2007 年 5 月，运动鞋服制造商锐步开始社会责任战略，发起了“锐步全球公民权项目”。锐步的员工、中间商、消费者、艺术家以及运动员都参与到这场人权活动。例如，“Reebok 4 Real”活动是旨在全球青年人中寻找取得成就的个人予以奖励。根据企业官方网站内容，这次活动“有利于人们了解品牌的用意：鼓励全球的青少年提升潜能”。这个项目分为两部分：学生提倡人权项目和社区与教育项目。学生提倡人权项目是锐步员工与高中生合作，为学校提供授权机会，旨在鼓励员工与学生在社会事务中的合作；社区与教育项目是把运动员和艺术家与具有相关兴趣的学生联系起来。锐步为成绩好的学生和他们的学校提供设备方面的支持。

（三）缅因汤姆

缅因汤姆由汤姆和凯特·查普尔（Kate Chappel）于1970年成立于肯尼邦克（Kennebunk），这是一家家庭护理公司，致力于“产品无人工添加剂、甜味剂、染色剂”。与维持消费者的紧密认同关系是其企业哲学的一部分：“缅因汤姆将在自然护理方面成为消费者可信赖的伙伴，因为我们持有共同的价值观。”

缅因汤姆的广告致力于推广纯天然成分、环保型的包装，以及清晰的产品成分含量表格，集中于传达纯净和信赖的信息。缅因汤姆通常在《瑜伽日记》（*Yoga journal*）、《预防》（*Prevention*）和《自然健康》（*Natural Health Magazine*）上投放广告，这些杂志会吹捧产品的成分以及缅因汤姆漱口水的好处：

缅因汤姆自然防蛀含氟漱口水是无酒精的，内含绿茶、芦荟和甘菊成分，有助于保护口腔，这是牙齿敏感人群的理想选择。

缅因汤姆官方网站注明了其信条：“我们坚信我们会在履行社会责任和环保责任方面的同时实现盈利，并取得成功。”

（四）本杰瑞

1978年，本·科恩（Ben Cohen）和杰瑞·格林菲尔德（Jerry Greenfield）在佛蒙特州的伯灵顿（Burlington）创立本杰瑞公司，公司的冰激凌业务建立在社会责任战略之上，包括他们的产品“只含佛蒙特鲜奶，最好最大的坚果、糖果和饼干”。美妙的产品名字（如Chunky Monkey、Cherry Garcia、Sorbet Volcano、Phish Food）和消费者的感觉相关联以及包装设计的共同形成了杰出的产品。1992年，本杰瑞制定公共宣言以支撑企业价值观：

> 我们的信念是企业对于环保负有社会责任，应该践行相关准则。无论是在它的原料来源、支持非营利组织还是促进环保事业，我们坚信这对于引领我们的价值观非常重要。

本杰瑞公司强大品牌形象持续不断地向消费者传达着快乐，黑白相间的奶牛站立在绿色的草原上，洁白的云朵飘荡在上空。本杰瑞公司的广告不仅用来促销产品而且关注社会事务。其官方网站上提供了公司的服务宗旨（包括推进社会产品和经济的使命）、占领运动（公司表示支持态度）、周边信息主页（包括公司新人、冷藏室、非转基因原料以等）以及“正义与和平”页面链接，还包括了环境保护、资源浪费、全球变暖等网页的链接。在 20 余年中，公司一直致力于向人们公布“社会与环境观察报告”。在 2010 年，公司侧重于互惠贸易以及本杰基金会的宣传，该基金会为基层社会机构提供支持。

本杰瑞的冰激凌卡通形象也被用于传达企业社会责任的信息。例如，一罐“Fossil Fuel”冰激凌上印有“我们反对使用牛生长激素”的标语以及奶农们的誓言。户外广告、视频广告以及免费试吃活动也都把企业品牌和社会责任联系起来。2010 年《广告时代》（*Advertising Age*）杂志将本杰瑞公司列入“十大社会责任心的企业”的名录（Liodice，2010）。

（五）星巴克

成立于 1971 年西雅图的星巴克，在早期就注意到了通过强调采购环节的重要性来推销他的产品。星巴克每年都会推出关于企业社会责任的年度报告《我们能做的比咖啡更多》（Beyond the Cup）。这份报告会列出公司对于社区在环境、经济方面的影响。星巴克的指导原则包括构建社区，一份对未成年人的承诺，一个多样性的供应计划以及一如既往的咖啡社区。

1997 年，星巴克的创始人兼总裁霍华德·舒尔茨（Howard Schultz）成立了星巴克基金会。“Make Your Mark”活动给指定的非营利组织派去志愿者以及现金支持（志愿者每小时 10 美元，每个活动支持高达 1 000 美元）。2005 年，星巴克向类似的非营利组织捐助了超过 14 万美元。

《纽约时代周刊》以全幅双色广告描述了星巴克对于咖啡豆公平贸易的承诺。醒目的全文字广告“小农场，大作为”（Small Coffee Farms Don't Grow Small Coffee），配合以暗淡的绿墙以及星巴克的标志。显然，星巴克的承诺位于其标志的上方表明其目的高于利益之上。这则广告同时邀请读者访问星巴克的官方网址，以“了解更多我们的价值观”，在 www.whatmakescoffegood.com 的网站上。伴随着忙碌的星巴克商店的环境声，访问者可以看到咖啡豆从采摘到磨制的全过程。其“Ethos 矿泉水”活动为 10 亿人带来了洁净的饮用水，星巴克承诺将投入 620 万美元用于这项活动（Liodice，2010）。

四、结　论

企业如何在他们的广告中利用社会责任的方法获利？当然，雇佣忠于企业的员工有利于调动员工的积极性以及塑造企业形象。萨莉·萨瑟恩（Sherry Southern）是星巴克的副总裁，她说之所以会把星巴克作为她选择工作的目标企业是因为“我非常想在一家给予员工尊重并把员工当作企业一部分的公司工作”。2003 年斯坦福大学和加利福尼亚大学的一项研究表明，抽取北美和欧洲排名前 11 的商学院 MBA 学院调查发现，94%的人更愿意选择在一个工作环境友好、关心雇员以及具有社会责任感的企业工作，而不只是看中薪水（Weber，2005）。

笔者认为，出于对产品购买者的尊重，企业特别是那些公开宣称要践行社会责任并把此定位为一种广告创意型策略的企业，必须承认对于他们的员工和支持者负有责任。

尽管由于冰激凌爱好者、投资人的抗议，加之股价下滑和销量递减，本杰瑞公司被联合利华于 2002 年收购，但是具有企业道德的冰激凌公司仍然成为联合利华产品系列的另一项重要业务。可口可乐收购商奥德瓦拉（Odwalla），耐克收购匡威（Converse），达能收购石原农场（Stonyfield Farms），欧莱雅收购美体小铺（Body Shop），所有的这些公司都在产品系类和广告策略中做得与众不同吗？如果是这样，正如缅因汤姆公司的创始人汤姆·查普尔所说，25%的美国人倾向于购买具有社会责任的企业的产品，销量的增加会进一步促使企业发展成为一个大公司。库尔斯和温尼卡顿提醒我们“因为来自社会责任的广告使广告本身的影子淡化”。社会责任，建于道德基础之上，是一种可以从中获利的创意型策略。社会责任作为一种创意型策略是道德的，更具有可信性。消费者们会从全部信息中获益，从而去购买与他们持有共同观点、信念和理想的产品。

参考文献

Berman, S., and P. La Farge (1993). *Promising practices in teaching social responsibility*. New York: State University of New York Press.

Clark, C. R. (1993). Social responsibility ethics: Doing right, doing good, doing well. *Ethics & Behavior* 3 (3/4): 303 - 327.

Cole, K. (2003). *Footnotes*. New York: Simon & Schuster.

Coors, A. C., and W. Winegarden (2005). Corporate responsibility or good advertising? *Regulation* (Spring): 10 - 11.

Elliott, S. (2005). The delicate task of showing corporate concern for the tsunami victims, without seeming promotional. *New York Times* (Jan. 4): 9.

Friedman, M. (2002 [1962]). *Capitalism and Freedom*. Chicago: University of Chicago press.

Liodice, B. (2010). 10 companies with social responsibility at the core. *Advertising Age* (Apr. 19). At http://adage.com/article/cmo-strategy/10-companies-social-responsibility-core/143323/, accessed Mar. 29, 2013.

Natural Health Magazine (2006). A sweeter smile. *Natural Health Magazine* (Mar.), 28.

Pirsch, J., Gupta, S., and Graun, S. L. (2007). A framework for understanding corporate social responsibility programs as a continuum: An exploratory study. *Journal of Business Ethics* 70 (2): 125 - 140.

Stadler, J. (2004). AIDS ads: Make a commercial, make a difference? Corporate social responsibility and the media. Continuum: *Journal of Media & Cultural Studies* 18: 591 - 610.

Tinic, S. (1997). United colors and united meanings: Benetton and the commodification of social issues. *Journal of Communication* 47: 3 - 27.

Weber, G. (2005). The recruiting payoff of social responsibility. *Workforce Management* (Jan.). http://www.workforce.com/section/06/article/23/93/45.html, accessed Mar. 29. 2003.

Wiegner, K. K. (1985). A case on every carton? *Forbes* (Nov. 18): 248 - 249.

相关网站链接

Ben & Jerry's：www.benjerry.com/
Kenneth Cole：www.kennethcole.com
Starbucks：www.starbucks.com/
Tom's of Maine：www.tomsofmaine.com

〔反方观点〕

企业战略中使用公益营销是不道德的

佩吉·克里谢尔
美国 乔治亚大学

慈善事业就像欢悦的音乐，让人们自然而然地手拉起手。与其说 RED 像是朋克摇滚、嘻哈音乐，不如说它就是一项产业。人们看到的世界纷乱混杂，于是想做些正确的事，但就是不确定什么才算是善事。RED 所要做的就是告诉人们乐趣真正的意义。

博诺[①]在世界经济论坛的发言，2006

在 2006 年的 1 月，达沃斯世界经济论坛上，摇滚明星博诺（Bono）担当活动嘉宾，介绍了国际品牌 Red，以此来支持预防艾滋、肺结核以及疟疾的国际基金会。Red 活动合作伙伴（包括 GAP、美国运通、阿玛尼以及匡威）都推行了一系列的“Red 系列”定制商品，而这些商品销售额中的一部分将用于捐献基金会。如今，“从超过 70 个国家和地区数百件种商品”中，购物者通过购买 GAP 的 RED 系列 T 恤、Red 特别版 iPod Nanos、耐克的 Red 鞋带、星巴克饮品、贺曼公司（Hallmark）的问候卡

① 博诺，Bono Vox，原名 Paul David Hewson，爱尔兰摇滚乐队 U2 的主唱兼旋律吉他手。曾被诺贝尔和平奖提名，并被英国伊丽莎白二世授勋大英帝国勋章。

片以及雪树伏特加（Belvedere Vodka）特别版，来对此次活动作出贡献。

博诺在开始时强调，Red 是一次商业性的尝试，并非慈善性质。用一种全世界范围内都能理解的动因，与供应商/“搭档”合作，结合高知名度的品牌和名人，在消费者都沉浸在日益商品化的文化氛围下，在这种文化中已经很少有人去质疑买“东西”能否转化为对遥远国度人们的安抚。Red 品牌是第一个公益营销（cause marketing）的实例，它让商业品牌和非营利的慈善同时创造价值。博诺强调商业的规则对国际基金会保持收入是十分重要的。

Red 这次活动为人们展现了一种全新的资金募集形式（Kingston，2007），而对于新事物，这场活动带来的争议可想而知。其中一个最突出的批评声音，来自旧金山组织 Buy（LESS），其团体宗旨是“从个人角度，教导人们去直接进行慈善募捐，并告诉人们这才是最有效的捐赠方式，而应当减少商品消费的行为”。在其官网上，有一封写给 Red 品牌的 CEO，鲍比·史瑞沃（Bobby Shrive）的公开信，出自本·戴维斯（Ben Davis）之手，他是旧金山地区的市场总监以及该地区的合伙人，他称赞 RED 公司是“杰出并创新的开拓者”，有着“做出杰出成就的潜力”。然而，迎合公众批评，他呼吁史瑞沃应在行政中提高透明度，使得大家都清楚有多少钱被捐给了国际基金会。并且，Buy（LESS）网站上提供了可直接捐款的慈善机构的链接，当然，也包括了国际基金会。

在争论期间，RED 营销战已经成为一项受到高度关注和构建美国文化辨识度的一个部分，这是值得注意的全球文化现象。诸如奥普拉·温弗瑞、史蒂文·斯皮尔伯格、克莉丝汀·特林顿、佩内洛普·克鲁兹，以及玛丽·比尔盖，这些名人都曾支持过 Red 的活动，提升了商品的人气和声誉。如今，批判者对此贴上“名人殖民”的标签。截至 2011 年 12 月，Red 共为国际基金会捐赠了 1.8 亿美元。

但是，对活动的争议一波未平一波又起。在 2011 年出版的《品牌援助：多购物才能多捐赠》（*Brand aid: Shopping well to save the world*）这本书尖利地批判了 Red 品牌的“慈善销售法”。书中认为，“只有当这些企业涉入，问题的实质才能展现出来。就拿 Red 来说，除了药物护理，人们再也找不出如何治疗艾滋病的对策”（Richey and Ponte，2011：15）。人们通过“英雄式购物行为”来投入到这场慈善当中。

RED 活动发生在各种文化碰撞的十字路口。面对商业文化，其中的企业丑闻、财政不透明、政府的干预、人们对全球关系重要性和脆弱性的意识，都让消费者对品牌的期许态度有了非常巨大的转变。公众的态度开始从“对企业能够解决社会问题的承认”转变为“对企业早日成为合格的全球公民的诉求”（Benett et al.，2009：5）。

应对公众这种诉求，企业开始逐渐进入企业社会标准的角色（Kotler and Lee，2005；Benett et al.，2009；Litter，2009），在社会责任感和良好的企业公民权的名义下承担了很大部分的主动权，而在公益营销中却是例外。商品推广和公益营销的结合就转化为慈善行为。从战略角度来看，企业的赠予行为也被看作为企业发展与企业社会责任名利双收的举措（Kotler and Lee，2005；Smith，1994；White，2007）。

在本文中笔者将对企业使用公益营销是不道德的观点进行反驳，文章将从企业社会责任感的革命的简短历史出发，对公益营销作为一种营销手段的起源和发展作一下介绍。在介绍部分，我将着重讲一些早期被广泛接受的有关社会责任感的评论。虽然这些评论在当下都不再具有说服力，但是它们是特定环境的产物，它们在笔者发展自己的争论部分提供了强有力的证明。围绕整篇文章的是对健康/疾病起因、乳腺癌的快速回顾，用以说明文章此次争论的基础，同样也提供了文章真实性的证据。在总结部分，笔者写了一篇简短的总结并提出了一系列的问题——准确前沿的——“一个未被检验的”即“购物拯救世界的国家”。

在超过两个世纪的时间里，社会契约经历了定义与再定义的轮回。这种变化的出现不是通过企业的行为，而是通过社会中商业目的的期待和变革（White，2007；19）。

在社会契约不断变化的环境下去看企业社会责任感意识的增加和实践，以及争议、舒适和不舒适围绕着它们，是十分容易理解的。诚然，社会企业的改变在当下社会商业角色的讨论中越来越频繁。在这一部分，我首先指明这一概念。然后在契约“定义与再定义的轮回”中对企业社会责任感革命进行概括。

群体中的人是如何保持社会秩序是一个复杂的哲学理论，社会契约在广义上说是社会如何构成使我们和平相处。怀特认为社会契约论是民主思想的先驱：

> 处于其中的公民乐意委派特定的权力机构来代表国家，使得个人可以广泛参与社会安排，从而在一个共享的社区里分享对未来的期待。(2007：4)

在早期的社会契约中并没有提到公司，但是有关于个人与个人、个人与国家的关系。公共健康、教育、福利和安全都是公益事业；提供它们是政府的作用所在，而企业的介入是非常罕见的。

只有在企业扩大其范围和复杂性的时候，它们才能逐渐在这些契约中发挥作用。在19世纪晚期，作为“自然法人”的企业被授予了很多特权和保护，在《助人助己：企业责任感的树立》(*Good for business: The rise of conscious corporation*）书中，贝尼特（Benett）等人认为这次在法律地位的提升对企业的行为有着深远影响：

> 在企业成为“法人”的随后几十年中，世界已经发生了巨大变化。然而，有些企业虽然享受着“法人”特权和保护，但是却并没有体现出对人的同情、尊重、公平以及慷慨等。可能是由于将这些企业已经约束太久，当赋予他们自由时，这些企业却一味寻求自己的利益最大化和不择手段的扩张。

然后，为了涵盖商业、政府和社会的关系，社会契约进化了。商业的责任是为股东们创造利润。

> 根据一个约定俗成的道德规范，当社会的三个部分——商业、政府和公益被允许去做它们最擅长的，并互不侵犯的时候，社会是最高效的（Smith，1994)。

当政府开始发布政府行为的准则时，公司就会被迫转移它们的经济资源来顺从安排，并使得股东利益受损。这是“在定义社会企业与商业和社会边界的主要原则，把股东利益放在首位是一个暂时的缺陷”（White，2007：8)。对这些企业社会义务的期待进一步地将商界分成了多个部分。

亚当·斯密，一位苏格兰经济和哲学家，在1776年写作了《国富论》。

他认为自由市场经济对社会而言即有效有益：通过追逐他自己的利益，个人经常可以更快地促进社会，比他想要促进时还要快。对于那些假装要对社会做出有益事的人，我从未真正看到他们做了哪些好事。换而之，个人利益应服从公共福祉。

希欧多尔·莱维特（Theodore Levitt），经济学家，之后成为哈佛商学院的教授，在《哈佛商业评论》（*Harvard Business Review*）中的一篇文章里提到"社会责任感的危险"："对产业的管理规则应当是，'只要有人肯付钱，那就说明是正确的做法'。这就是资本主义的规则"（1958）。诺贝尔经济学奖获得者、经济学家弥尔顿·弗雷德曼（Milton Friedman）在《纽约时报》的一篇文章中提到"行业的社会责任是增加它的利润"（1970）。

弗雷德曼，和莱维特一样，相信亚当·斯密的"无形的手"能够引导市场的观念，社会产品来自对利润的追逐。作为商人的行政总裁如果承担了社会责任，那他无法为员工的最大利益考虑。弗雷德曼解释说：

> 假如他削减了给投资者的回报用来承担社会责任，那他就花了投资者的钱。假如提高商品的价格，那就用了消费者的钱，假如降低了给员工的薪水，那也就花了他们的钱（Friedman 1970：SM17）。

"企业行政总裁会将某些人的钱用到社会利益上"，既是不道德的也是"对自由社会具有根本性颠覆"弗雷德曼总结出了被经常引用的"弗雷德曼学说"：

> 对于商业来说有且只有一个社会责任——使用它的资源，参加活动设计来增加利润，只要它在游戏的规则内，也就是说，保持开放和自由的市场竞争，不要使用欺骗和诡计。（1970：17）

正如前文说的那样，社会契约的定义与再定义的轮回——商业、政府和社会的关系——是规范和社会期望变化的结果。这一契约正在不断进化中。由莱维特和弗雷德曼在几十年前提出的这一态度鲜明的倡导已经不再受到拥护。然而，2010 年，密歇根大学教授安尼尔·卡尔纳尼（Aneel

Karnani）在《华尔街日报》上发文，使情形对企业的社会责任变得不利。他写道，企业社会责任既不存在相关性，也没带来多少社会效益。许多企业谋求发展却止步于贡献社会利益，因此我们讲社会责任是与企业利益不相干的；而在社会福祉与企业利益发生冲突的时候，企业往往会先考虑企业的发展，因此，企业的社会责任感并没有发挥作用。但不同于莱维特和弗雷德曼的，他在文中又增添了一些思考：

> 我们考虑的潜在问题就是，在企业效益与公共利益发生碰撞时，企业的社会责任会在一定程度上削减社会公益措施的效力；然而当社会要求企业出面解决问题时，真正的途径却早被忽视了（2010：R4）。

近 20 年，人们对全球经济的稳定性表示担忧。长期存在的未解决的社会问题包括：社会契约中的政党；未解决的企业风险逐渐扩大：贫困、疾病、全球变暖、健康医疗；企业丑闻带来的功利贪婪形象，以及“全球政府提供的安全网络正在支离破碎”（Benett et al.，2009）。这些“我们相处的方式”造成了现代社会的“不适”。在企业、政府以及社会之间的关系已经发生了极大的转变。根据 2011 年埃德尔曼（Edelman）信任度调查表显示，只有不到半数的美国人表示他们相信企业在做正确的事情（Edelman，2011）。也许，消费者是在对企业能够解决全球问题报以希望。到了 2012 年，埃德尔曼全球调查研究发现，87％的美国人都认为企业需要将社会公共利益与自己的商业利益同等看待（Edelman，2012）。公众对企业在社会福祉的期待和要求变得更为复杂化：

> 在企业曾以“法人”名义接受着来自法律的庇护和权力，而现在人们在期待企业能够接受属于“人类大家庭”的社会职责（Benett et al.，2009：5）。

一、公益营销：让消费者（或公民）参与其中

曾经一段时间，企业是不愿意与慈善活动联系起来的，担心消费者会以为企业在打着慈善活动的幌子谋取商业利益。然而，在过去的 20 年间，

人们对企业的社会期待有了巨大的转变，消费者对于企业参与到社会关注的领域并不仅仅是期待，而是鼓励，更是一种要求。根据2010年度科恩事业演进调查的内容，88%的美国人称“如果公司在他们的营销战略中加入了公益性的因素，这也是可以理解的”，90%的受访美国人称他们希望企业在支持公益事业的方式上做到对公众透明化（Cone，2010）。另外，调查结果得出，消费者也会因此为了尽到合格公民的职责而更换品牌，尝试新品牌，购买更昂贵的品牌，也会对自己社区的合作企业、自己的谋职公司有了心仪的目标，或是对该公司有了良好的印象，或是向他人极力推荐这个品牌的产品或服务。

作为满足消费者对企业优良的社会责任感的要求，公司发起公益营销，依赖于消费者参与社会活动。公益营销大约在30年前（1983年）登上历史舞台，当时美国运通公司试图对1986年迎来100岁生日的自由女神像进行修复。美国运通公司从每个持卡客户收取的1美元中捐出1美分，同时从每个新卡申请中做出额外捐赠。此项活动结束时，美国运通公司共向自由女神像Island基金捐赠170万美元，卡片使用率增加27%，新卡申请量增加10%（Kolter and Lee，2005，Schoenberg，2007）。

如今，公益营销活动多种多样；消费者的参与程度和性质各异；在这过程中发展起来的关系错综复杂。比如，仅仅要求消费者购买一种产品；部分销售额捐给事业，但是捐赠比例许多情况下仍不确定。在“拯救眼睑拯救生命”（Save Lids to Save Lives）项目中，优诺酸奶（Yopalit Yogurt）承诺2007年9月1日—12月31日每对粉色眼睑向Susan G. Komen的医疗项目捐赠10美分。换句话说，这些公司设计专门的物件来为事业筹款。在2011年，可口可乐公司发行了一例“北极之家”（Arctic Home）限量版白色罐装可乐，用以支持世界野生动物基金（WWF）。在每罐可乐或是塑料瓶盖上，都印有活动代码，消费者按照代码编写短信进行捐款，每购买一瓶（罐）可乐，便可以捐献1美元用于保护北极熊。

对于混合商业和非营利目的的公益营销的实践上，影星保尔·纽曼（Paul Newman）拓展出了纽曼餐饮（Newman's Own）。这是一条包括爆米花、沙拉调料酱和柠檬汁在内的全天然食品生产链。在其官方网站，该餐饮行业“将税后的既得盈利和版税全部赠予慈善机构用于教育事业的发展”。而另一家公司TOMS的宗旨则是“为了有意义的目标而经营”，并向公众承诺："顾客每购买一双鞋子，他们便会为贫困儿童捐献一双鞋子。"尽管 TOMS 公司的远大目标并未让一部分人买账，然而它的鞋子却成了年轻人的必备潮品。

另外，消费者也会为响应慈善事业购买一些独特的标志，比如交叠的粉丝带象征着乳腺癌慈善机构，红色的别针表示关注心脏病，蓝色的手环代表对前列腺癌的重视。这就是所谓的"穿戴式的表彰"，是一种人们对重视问题的表象化（Walker，2004）。2004 年，耐克公司联合兰斯·阿姆斯特朗（Lance Armstrong）[①] 推出的一款"坚强活着"（Live Strong）主题的黄色硅胶手环，在很短的时间内成为"必备公益配饰"（Walker，2004）。一些筹款健身项目已经成为司空见惯的，并且已发展成为一种趋势，如 Leukemia and Lymphoma Society's Team-in-Training，the Susan G. Komen Race foe a cure，以及 Avon's Two-Day Walk for Breast Cancer。在这些实践中，慈善基金会和企业赞助者为参加长距离自行车骑行、竞走、马拉松等项目的人提供培训，筹得的钱款将用于慈善事业。

二、公益营销的困境：潜在的道德问题

> 公益营销的处境还不明朗。越来越多的人热心公益事业；通过购买产品来进行产品促销；简单是关键。这也就是为什么公益营销为慈善事业提供资金支持；向消费者筹款比其他资金募集方式更便捷（Glenn，2003：18）。

在此，对于企业的公益营销是否完全符合美国的消费文化还有疑义。人们通常创造他们的身份识别并且宣示忠诚：因为某个原因而购买、交易甚至亲自下厨；夸耀他们的黄色手链、粉色丝巾、红色的 ipod、珍贵的钻石和孔雀石；因为某个原因而步行、跑步、绕圈。确实，公益营销的首创精神是商业和文化的一部分，而这是我们所忽视掉的。

有一天营销者们会去掉"公益"这个前缀，从而把消费者的道德心看

---

① Lance Armstrong，别名 "得克萨斯公牛"，美国著名公路自行车职业车手，七届环法单车赛冠军得主。1996 年战胜癌症，2012 年因兴奋剂丑闻而终身禁赛。

成简单清晰的营销活动（Glenn，2003：18）。

公益营销活动是“不值得注意和评论的”？更精确地说是标准化了，几乎无意识的参与者卷入慈善事业中，那么企业采取公益营销作为策略就是不道德的。吹捧公益营销来做“善事”一般是通过公共关系达成的。

实际上，企业已经把公益营销构建成一种“‘三赢’的格局，为消费者提供向慈善贡献的机会”（Kolter and Lee，2005；23）。尽管这样的安排只是一些相互独立的活动，基本上是一些小范围的成功。然而我们会陷入这样的刻板印象——只见树木不见森林。

我认为在公益营销企业内部有两个主要特征：

一是利益驱动型战略被输入“公共领域”，基于市场的模型不形成竞争。

二是显著的消费要求被当成是一种“建设更好世界”途径，从一种政治行为转向“购买更多物料”。

笔者认为，这种把“公益”转化为市场产品的行为会选或不民主的反响。这也使我们看到企业采取公益营销作为策略的不道德性。

三、利益导向战略的思想渗透

关于利润导向战略进入社会事件的思考不是一个新的话题。例如，1958 年尽管莱维特坚定地认为逐利行为促动了社会产品的产生，但是他在《社会责任的困境》的文章中也与笔者持有一样的观点：

> 事实上，（一家企业的）视野似乎总是拘泥于狭隘的物质范畴。目前，即使受经济把控的利益集团，这些集团无论是趋势还是洞察眼光，都被金钱和物质紧紧套上了物质化的枷锁，而不是将自己的观念延伸至大众群体以及社会这样与经济并无关联的范畴中。因此，即使是这样的企业拥有看上去还不错的前瞻远眺，但并不意味着公司企业就能够成为人们生活的仲裁者（1958：44）。

简而言之，作为对于企业社会责任的回应，他指出了企业逻辑的危险，把金钱和物质充斥整个社会领域。这是一个非常重要的警告。如今，

"美元上涨"和关于企业社会责任的年报是最简单的事实，企业的决策者更关注需求和企业目标，而不是社会福利。

许多批评家都指出，公益营销并不会在改善社会的过程中真正地起到作用（Schwatz，2003；Stole，2006；Eikenberry，2009）。商业逐利的本质带来的严重社会问题令人反思，也许"非主流"的社会团体和同样令人担忧的企业策略才是解决问题的最佳方案（Stole，2006）。对此，基于企业和利益相关者的发展考虑，企业最终选择了"安全方案"，那就是加入争议少、广为认可且行业普遍流行的慈善事业。企业以及批评者大多将关注放在了表征，而不是本质问题上。*Where am I wearing?*的作者凯西·提莫曼（Kelsey Timmerman，2011）在书中写道："现在的问题不是没鞋子穿，而是背后的贫穷。"有批评家指出，"以消费来进行的慈善募捐，会将人们的注意力和资源偏离最需要关注的事业，忽视最有效的策略以及适时反省"（Eikenberry，2009：52）。

因为企业树立的社会责任，实际上还是源于商家逐利需求，因此商家之所以选择了进行慈善募捐考虑的并不是真正意义的"行善"，而是因为这种行为就像是免费的宣传，为商家带来巨大的利润（Stole，2006）。

如今，企业都会在年度报告中把自己伪装成拥有社会责任感的正人君子，而事实上，企业的决策者所做的只是为了企业的利益需求，而不是为了社会的安宁。什么才是更为重要的问题？环境保护？教育？健康？资源应该怎么被配置给哪？提供给艾滋病防治？提供给危地马拉农村地区的洁水事业？还是为热带雨林提供保护？

而决策面临瓶颈时，通常是因为企业决策者可能是对要面临的方案根本没有认知和了解，自然也不知道其中哪些方案会带来长远的效益。关于卫生、环境和教育等公共利益领域的资源配置问题，通常都是由关注企业需求和目标的市场部负责人及企业高管进行决策的，而不是上述领域的专业人士。然而，当企业选择与某些组织进行合作，用一种"独特的"方式来解决社会问题的时候，企业的"非专业"精神又再次发扬光大。那么什么才是解决卫生事业问题的最佳方案？是自我健康意识？是尽早地检查？是有效的治疗？抑或对治疗方案的医学研究，还是对病原的考察？对于社会问题，企业决策者怎么会拥有这种专业知识素养和经验，来着手一个最为有效的解决方案呢？

乳腺癌慈善事业案例思考

萨曼莎·金（Samantha King）曾经写道：乳腺癌研究和教育依然是一个——或许不是最能够吸引的——企业致力于吸引女性消费者的热点议题（2004：476）。这表明企业已经做好与这一事业进行战略性合作的决定。为什么会这样？

1. 在《粉丝带之忧：乳腺癌文化为女性健康带来的负面影响》① 一书中，作者盖尔·苏里克（Gayle Sulik）写道："乳腺癌已经从曾经的社会议题，转变为了用来消费的一种风格……（企业赞助者）不需要去调整品牌联想度……甚至根本就不需要做相关研究，粉丝带标志和风格已经足以传达出关于乳腺癌的信息，足以激发恰当的品牌联想。"（2011：133，144－145）

2. 另一点原因，即是品牌识别和粉丝带的关系。正如巴雷特（Barlette）写道："粉红丝带是企业实施事业关联营销策略的产儿：它提升了公司的公共形象也增加了利润。"接下来，又拿粉色来做文章："到哪里都是和粉丝带相关的东西：NFL 的粉色球衣、美国银行的粉色账户、粉色的袖章，还有粉色的厨宝食品加工机。"（Horwell，2011）

关于社会类议题，当科特勒和李（Kotler and Lee，2005）对"这些难题"有某些思路时，似乎在不知不觉中就将答案呼之欲出了。以下是这些问题：

（1）这一操作怎样实现商业目的？

（2）这一社会问题的严重性有多大？

（3）政府或者某个组织会管控此问题吗？

（4）我们的工作人员会为此而狂喜吗？

（5）这难道不会鼓动其他人来瓜分我们的利润吗？

（6）这一事业会引火上身，制造丑闻吗？

---

① *Pink ribbon blues: How breast cancer culture undermines women's health*. 作者为 Gayle Sulik，2010 年 11 月出版。

（7）我们的竞争者以及我们自身都已卷入其中吗？（Kolter and Lee，2005：19）

关乎公共利益的这一决策过程是道德的吗？

在这种情况下，潜在的危机十分复杂。这主要是因为企业在决策的过程中往往很少或完全没有相当的竞争力和技术来支撑他们的决定，而这些决定往往对于他们自身有着长期深远的影响。而且，在一些最关键的事关公共利益的领域——健康、环境、教育，营销专家和企业高层会根据企业需要和目的，而不是相关领域的专家来做资源分配的决定。

Susan G. Komen 治疗案例

Nancy Brinker，Susan G. Komen 治疗的创立者“饱受赞誉，因为她将［乳腺癌］变成了一种营销产品，消费者、企业和政治家们都积极响应”（King，2004：475）。

“Komen 基地主要致力于早期发现和治疗方案的研发，这使得他们获得了大量的来自药业公司、乳房 X 线照相术以及电影制作商的赞助。”（King，2006：37）

当然，每个人都希望找到治疗方案，而“女权主义者更甚，她们热忱地想要了解这一事业或者说这一病症的原因”。该疾病在工业化国家蔓延的事实暗示了环境因素的影响力。但是女权主义者强调生态因素……而类似 Komen 以及美国癌症社团等群体则不这么认为。如果乳腺癌患者的肤色由粉红变成绿颜色，乳腺癌事业关联营销绝不会成为企业的宠儿。

随着事业关联营销的案例的激增，商业化操作的衍生产品愈演愈烈，并引发一系列问题。一作者（Panepento，2007）在其《慈善事业年鉴》（*Chronicle of Philanthropy*）的书中写道：“行业混乱，非营利组织和企业间的关系日益复杂化。企业致力于和知名的慈善事业建立关系，协商搭建突出的原动力。”通常情况下，一些典型的案例中，企业成为“行业第一”，抑或吸引来媒体的目光。

在事业关联营销的格局下，非营利机构会将企业的介入看成一种机遇："将商业嫁接到复杂社会问题的解决上来。而广告商家则将其看作是撬动预期客户的契机，更准确地说，是商业营销的契机。" (Koulish, 2007) "商业广告推动着许多公益活动进行，而商业广告的投资比公益事业赞助更要多。" (Elliot, 2009)

乳腺癌"受众"

正是这看似平淡无奇（至少主流观念这么认为）的乳腺癌慈善事业，成了企业的慈善事业非常具有吸引力的目标，这也是公司用来扩大中龄女性朋友消费市场的一种渠道 (Ehrenreich, 2001: 48)。

"乳腺癌慈善事业能够为女性做些事情，不一定要成为女权主义者。" (Cindy Pearson，女性健康国家网站的负责人，在 Ehrenreich, 2001)

为了和相关的慈善公益事业保持一致，同时参与到那些公益事业中去，商家积极尝试塑造他们的公共形象，同时，他们或许也在塑造大众对于慈善事业的观念——它的定义，它的特点，它的标准，以及其相对重要性。逐渐，名人们也逐渐出现在公益事业中树立自己的"公众形象"，尽管他们会为公益事业或是品牌知名度起到相当大的推动作用，但通常他们对于自己名人身份之外的领域是不够深入了解的。对此，瑞奇和波诺特 (Richey and Ponte) 曾在书中指出：

> 这样来看，这种行销行为就变得让人难以接受，但是人们还是愿意看到媒体中对博诺参加关于非洲发展相关活动的报道。通常设想下，整个国际发展问题就是由公司中游学的"专家"裁决的，而这些公司旗下的超模还经常虔诚地做祷告呢 (2011: 13)。

同样，事业关联营销活动为企业"行善"提供了机会，盈利的同时也顺便地提升了充满社会责任感的企业形象。企业伪善的面纱被撕开，在其公益营销处理的社会问题还没解决，企业就已经又惹出许多事来。这种方案的裁定就像其绰号一样张口就来：比如绿色行动，就是与环境保护联系在一起的营销手段，随之而来的还有公益行动、粉色行动，等等。“某组织或是企业声称要通过宣传粉丝带相关产品来体现对乳腺癌群体的关注，但是同时，与乳腺癌相关的商品生产和出售却从未间断”（Breast Cancer Action，2011）。

粉色行动

某企业或组织声称要通过宣传粉丝带相关产品来体现对乳腺癌群体的关注，但与此同时，与乳腺癌相关的商品生产和出售却从未间断，这就是“粉色行动”。“粉色行销”活动也揭示出乳腺癌组织乐于得到募捐，乐于同企业合作的心态。乳腺癌行动组织也发起“Think Before You Pink”的活动来告诫消费者要谨慎。

阿斯利康（Astrazeneca）的故事

全国乳腺癌宣传月1985年由Zeneca现在叫阿斯利康（Astrazeneca）创立。它原来是家跨国药业集团，后来成了帝国化学工业公司的子公司。阿斯利康生产三苯氧胺（治疗乳腺癌的畅销药）等。直到2000年该企业在赞助下进行了重组，是制造与乳腺癌相关的抗癌药物、乙草胺以及氯化药物和石油提炼制品的龙头制造商。

对于营销乳腺X线照相术极为感兴趣，因而其高曝光率和产品销量的激增在行业内广为流传，尤其是激进派和激进媒体。但是，主流舆论则完全不予置理。所以，不稀奇的是，阿斯利康及其在NBCAM中的联盟，比如，美国癌症协会，继续保持谨小慎微，避免触及环境问题，或者与保护环境有关的问题。（King，2006：xx-xxi）

总而言之，企业对相关事业的支持一个接一个，解决方案一个接一个，这样的决策实现带来的结果不过是企业需要将慈善的注意力引向其目标市场，这种对慈善的涉足是暂时的。这样的决策过程是道德的吗？

可以肯定的是，慈善机构从它的合作企业那里接纳捐助，大量的捐赠，但是在企业的决策过程中，慈善机构的“品牌识别”功能胜过了任何社会福祉指标。那么，如果非营利组织并没有满足企业盈利或未吸引到消费群体，将会如何呢?

在这一市场领域中，慈善机构处于危险的境地，他们把自身打造成一种商品，通过提升自己的销售影响力来吸引潜在的商业伙伴。这并非易事。要和那些狡黠多端的商家达成协议极为不易，要耗费相当的时间和精力进行研究和协商，常常是心有余而力不足。McAllister 指出，“那些本是非商业的，非盈利的机构本质上都成了一种商业实体”。(1996：214)

四、慈善事业和消费：有谁知道争取社会公正竟如此简单

慈善追捧者穿上红色 T 恤，戴上红色苹果音乐播放器，真的是让非洲儿童免受艾滋病苦难的最好方法吗?(Frazier，2007)

为了让世界变得更好，你非得遭受些苦难或是做出牺牲吗? 或许你可以去采购更多有用的东西。(Schoenberg，2007)

我们在希望消费者能够指正错误时存在一个误区，那就是大多数消费并没有心思也没有能力这么做。在商界，人们的首要目标就是要对符合自身利益、个人物质需求的方案作出准确判断。从这一角度，对于“公共利益”以及“公益事业”，人们似乎并不感兴趣 (Eikenberry，2009)。

近期的红色运动公然呼吁炫耀性资产消费，再一次激起事业关联营销中关于消费和慈善基金联系的批判性论战。其中不乏对过度消费带来的后果的极度担忧——资源的过度开采和损耗，环境恶化，社会日益失衡，难以解决全球贫困，饮用水的匮乏，空气污染——炫耀性消费夹杂着慈善事业救世 (Marketing Week，2007)，这完全站不住脚。

这一论战引发我们对日常生活商业化本质前所未有的关注。在这一点上，它有一定的重要性。在此我对该问题不做解释。而我想说的是，大量的注意力放在一些明显的问题上，另一个同样重要的问题在话语中被忽略了：激进主义的重新定位，政府声音的让渡。

粉红丝带文化：这真的奏效吗

在预防和根除乳腺癌上，抑或是改善治疗质量，提供专业设备或是诊治上的支持，粉丝带文化并没有发挥什么作用。在处理企业利

益和公益主张的冲突、人文关爱和利润追逐上，它更是没有意义（Sulik，2011：23）。

芭芭拉·艾伦莱西（Barbara Ehrenreich）告知NPR的采访者她认为对乳腺癌文化的认识是其实这些都没有解决自己的问题，我不怕死，我害怕的是死的时候粉红丝带缠住了手臂，那样很难看，我想知道这是如何发生的并阻止它（Ehrenrelch，2001）。

通常，激进主义运动被看作是一种试图发动社会或政治变革的行动。激进主义运动有许多形式：有组织的运动，联合抵制，游行、抗议、示威，民众违抗，上书。从历史意义上说，激进主义意味着异议，批判性质疑以及要求变革。激进主义运动是作为公民的个人或者群体所挑起的政治行为。疯狂购物日益取代了政治运动；我们作为消费者而非公民被压制下来；我们被鼓动通过购物来“作些贡献”，而不是质疑。很不幸，淹没在这种消费文化当中，我们竟全然不知。

五、结　论

本文讨论了公益营销作为一种商业策略，从本质上讲它是不道德的。文章的核心部分重点分析了一个观点：亚当·史密斯错了——企业一味追求自身利润不会造福于公共利益。用Levitt's的话说，“即便企业纯粹是为了社会公益，也不建议企业完全操控我们的生活”（1958：44）。将企业的利润驱动策略注入公共领域形成的市场，是社会事业被建构成了商品。本质上，社会事业中的买卖只是为了实现商业目的而不是推进公共领域的发展。这不道德，也不民主。

（1）通过把资本主义经济建构成利益驱动的企业，难道这样企业就能替我们决定最重要的社会福利是什么吗？

（2）除了营销，企业在公共领域的决策会基于知识，技能，和竞争力吗？

（3）这些决策的参照标准是什么？

(4) 企业真的对社会福利感兴趣吗？或者只是（正如前文所述）对那些有支付能力的人以及愿意支付的人的福利感兴趣？

(5) 社会事业应该被建构乃至于被销售吗？就像餐具洗涤剂、粗粮早餐、汽车那样被售卖？

那么，同样，慈善事业中的那些颜色各异的硅胶手镯、粉红丝带、红色音乐播放器、收费系统、跑步、骑马、烹调，哪一个具有激进性？而政治激进又将意味着什么？

过去20年中我们所目睹的是公共生活的企业化，政情和批判的声音随着商品的购买得以传播，出于善良的捐款和志愿活动的参与。正如美国的一些信念——个人或给予消费者的行为与他的霸权地位相关，于是很难去想象这样的慈善事业以及志愿行为在美国文化中的地位（King，2004：489－90）。

尽管如此，我们必须批判性地思考。在成功的故事、文化大片、一个活跃的行业刊物中间，任何把公益营销作为企业战略的建议，与其说是，特别不如说是不道德的。然而，如果我们研究幕后看似正常的消费，如果我们问或者回答这个困难的问题，或许它并不显得如此特别。

六、后　记

“公益营销，我们都知道，已经走向了末路。从此再不会随意将一件什么商品来和公益事业硬套关系。”这段话源自2010年“公益行销之母”卡罗尔·科恩（Carol Cone）之口。确实，不少人认为，慈善事业中的企业活动，或是与社会事业相关的商家行销已经面目全非，即使是用募捐的手段，也已然变了味道。例如，商家在互联网平台声援消费者来进行“自愿性”援助，收纳消费者的“基金”。再如，百事公司的“Pepsi Refresh Project”活动向慈善机构捐赠了百万美元，并贡献了几份优秀的解决方案，这些方案都是通过全美征集到的优秀点子筛选归纳的。知名明星金·卡戴珊（Kim Kardashian）充分运用自己的明星效应，她表示直到在“救救孩子”（Keep a Child Alive）这项公益活动中筹集到100万美元的基金，她才继续更新她的社交媒体上的状态。在一篇文章中，比尔克林顿和艾拉·马加齐纳（Ira Magaziner）创立基金会（也得到了管理顾问的帮助）

来服务公益事业（主要是艾滋病医疗），这样企业也能够生产出相关的产品。对此，作者称“这根本算不上慈善行为”。人们为了基金会目标，而你却为了商业，那你拿什么提供公益物资？克林顿讲道：“我相信在不久的将来，公益市场的相关组织将会成为我们慈善事业最为重要的一块领域，当然，这一领域也会出现慈善事业与私有企业相覆盖的情况。”

这些方式是“为了鼓励企业成为我们生活的仲裁者”吗？（Levitt，1958：44）在面临亟待解决的经济与社会问题和诸多不确定性的历史时期，将商业利益性与慈善、社会福利结合不能因为有些问题就否认，也不能缺少了监督检验。

参考文献

Barlette，D. R.（2007）Pink ribbons or green dollar signs? *Arkansas Traveler*（Apr.）. At http：//www. uatrav. com/2007/04/19/pinkribbonsorgreendollarsigns/，accessed Apr. 8，2013.

Benett，A.，Gobhai，C.，O'Reilly，A.，and Welch，G.（2009）. *Good for business: The rise of the conscious corporation*. Basingstoke：Palgrave Macmillan.

Breast Cancer Action（2011）. Pledge to prevent pinkwashing. At http：//bcaction. org/wp-content/uploads/2011/09/Pledge-to-Prevent-Pinkwashing. pdf，accessed Apr. 8，2013.

Chong，R.（2010）. Cause-related marketing：Just plain ol' marketing? *Huffington Post*（Jan. 4）. At http：//www. huffingtonpost. com/rachael-chong/cause-related-marketing-j _ b _ 409633. html，accessed Mar. 29，2013.

Cone（2010）. Cone cause evolution study. Boston：Cone. At http：//www. slideshare. net/EdelmanDigital/edelman-trust-barometer-executive-findings-6689233，accessed Apr. 8，2013.

Edelman（2011）. 2011 Edelman trust barometer findings. *Edelman Digital*（Jan. 24）. At http：//www. slideshare. net/EdelmanDigital/edelman-trust-barometer-executive-find-ings-6689233，accessed Apr. 8，

2013.

Edelman (2012). Edelman goodpurpose 2012 global consumer survey. *Edelman Insights* (Apr. 20). At http://www.slideshare.net/EdelmanInsights/global-deck-2012-edelman-goodpurpose-study, accessed Apr. 8, 2013.

Ehrenreich, B. (2001). Welcome to Cancerland: A mammogram leads to a cult of pink kitsch. *Harper's Magazine* (Nov.), 43-53.

Ehrenreich, B. (2011). Amid Breast Cancer Month, is there pink fatigue? (Audio interview). *NPR All Things Considered* (Oct. 16). At http://www.npr.org/2011/10/16/141402115/breast-cancer-when-awareness-simply-isnt-enough, accessed Mar. 29, 2013.

Eikenberry, A. M. (2009). The hidden costs of cause marketing. *Stanford Social Innovation Review* (Summer), 51-55.

Elliott, S. (2009). For causes, it's a tougher sell. *New York Times* (Nov. 12). At http://www.nytimes.com/2009/11/12/giving/12BUY.html?pagewanted=all&_r=0, accessed Apr. 8, 2013.

Frazier, M. (2007). Costly Red Campaign reaps meager $18M: Bono & Co. spend up to $100 million on marketing, incur watchdogs' wrath. *Advertising Age* 78 (1): 1. At http://adage.com/article/news/costly-red-campaign-reaps-meager-18-million/115287/, accessed Mar. 29, 2013.

Friedman, M. (1970). The social responsibility of business is to increase its profits. *New York Times Magazine* (Sept. 13). At http://www.colorado.edu/studentgroups/liber-tarians/issues/friedman-soc-resp-business.html, accessed Mar. 29, 2013.

Glenn, M. (2003). There's a simple rationale behind ties with causes. *Marketing* (UK) (Mar. 20), 18.

Horwell, V. (2011). Singing the blues for pink. MediaPost News (Oct. 25). At http://www.mediapost.com/publications/article/161046/singing-the-blues-for-pink.html?e#axzz2Pehi8bhF, accessed Apr. 8, 2013.

Kamani, A. (2010). The case against corporate social responsibility. *Wall Street Journal* (Aug. 23), R1, R4.

King, S. (2004). Pink Ribbons Inc: Breast cancer activism and the politics of philanthropy. *International Journal of Qualitative Studies in Education* 17 (4): 473 - 492.

King, S. (2006). *Pink Ribbons, Inc.: Breast cancer and the politics of philanthropy*. Minneapolis: University of Minnesota Press.

Kingston, A. (2007) The trouble with buying for a cause. *Maclean's* (Mar. 26), 40.

Kotler, P. and Lee, N. (2005). *Corporate social responsibility: Doing the most good for your company and your cause*. Hoboken, NJ: Wiley.

Koulish, R. (2007). Turning to corporate America to save the world. *Baltimore Sun* (July 22), 19 A.

Levitt, T. (1958). The dangers of social responsibility. *Harvard Business Review* (Sept. -Oct.), 41 - 50.

Littler, J. (2009). *Radical consumption: Shopping for change in contemporary culture*. Maidenhead: Open University Press.

Marketing Week (2007). Charity: Paved with good intentions. *Marketing Week* (Mar. 15), 24.

McAllister, M. P. (1996). *The commercialization of American culture: New advertising, control and democracy*. Thousand Oaks, CA: Sage.

Panepento, P. (2007), Courting consumer dollars. *Chronicle of Philanthropy* 19 (19): 21.

Rauch, J. (2007). "This is not charity." *Atlantic* (Oct.). At http: //www. theatlantic. com/magazine/archive/2007/10/- ldquo-this-is-not-charity-rdquo/6197/, accessed Mar. 29, 2013.

Richey, L. A. and Ponte, S. (2011). *Brand aid: Shopping well to save the world*. Minneapolis: University of Minnesota Press.

Schoenberg, N. (2007). Buy (Less) targets cause-related marketing.

Chicago Tribune (Mar. 23). At http://articles.chicagotribune.com/2007-03-23/features/0703220486_1_cause-related-marketing-charity-global-fund, accessed Mar. 29, 2013.

Schwartz, J. (2003). Socially responsible advertising: Altruism or exploitation? At http://www.judithstudio.com/acrobat/jschwartzessay.pdf, accessed Apr. 8, 2013.

Smith, C. (1994). The new corporate philanthropy. *Harvard Business Review* (May-June), 105-116.

Stole, I. (2006). Cause-related marketing: Why social change and corporate profits don't mix. *PR Watch* (July 14). At http://www.prwatch.org/node/4965, accessed Mar. 29, 2013.

Sulik, G. (2011). *Pink ribbon blues: How breast cancer culture undermines women's health*. New York: Oxford University Press.

Timmerman, K. (2011). The problem with TOMS shoes & its critics. At http://whereami-wearing.com/2011/04/toms-shoes/, accessed Apr. 8, 2013.

Walker, R. (2004). Live Strong bracelet. *New York Times Magazine* (Aug. 29).

White, A. L. (2007). *Is it time to rewrite the social contract?* Business for Social Responsibility. At http://www.tellus.org/publications/files/BSR_AW_Social-Contract.pdf, accessed Mar. 29, 2013.

网络资源

Breast Cancer Action: www.bcaction.org

Business for Social Responsibility: www.bsr.org

Buy (Less): www.buylesscrap.org

Cause Marketing Forum: www.causemarketingforum.com

Cone Communications: www.conecomm.com

Edelman: www.edelman.com

Good Purpose：http：//purpose. edelman. com/

Newman's Own：www. newmansown. com

Red campaign：www. redcampaign. org

Susan G. Komen：http：//ww5. komen. org

Toms Shoes：http：//tomsshoestoms. com/

Whereamiwearing：http：//whereamiwearing. com/

WWF（World Wildlife Fund）：http：//worldwildlife. org/

Yoplait：http：//yoplait. com/yoplait-in-action